BIERKÄMPFE, BAROCKENGEL UND ANDERE BAVARESKEN

Klaus Hübner

Bierkämpfe, Barockengel und andere Bavaresken

Kein Twitter, kein Facebook · Von Menschen, Büchern und Bildern · Band 3

Außer der Reihe 43

Klaus Hübner
Bierkämpfe, Barockengel und andere Bavaresken
Kein Twitter, kein Facebook
Von Menschen, Büchern und Bildern
Band 3

Außer der Reihe 43

Bibliografische Information der Deutschen Nationalbibliothek
Die Deutsche Nationalbibliothek verzeichnet diese Publikation in der
Deutschen Nationalbibliografie; detaillierte bibliografische Daten sind im Internet über
http://dnb.d-nb.de abrufbar.

© dieser Ausgabe: Oktober 2020
　*p.*machinery Michael Haitel

Titelbild: Capri23auto (Pixabay, Engel), Albrecht Fietz (Pixabay, Donaudurchbruch),
　Tom Reckmann (Pixelio, Maßkrug), Felix Mittermeier (Pixabay, Befreiungshalle)
Layout & Umschlaggestaltung: global:epropaganda
Lektorat & Korrektorat: Michael Haitel
Herstellung: Schaltungsdienst Lange oHG, Berlin

Verlag: *p.*machinery Michael Haitel
Norderweg 31, 25887 Winnert
www.*p*machinery.de

ISBN: 978 3 95765 212 6

Klaus Hübner

Bierkämpfe, Barockengel und andere Bavaresken

Kein Twitter, kein Facebook · Von Menschen, Büchern und Bildern · Band 3

7 Vorwort

Heimelig, rebellisch, bayerisch

13 In Bayern lief manches anders. Literaturgeschichte – mit viel Tassilo und wenig Polt
17 Literatur und Landschaft. Eine voluminöse Literaturgeschichte Frankens
21 Sapienti sunt Paioari. Der erste Band des neuen Spindler
23 Statt einer Literaturgeschichte. Eine durchwachsene Aufsatzsammlung zur Literatur in Bayern
25 Männer des Wortes. In Bayern lief die Aufklärung anders
27 Die Stadt lesen. Eine kleine Regensburger Literaturgeschichte
29 Aventinus, Schmeller und Britting. Vor drei Jahren ist Eberhard Dünninger gestorben
31 Heavy Southbound Traffic. Auf den Spuren von Johann Andreas Schmeller
34 Wer liest Steub? Eine Ausstellung in Aichach
38 Vergessenes Bayern
42 Lustig ist das alles nicht. Über Anna Croissant-Rust
44 Von wegen gute alte Zeit. Vor hundert Jahren ging Lena Christ in den Tod
47 Eine Liebeserklärung von gestern. Josef Ruederer – zu Recht in Thomas Schatten
51 Wenig Ludwig, noch weniger Adolf. Michael Appel über Revolution und Räterepublik
54 Clemensstraße 84. Als B. Traven noch Ret Marut war
58 Arbeiter und Soldaten! Männer und Frauen! Laura Mokrohs würdigt die Dichtung der Revolution
61 Heimelig und wundersam. Die Landshuter Poetin Berta Huber
66 Das fressende Haus. Literarisches aus dem Wald – Weißensteiner Miniaturen
70 Weltliteratur aus Niederbayern. Günter Eich in Geisenhausen 1944–1954
73 Als der Krieg zu Ende ging. Ein Roman von Josef Ebner
74 Unruhige Suche. Marianne Ach schickt Hannah nach Paris
76 Faadfood ist das nicht. Kauzigsein als Widerstand – Uwe Dick
77 Bierkampf reloaded. Ein Geschenk zum fünfundsiebzigsten Geburtstag von Herbert Achternbusch
80 Der späte Rebell. Friedl Brehm und sein Kreis
81 Feasal und Sonx. Gespräch mit Carl-Ludwig Reichert
83 Zornig wie eh und je. Gespräch mit Albert Sigl
86 Mitteleuropäischer geht's kaum. Nymburk und Cham – Hrabal und Setzwein
90 Sieben Sommer in Sils-Maria. Bernhard Setzwein wagt sich an Nietzsche – und gewinnt
95 Seltsames aus dem Stifterland. Bayern und Böhmen – wie es ist und wie es sein könnte
99 Nach der Flut. Neue Gedichte von Friedrich Hirschl

101	Liebe zur Schöpfung. Mehr Gedichte von Friedrich Hirschl	151	St. Kajetan und Adelheid. Die Münchner Theatinerkirche
103	Kollbach ist überall. Düstere Romankunst von Ulrike Anna Bleier	153	Der Himmel über Oppolding. Rokoko im Erdinger Holzland
105	Wo liegt Waldesreuth? Dreizehn krasse Provinzgeschichten	155	Immer das Ganze im Blick. Wie die Brüder Zimmermann die Grenzen zwischen Architektur, Bild und Ornament aufhoben
106	Elefanten treffen. Gespräch mit Kristina Schilke		
109	Der Vorhang geht auf. Eine flotte Sommergeschichte	157	In Bayern ganz oben. Ein römischer Maler aus Hof
111	Das erzähl ich jetzt keinem. Gespräch mit Maria Magdalena Rabl	160	Anmut und Zeitgeist. Ein prächtiger Bildband über Joseph Stieler
114	Wir werden sein wie Götter. Gespräch mit Margit Ruile	162	Landschaftsmaler sind nie out. Wer noch staunen kann, wird Eduard Schleich lieben

Flüsse, Bilder, Zeitläufte

121	Am Strom. Altes und Neues von der Donau	166	Häuser mit Aura. Eine originelle Einladung nach Dachau
124	Flussabwärts. Ein paar Anregungen zum Schauen und Lesen	168	Poesien in Acryl. Versuch über Hellmut Eckstein
131	Männer im Kanu. Algernon Blackwood paddelt durch Bayern	170	Ohne Städte kein Bayern. Ein Essay über zweihundert Jahre bayerische Stadtgeschichte
133	Politik und Marmorpflege. Hundertfünfzig Jahre Befreiungshalle Kelheim	173	Eiskalt den Rücken hinunter. In Hebertshausen bleibt das Grauen spürbar
135	Es gilt die Ewigkeit. Straubinger Totentanz – Ein Besuch in St. Peter	175	Kein Ort. Nirgends. Demokratie in Bayern? Wo?
137	Isara rapidus	177	Große Pläne – und absurde. Wie das Automobil die Landeshauptstadt verändert hat
139	Was die Isar rauscht. Eine Geschichte des achthundertjährigen Landshut		
141	Schirm und Schild. Fünfhundert Jahre Leinberger-Madonna	179	Der letzte Landesvater? Alfons Goppel und seine Zeit
144	Stadtbrille und Hockermühlbad. Kleine Einladung nach Amberg	183	Kafka, Konecny und andere. Böhmische Spuren in München
146	Lob des U	189	Sprachglossen
147	Die gezähmte Wildsau. Adorno in Amorbach	218	Bibliografie
149	Friedberg kann Museum. Glanzvolles im Wittelsbacher Schloss	222	Über den Autor

Vorwort

In der Wochenzeitung *Die Zeit* vom 10. Januar 2019 charakterisiert der 1995 mit dem Büchnerpreis bedachte Dichter Durs Grünbein unsere Gegenwart so: »Jeder sein eigener Handy-Sklave, jeder sein eigener von Computern und Tablets gesteuerter Idiot in der rund um die Uhr aktiven Netzwerkgemeinschaft«. Mir ist das zu pauschal. Jeder? Es gibt viele, die Handy, Computer und Tablet nutzen und trotzdem keine Sklaven oder Idioten sind. Und es gibt eine Menge Leute, die über ihr Tun nachdenken und zu manchem einfach »Nein« sagen. Wer zum Beispiel weder Twitter noch Facebook noch andere angeblich soziale Medien nutzt, wird schon seine Gründe haben. Ein im moralischen Sinne besserer Mensch ist er deswegen noch lange nicht. Ein ignoranter Technik- und Modernitätsverweigerer wohl auch nicht. Was aber dann? Man muss ihn sich nicht zwingend als einen Menschen vorstellen, der eher von Künstlern, Büchern, Bildern, Städten und Landschaften angeregt wird als von noch schnelleren Rechnern und noch spezielleren Apps. Aber man darf. Auch als einen, der weiß, dass es nicht wenige Zeitgenossen gibt, denen es ähnlich geht. Für solche Menschen ist dieses Buch gedacht.

»Das Buch mag den neuen, scheinbar körperlosen, sein Erbe beanspruchenden, in überbordendem Maß Informationen zur Verfügung stellenden Medien in vielem unterlegen und ein im ureigenen Sinn des Wortes konservatives Medium sein, das gerade durch die Abgeschlossenheit seines Körpers, in dem Text, Bild und Gestaltung vollkommen ineinander aufgehen, wie kein anderes die Welt zu ordnen, manchmal sogar zu ersetzen verspricht«, schreibt die 1980 geborene Judith Schalansky im Vorwort ihres 2018 erschienenen Buchs *Verzeichnis einiger Verluste*. Dass weniger Bücher, vor allem weniger literarische Texte gelesen werden als noch vor zehn oder zwanzig Jahren, ist ein Faktum. Das verheißungsvoll und schön klingende Wort »Sprachkunstwerk« hört sich heute sehr gestrig an. Wer ist neugierig auf Sprachkunstwerke? Und – um die Schraube noch weiter zu drehen – wer liest heute überhaupt noch Bücher *über* Bücher? Allzu viele Leute werden es nicht sein. Aber die sind wichtig. Wäre ich davon überzeugt, dass eine umfangreiche Sammlung von Interviews mit Literaten, literarischen Essays, Künstlerporträts, Glossen und Streiflichtern aller Art und obendrein auch noch vielen

Buchrezensionen ein altmodisches und tendenziell nutzloses Unterfangen ist, hätte ich auf die Arbeit an diesem Projekt verzichtet und mich stattdessen – lesend natürlich – in einen wundermilden Biergarten zurückgezogen. Oder sonst wohin. Aber ich weiß ganz sicher, dass es immer noch einige, darunter auch relativ junge Leute gibt, die mit Interesse und manchmal mit Begeisterung genau das suchen: Begegnungen mit Literatur, mit Malerei, mit Kulturgeschichte – und mit den Menschen, die sie machen und gestalten. Auch die weiterhin enorme Aufmerksamkeit für Literaturfeste, Autorenlesungen, Ausstellungen und andere Kulturevents spricht dafür. Trotz des allenthalben konstatierten und oft bitter beklagten gesellschaftlichen Bedeutungsverlusts von Kunst und Literatur können sich nur wenige Zeitgenossen ein Leben ganz ohne sie vorstellen. Und, nennen Sie mich ruhig einen Träumer, einen Fantasten oder einen hoffnungslosen Idealisten: Auch heute noch – und höchstwahrscheinlich auch in nächster Zukunft – lassen sich der Kunst und der Literatur soziale Funktionen zuschreiben, die nicht die allerunwichtigsten sind. Die Förderung der Wach- und Aufmerksamkeit für ein lebenswertes und vielleicht sogar schönes Leben – nicht nur für sich selbst – könnte man da anführen, die Erweckung und Intensivierung von Empathie für nicht konforme Mitmenschen und zunächst fremd anmutende Kulturen, die Weiterentwicklung verantwortungsvollen Handelns in Politik und Gesellschaft und noch manches mehr. Ich bin zum Beispiel ziemlich sicher, dass die deutsche Einwanderungs-, Flüchtlings- und Asylpolitik anders und besser aussehen würde, hätten die maßgeblichen Politiker und andere wichtige Entscheidungsträger die spätestens seit den 1990er-Jahren kaum noch zu übersehende interkulturelle Literatur – mit ihren vielfältigen Blicken »von außen« – wirklich wahrgenommen. Ich bin auch recht sicher, dass die intensive Lektüre von Literatur und Dichtung dazu führen kann, die überall festgestellte und kritisierte Verrohung der öffentlichen wie der privaten Sprache zu erkennen, nicht auf sie hereinzufallen oder ihr sogar bewusst entgegenzutreten. Und ich bin ... oh weh, doch ein hoffnungsloser Idealist? Urteilen Sie selbst, fangen Sie einfach an zu lesen ...

Das Projekt *Kein Twitter, kein Facebook* ist auf vier Bände angelegt und enthält ungefähr zwei Drittel meiner in den letzten beiden Jahrzehnten entstandenen Texte. Alle wurden leicht überarbeitet. Irgendwelche Positionierungen auf politischen, wissenschaftlichen oder kulturellen »Feldern« sind mit diesem Projekt nicht beabsichtigt. Nachweise der Erstpublikationen finden sich am Ende jedes Einzelbandes. Die Regelkonformität der Rechtschreibung ist der Lesbarkeit untergeordnet. Das modische Thema »Sprache und Gender« bleibt außen vor. Zu danken wäre vielen Freunden und Kollegen, auch wenn sie von meinen Plänen nichts wussten. Einer, der davon wusste, war der Schriftsteller Tiny Stricker, der mich zu diesem Projekt fast schon überreden musste und das mit Feingefühl und Beharrlichkeit getan hat. Danke, Tiny! Voilà, es folgt der dritte Streich ...

München, im Juli 2020
Klaus Hübner

Heimelig, rebellisch, bayerisch

In Bayern lief manches anders
Literaturgeschichte – mit viel Tassilo und wenig Polt

Die *Bayerische Literaturgeschichte* von Klaus Wolf verkauft sich gut. Das scheint von Publikumsseite her zu bestätigen, was der Verfasser in seinem Vorwort, hier wohl eher mit Blick auf die Wissenschaft, so formuliert: »Eine bayerische Literaturgeschichte auf wissenschaftlichem Niveau, die sich gleichwohl auch an ein gebildetes Laienpublikum wendet, stellt ein Desiderat dar.« Von vornherein ist Klaus Wolf, Professor für Deutsche Literatur und Sprache des Mittelalters und der Frühen Neuzeit mit dem Schwerpunkt Bayern an der Universität Augsburg, vollkommen bewusst, dass jegliches Unterfangen, die Literaturgeschichte einer Region »stilistisch und methodisch einheitlich« darzustellen, ein per se nicht unproblematisches ist. Genau dies wird im Vorwort erörtert. Mit dem »Argument der Übersichtlichkeit«, wie immer man das verstehen darf, wird auf den »Einführungscharakter« des Buches hingewiesen – folglich kann es nicht enzyklopädisch sein, sondern muss exemplarisch vorgehen. Mit dem bis heute maßgeblichen, 1987 von Albrecht Weber herausgegebenen *Handbuch der Literatur in Bayern* kann und will sich diese ihre Kapitel nach Jahrhunderten ordnende Einführung nicht messen.

Nicht ohne Absicht wurde die genaue Bezeichnung des Lehrstuhls von Klaus Wolf genannt. Denn in den damit angesprochenen Jahrhunderten kennt sich der Verfasser bestens aus; dass er zur Literatur des Mittelalters und der Frühen Neuzeit gründlich geforscht und vielfach publiziert hat, merkt man seiner Literaturgeschichte gleich an. Wobei Literaturgeschichte richtiger- und unvermeidlicherweise immer als Geistes- und Kulturgeschichte präsentiert wird, meist auch als Sozialgeschichte. Einundzwanzig Seiten zur Literaturpolitik der Agilolfinger, nebst Würdigungen des *Hildebrandslieds* und des *Kudrun*-Epos! Danach elf Seiten zur althochdeutschen Literatur des 9. Jahrhunderts, wobei der Hinweis wertvoll ist, dass die auf karolingische Initiative entstandenen althochdeutschen Texte »primär dem besseren Verständnis der dogmatisch unanfechtbaren lateinischen Theologie dienen«. Im für Oberdeutschland katastrophalen Säkulum der Ungarneinfälle kommt die volkssprachliche Literatur kaum noch vor, auch das 11. Jahrhundert gibt nicht allzu viel her. Dann aber! Das *Rolandslied* des Pfaffen Konrad, geistliche Dichtung aus Windberg, Tegernsee und Freising, die wegen ihres *Leben Je-*

su »wohl als erste deutsche Dichterin« hervorzuhebende Frau Ava, und vor allem: der Minnesang! Hier muss eine auf Bayern konzentrierte Literaturgeschichte festhalten, »dass die frühesten Vertreter mittelhochdeutscher Minnelyrik ganz eindeutig als (sprachlich) bairische Dichter zu betrachten sind«. Weil hier, was bei Einführungen nicht unbedingt üblich ist, zahlreiche interessante Details erörtert werden, zum Beispiel die Bezüge zwischen donauländischem Minnesang und dem in und um Passau herum entstandenen *Nibelungenlied*, braucht das 12. Jahrhundert wiederum einundzwanzig Seiten. Dem großartigen Wolfram von Eschenbach mit Recht zur Seite gestellt wird der im Umkreis der frühen Wittelsbacher dichtende Neidhart von Reuental. Ausführlich gewürdigt wird natürlich das *Nibelungenlied*, und da das 13. Jahrhundert noch andere bedeutende Sprachkunstwerke hervorbrachte, zum Beispiel den mehr als zehntausend Verse umfassenden Artusroman *Wigalois* des Wirnt von Grafenberg oder die im Innviertel zu situierende Verserzählung *Meier Helmbrecht*, da fränkische Dichter wie Konrad von Würzburg oder Süßkind von Trimberg, auch schwäbische wie Ulrich von Thürheim nicht unerwähnt bleiben dürfen und die Gesänge der *Carmina Burana* erklärungsbedürftig sind, wird auch dieses Kapitel lang und immer länger. Natürlich ist es für das hochkulturell unterfütterte Selbstbewusstsein der Region nicht unerheblich, dass die Kanzlei Ludwigs des Bayern im 14. Jahrhundert »keinen kleineren Beitrag zur Ausbildung der neuhochdeutschen Schriftsprache« geleistet haben soll als die Prager Kanzlei Karls IV., und natürlich sollen die wenig bekannten mystischen Prosawerke von Christina Ebner oder Adelheid Langmann nicht unter den Tisch fallen. Hans von Schiltberg mit seinen ethnologischen Studien und seinen Aussagen über den Islam gehört wie Johannes von Indersdorf oder Johannes Hartlieb ins 15. Jahrhundert, der Historiker, Maler und Hofdichter Ulrich Füetrer ebenfalls und die frühen Nürnberger Fastnachtspiele auch, und so sind wir zu Beginn des Reformationszeitalters bereits in der Mitte des Buches.

Wie zögerlich sich der Humanismus im Bayernland und an der Universität Ingolstadt durchsetzte, wie sich der Kampf der Konfessionen seit 1517 auch in Oberdeutschland literarisch niederschlug, was die *Bayerische Chronik* des Aventinus und der 1509 in Augsburg gedruckte Prosaroman *Fortunatus* auch für spätere Zeiten bedeutet haben, was es mit Nürnberg und Hans Sachs auf sich hat – Klaus Wolf ist zu Hause in der Frühen Neuzeit, und deshalb muss er auch steile Thesen nicht scheuen. Zum Beispiel bezeichnet er die immer noch sehr verbreitete Vorstellung, die Lutherbibel habe die Weiterentwicklung der neuhochdeutschen Schriftsprache bewirkt, ganz schlicht als »Mär« – den »literaturgeschichtlichen Ertrag von Reformation und Gegenreformation« solle man auch für Bayern »weitaus nüchterner als bislang betrachten«. Die leider kaum noch gelesenen Nürnberger Barockpoeten – Georg Philipp Harsdörffer, Johann Klaj, Sigmund von Birken und andere – kommen zu ihrem Recht, wobei immer zu bedenken sei: »Die Schäferidylle an der Pegnitz ist nur vor dem Hintergrund der Kriegsgräuel wirklich verständlich.« Ihnen gegenübergestellt wird die prunkvolle kulturelle Begleitung der Gegenreformation: das Werk von Jacob Balde, das Wirken des Abraham a Sancta Clara oder die Passionsspiele des 17. Jahrhunderts. Die literarische Aufklärung sei, vor allem in Altbayern, »nicht unwesentlich als geistlich-klerikale Initiative zu verstehen«, heißt es im Kapitel über das 18. Jahrhundert – in der jüngeren Forschung zum Werk von Lorenz Westenrieder oder dem des »schwäbischen Cicero« Sebastian Sailer ist genau das im Detail herausgearbeitet worden. In Franken gab es aber auch eine durchgehend protestantisch geprägte Aufklärung, es gab den Ansbacher Rokokolyriker Johann Peter Uz und den Roman *Reise in die mittäglichen Provinzen von Frankreich*, den der Coburger Moritz August von Thümmel geschrieben hat und von dessen Verkaufszahlen Goethe und Schiller nur träumen konnten.

Zum literarisch ertragreichen 18. Jahrhundert hätte man sich noch mehr und noch Genaueres gewünscht – hier jedoch, und auch in den noch folgenden Kapiteln, macht es sich Klaus Wolf ein bisschen zu leicht. Kann man die Vielfalt bayerischer Literatur im 19. Jahrhundert wirklich von den Regenten des Landes her sortieren? Hier Ludwig I. und Ludwig II. und ihre sehr unterschiedlich akzentuierte »romantische Kunstauffassung«, dort Maximilian II. mit seiner Sympathie für die »fortschrittsoffenen Künstler«? Immerhin werden der zu Unrecht vergessene Reiseschriftsteller Ludwig Steub, Johann Andreas Schmeller und sein unverzichtbares *Bayerisches Wörterbuch* sowie die fränkischen Ausnahmepoeten Jean Paul und Friedrich Rückert gebührend gewürdigt, und dass das 19. Jahrhundert auch eine »Hochzeit der Mundartdichtung« war, kommt ebenfalls nicht zu kurz. Zu kurz jedoch kommen, um nur einige Beispiele zu nennen, der Lyriker August von Platen, Michael Georg Conrad und sein einer Neuentdeckung harrendes Opus *Was die Isar rauscht*, Deutschlands erster Literaturnobelpreisträger Paul Heyse und die der *Krokodil*-Gruppe angehörigen Poeten, der aus Bad Kissingen stammende Oskar Panizza oder der so gesellschaftskritisch wie elegant schreibende Ur-Münchner Josef Ruederer.

Das 20. Jahrhundert wird zwar ausführlich dargestellt, mehr als klug arrangiertes Namedropping findet man aber selten. Wer wissen will, worin eigentlich die Bedeutung des Werks von Frank Wedekind oder Thomas Mann besteht, was Rainer Maria Rilke und Stefan George – abgesehen von zeitweiligen Aufenthalten dort – überhaupt mit Bayern zu tun haben, warum Revolution und Räterepublik so intensiv von Literaten geprägt waren oder weshalb der Schwabing-Mythos munter weiterlebt, der muss zu anderen Büchern greifen. Lion Feuchtwanger, Bertolt Brecht, Marieluise Fleißer, Oskar Maria Graf, Ödön von Horváth und viele andere – sie alle kommen vor, aber oft zu kurz und zu oberflächlich. Dafür erfährt man literarhistorisch weitaus weniger Wichtiges, wohl aus früheren Arbeiten des Verfassers Hervorgegangenes – etwa zum »Renouveau Catholique als europäische Bewegung in Schwaben« oder zu den »Münchner Turmschreibern«. Die sozial und politisch kritische neue Mundartliteratur der 1970er-Jahre wird knapp gewürdigt, dem im Untertitel genannten Gerhard Polt sind nur ein paar nichtssagende Zeilen gewidmet.

Jenseits des Diskutablen ist die knappe Seite über die sogenannte interkulturelle Literatur in Bayern, auf der der aus Teheran stammende, seit 1965 in München lebende großartige SAID ebenso wenig vorkommt wie der Ausnahmepoet Cyrus Atabay oder der Eichstätter Schriftsteller und Übersetzer Akos Doma. Die moderne Lyrik aus Bayern wird eher namenreich abgearbeitet – dass es zwischen den bedeutenden Werken von Günter Eich, Hans Magnus Enzensberger oder Reiner Kunze einerseits und den Versen von Godehard Schramm oder Anton G. Leitner andererseits gravierende Qualitätsunterschiede gibt, geht aus Klaus Wolfs Überblick nicht unbedingt hervor. Nichts gegen Anna Wimschneider, Manfred Böckl oder Tanja Kinkel, nichts gegen den *Schwäbischen Jedermann* von Hermann Pfeifer oder den *Bayerischen Jedermann* von Oskar Weber, und auch nichts gegen Weiterungen des genuin Literarischen in Richtung Musik oder Film! Aber angesichts von Literaten wie Wolfgang Koeppen, Tankred Dorst oder Carl Amery wird man festhalten müssen: Im 20. Jahrhundert stimmen die Proportionen und Gewichtungen nicht mehr so ganz, und damit verliert das im Großen und Ganzen durchaus imposante Buch dann doch einiges an Relevanz.

Aus den zweieinhalb das Opus abschließenden Seiten – ihnen folgen noch etwas spärliche Literaturhinweise und ein Register – spricht der Stolz des Autors. Klaus Wolf meint nachgewiesen zu haben, »dass sich Bayern literaturgeschichtlich auf Augenhöhe mindestens mit Österreich oder der Schweiz befindet«. So what? Was das wohl bedeutet? Kann und soll man mit Literaturgeschichten Länderspiele bestreiten? Klaus Wolf ist sich auch ganz sicher, dass man seinem Werk Berechtigung und Notwendigkeit, ja Unausweichlichkeit nicht wirklich absprechen könne. Sein resümierender Schlusssatz lautet: »Bayern kann und konnte es auch allein, wobei *das andere Bayern* als gesellschaftskritische literarische Potenz immer schon präsent war.« Nichts gegen ein gesundes Selbstbewusstsein – aber ein bisschen klingt's am Ende dann doch wie das zur Genüge bekannte, immer auch etwas protzige »mia san mia«.

Klaus Wolf: Bayerische Literaturgeschichte. Von Tassilo bis Gerhard Polt. München 2018: Verlag C. H. Beck. 368 S.

Literatur und Landschaft
Eine voluminöse Literaturgeschichte Frankens

Literaturgeografie

Dass er ein, wenn nicht *der* Experte schlechthin für Frankens Literatur und deren Geschichte ist, hat Hermann Glaser, der langjährige Kulturdezernent der Stadt Nürnberg, in unzähligen Vorträgen, Aufsätzen, Radiosendungen und Büchern bewiesen. Im ehrwürdigen Alter von siebenundachtzig Jahren legt der vielfach ausgezeichnete Autor und Kulturpolitiker ein schwergewichtiges Werk vor, das man mit einigem Recht als Summe seiner lebenslangen Bemühungen um die Literatur Frankens bezeichnen darf. Auf dem Erlanger Poetenfest stellte Hermann Glaser das Opus erstmals vor: *Franken – Eine deutsche Literaturlandschaft*. Er versteht seine Arbeit als Fortführung und Erweiterung der *Fränkischen Klassiker* aus dem Jahr 1971, einem aus einer Sendereihe des BR-Studios Nürnberg entstandenen, von Wolfgang Buhl herausgegebenen Werk, das das weitverzweigte Thema in Einzeldarstellungen erschlossen hatte. Dem Publizisten und Rundfunkmann Wolfgang Buhl und dem Mediävistikprofessor Horst Brunner wird für ihre Vor- und Mitarbeit gebührend gedankt, andere »Zulieferer« werden erwähnt. Der Verfasser, betont Glaser, sei in der komfortablen Lage gewesen, »sich als umfangreicher Kompilator zu entlasten«, und bei diesem keineswegs unschöpferischen Zusammenstellen spiele das Zitat eine wichtige Rolle. So weit, so gut. Und da die »Geografie der Literatur«, für deren Anerkennung als wichtige Hilfswissenschaft jeglicher Beschäftigung mit Literatur vor allem die Schweizer Literaturwissenschaftlerin Barbara Piatti seit Jahren eine Lanze bricht, ein Forschungsfeld ist, mit dem schon jeder Literaturinteressierte einmal irgendwie in Berührung gekommen ist, freut man sich auf eine kompetente und erhellende Darstellung der Literaturlandschaft Franken.

Deutschland und Franken

Aber ach! Hermann Glaser hat in seinem ehrenwerten Bemühen, die literarischen Beziehungen und vielfachen Wechselwirkungen zwischen Franken und dem übrigen Deutschland herauszuarbeiten, eine Entscheidung getroffen, über die man vehement streiten kann, ja streiten muss: Er hat dem Fränkischen, das erst ab Seite 355 drankommt, einen umfangreichen ersten Teil vorangestellt, der die Epochen der deutschen Literatur vom frühen Mittelalter bis zu Franz Xaver Kroetz, Herbert Achternbusch und Martin Sperr behandelt – eine ganz konventionelle Geschichte der deutschsprachigen Literatur. Man liest also zunächst einmal einen vollkommen überraschungsfreien germanistischen Grundkurstext, der Glaser als grundfleißigen Kompilator zeigt, aber kaum das bewirken wird, was er eigentlich soll: die Literatur Frankens erkenntnisfördernd zu beleuchten und sie in größeren Zusammenhängen zu verorten. Der Entschluss, sein Opus so beginnen zu lassen, macht den Einstieg unnötig mühsam. Erschwerend kommt hinzu, dass Hermann Glaser völlig zu Recht für sehr vieles berühmt, als wirklich herausragender Stilist jedoch noch nicht groß aufgefallen ist. Wer nicht möchte, dass das spannende Thema in weithin bekannten Fakten zu Oswald von Wolkenstein, Adelbert von Chamisso, Max Frisch oder Christa Wolf untergeht, wer dieses Buch nicht erschlagen und erschöpft zuklappen möchte, bevor es zur eigentlichen Sache geht – dem muss man dringend raten, den gesamten ersten Teil zu überspringen und sich mit den gut zweihundert Seiten zu begnügen, die dem Kernthema der Studie gelten: *Franken – Eine deutsche Literaturlandschaft*.

Facettenreiche Literaturlandschaft

»Im 11. Jahrhundert beginnt die Geschichte Frankens als Literaturlandschaft«, und zwar mit dem christusfrommen *Ezzo-Lied* und dem Historienepos vom *Herzog Ernst*, schreibt Hermann Glaser. Wie zwei der bedeutendsten deutschen Dichter des Mittelalters, Wolfram von Eschenbach mit dem *Parzival* und Walther von der Vogelweide mit seinen Sangsprüchen, mit Franken verbunden sind, erläutert er eindringlich, und dass das 13. Jahrhundert »als die glänzendste Zeit der Region in der Literaturgeschichte« gelten kann, führt Glaser nicht nur an den Werken des Konrad von Würzburg oder des Wirnt von Grâvenberc einleuchtend vor.

Seinem beeindruckenden Mittelalter-Kapitel folgt eines zu Humanismus und Renaissance, und hier ist der Nürnberger auf seinem ureigensten Gebiet. In dieser »löblichen Stat« wirkten unter anderem Albrecht Dürer und Willibald Pirckheimer, vor allem aber die Handwerker-Poeten, die weithin bekannt, aber zu wenig gelesen sind und dennoch bis ins 20. Jahrhundert hinein nachwirkten, unter ihnen Hans Rosenplüt und Hans Folz, vor allem jedoch der große Hans Sachs. Hermann Glaser versteht es, ihre Dichtungen dem Leser auf wenigen Seiten derart nahezubringen, dass man sich seiner Unkenntnis zu schämen beginnt und sich fest vornimmt, seine Lektürelücken ganz schnell zu schließen. Nürnberg bleibt auch in der Barockzeit eine der wichtigsten Literaturstädte Deutschlands – hier entstand 1644 ein »Pegnesischer Blumenorden«, der es sich zur Aufgabe machte, die deutsche Sprache als Sprache der Literatur und der Wissenschaft zu pflegen. Glaser weiß manch Einleuchtendes zu sagen über Georg Philipp Harsdörffer, Philipp von Zesen, Johann Klaj oder Sigmund von Birken, und seine üppig präsentierten Zitate aus ihren Werken sind überlegt ausgewählt.

Die Bedeutung Frankens als Literaturlandschaft geht dann im 18. Jahrhundert ein wenig zurück, auch wenn der Ansbacher Dichter Johann Peter Uz überregional gelesen wird und Hermann Glaser den 1738 bei Leipzig geborenen Moritz August von Thümmel, der zwanzig Jahre lang Minister im coburgischen Staatsdienst war, als oft übergangenen Meister des ebenso heiter-empfindsamen wie sarkastisch-spöttischen Reiseromans zu seinem Recht kommen lässt. Interessant ist Glasers liebevolle Würdigung des Nürnberger Dialektdichters Johann Konrad Grübel – fränkische Mundartliteratur gibt es, wie er betont, keineswegs erst seit Fitzgerald Kusz. »Stürmer und Dränger hat Franken viele hervorgebracht, aber – mit einer Ausnahme – keinen bemerkenswerten Autor in der Epoche des Sturm und Drang«, heißt es am Anfang des vierten Kapitels. Dass diese Ausnahme, der berühmte Württemberger Literat und Zeitungsmann Christian Friedrich Daniel Schubart, nur mit Ach und Krach dem Frankenland zuzurechnen ist, nimmt der Leser gerne hin. Mit seinen luziden Ausführungen zu Goethe und dessen Dürer-Begeisterung ist Glaser dann ganz in seinem Element, und gerade hier wird deutlich, dass »Literaturlandschaft« weit mehr bedeutet als nur »Geburtsregion«. Das beweisen auch die *Herzensergießungen eines kunstliebenden Klosterbruders* (1796), mit denen Wilhelm Heinrich Wackenroder und Ludwig Tieck zur Popularität der Ferienregion »Fränkische Schweiz« und zum Ansehen des Nürnberger Kunstgeists Entscheidendes beigetragen haben – wie später auch Joseph Victor von Scheffel, dem man in Gößweinstein ein sehenswertes Denkmal errichtet hat. Dass Hermann Glaser im Abschnitt über seinen Lieblingspoeten Jean Paul alle Register seines Könnens zieht, verwundert nicht. Dort, und auch in den Ausführungen zum Werk des zeitweiligen Bambergers E. T. A. Hoffmann und des Schweinfurter Dichtergelehrten Friedrich Rückert, findet auch der Kenner viel Neues. Das 19. Jahrhundert wird weitgehend mit den Philosophen Stirner, Hegel und Feuerbach bestritten, doch kommen auch später in München wirkende Franken wie Oskar Panizza, Michael Georg Conrad und Ludwig Derleth nicht zu kurz. Oder, später dann, wichtige Autoren des 20. Jahrhunderts wie Jakob Wassermann, Leonhard Frank, Bernhard Kellermann, Ernst Penzoldt oder Hermann Kesten.

Dass sich Glaser ausführlich der in den letzten fünfzig Jahren boomenden fränkischen Mundartdichtung zuwendet, versteht sich von selbst. Mit differenzierten Darstellungen von Schriftstellern, deren Wirken erst von einigen Jahrzehnten begann – Max von der Grün, Gisela Elsner, Hans Wollschläger, Peter Horst Neumann, Natascha Wodin, Ludwig Fels, Gerhard Falkner oder Kerstin Specht –, geht Hermann Glasers Parcours durch die Jahrhunderte dann seinem Ende entgegen.

Der zweite Teil von *Franken – Eine deutsche Literaturlandschaft* bietet erheblich mehr, als hier aufzuzählen der Ort ist, und er bietet beileibe nicht nur Information über die Dichter, sondern auch Interpretation und begründete Verortung im Fränkischen – selbst Hans Magnus Enzensberger entkommt ihr nicht ganz. Kurzum, die Seiten 355 bis 562 offerieren genau das, was man sich von diesem Glaserschen Lebenswerk von Anfang an erwartet hatte.

Fränkische LiteraTour

Hatte ich schon erwähnt, dass *Franken – Eine deutsche Literaturlandschaft* durchgängig illustriert ist? Ob Farbe oder Schwarz-Weiß – Kosten und Mühen wurden nicht gescheut, um Glasers Darstellung auch zu einem optischen Genuss zu machen. Das ist gelungen – und nicht hoch genug zu rühmen. Aber es kommt noch besser: Der zweite Teil des Buchs ist mit einer »LiteraTour« verlinkt – auf Seite 11 findet sich ein QR-Code, über den man die Verlagswebsite »www.buchhausschrenk.de« erreicht und damit auch das neue, noch im Aufbau befindliche »Franken-Literatur-Portal«. Hier stößt man auf oft erstaunliche Erinnerungsspuren, die Schriftsteller im Frankenland hinterlassen haben – Geburts- und Wohnhäuser natürlich, Denkmale und andere Memorabilien. Gut! Und sicher noch ausbaufähig, das Ganze! Immerhin – die »Bildpartitur«, wie Hermann Glaser das nennt, kann zu Reisen und Wanderungen zwischen Wolframs-Eschenbach und Joditz oder zwischen Aschaffenburg und Hilpoltstein animieren, die die per se schon sehenswerte Region um anregende Perspektiven bereichert. Wenn schon »Tour«, warum nicht »LiteraTour«?

Zuverlässiges Nachschlagewerk

Man kann meinen Haupteinwand gegen die Struktur des Werks auch ins Positive wenden und sich sagen: Mit dem Erwerb dieses Buches bekommt man eine faktenreiche Geschichte der deutschsprachigen Literatur von ihren Anfängen bis zur Gegenwart, und dazu erhält man noch eine äußerst kenntnisreiche und farbige Darstellung der Literaturlandschaft Franken, die es bisher in dieser Form nicht gab und in absehbarer Zeit wohl auch nicht geben wird. Dass es sich als zuverlässiges Nachschlagewerk behaupten wird – wozu der Anhang Wichtiges beiträgt –, steht außer Zweifel. Die Zahl derer jedoch, die Hermann Glasers Werk von vorne bis hinten durchlesen werden, wird sich vermutlich in engen Grenzen halten. Ist das schlimm? Nein. Man freut sich auch so über dieses opulente Kompendium – aufschlussreich, gelehrt, anregend und unterhaltsam ist es allemal.

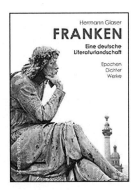

Hermann Glaser: Franken – Eine deutsche Literaturlandschaft. Epochen – Dichter – Werke. Gunzenhausen 2015: Schrenk-Verlag. 581 S.

Sapienti sunt Paioari
Der erste Band des neuen Spindler

Vor fünfzig Jahren begann es zu erscheinen, das *Handbuch der bayerischen Geschichte*, der legendäre »Spindler«. Nun liegt der erste Band in einer auf dem aktuellen Stand der Forschung vollständig neu geschriebenen Fassung vor. Ein stattlicher Buchziegelstein! Es geht um Bayerisches von der älteren Steinzeit bis zum hohen Mittelalter. Bayerisches? Na ja, was man halt so nennen kann. Dass die Generation von Max Spindler und Karl Bosl da manches zu simpel und vor allem zu eindeutig dargestellt hat, wird bald klar. Die Agilolfinger? Schon recht, aber … Es wäre mehr als vermessen, hier ins Detail zu gehen – es darf höchstens festgestellt werden, dass die »Migratio« in der Tat die »Mater Bavariae« war und ist. Eine kritische Würdigung des studierenswerten neuen Handbuchs überlassen wir natürlich den Historikern und anderen Fachwissenschaftlern.

Kapitel VII führt das kulturelle Leben jener Zeit vor Augen: Wissenschaft und Bildung, Literatur, Kunst, Musik. Man wird gewiss nicht ernsthaft behaupten können, dass dieses fragile frühe Bayern hier an der Spitze des europäischen Fortschritts marschierte. Dennoch schreibt Ludwig Holzfurtner ganz zu Recht, und das ist doch schon mal was: »Bayern stand zwar nie am Anfang, oft aber eben doch schon früh aufseiten der zukunftsweisenden Ideen und trieb diese in maßgeblicher Weise weiter voran, sie um eigene Aspekte erweiternd und mehr als einmal auch auf ein realistisches Maß korrigierend.« Einen lehrreichen Überblick über die lateinische, alt- und frühmittelhochdeutsche Literatur in Bayern bis ins 13. Jahrhundert hinein geben Mechthild und Hans Pörnbacher. Da geht es ums *Wessobrunner Gebet*, um Heiligenviten, Geistliche Lieder, Chroniken und frühe weltliche Epen, um Geistliche Schauspiele oder den frühen Minnesang. Zuerst aber um ein Wörterbuch aus der Freisinger Schreibschule, das eher seltene lateinische Wörter nicht nur durch geläufigere lateinische Wörter erklärt, sondern auch volkssprachliche Erläuterungen anfügt. Das erste Wort, von dem das Buch seinen Namen hat, nämlich »abrogans«, wird mit dem lateinischen »humilis« und den althochdeutschen »dheomodi« (demütig) erklärt. Öha! Allen Autoren in Bayern und weit darüber hinaus sei gesagt, mit den Worten der Pörnbachers: »Das erste Wort im ersten Buch, das in Bayern entstanden ist, heißt also ›demütig‹!« Bitte unbedingt merken, aufschreiben, über den Schreibtisch hängen! Demut und Klugheit gehören zusammen – ganz besonders in Bayern, wo es viele kluge Leute gibt und auch damals schon gab. In einem Gesprächsbüchlein aus dem frühen neunten Jahrhundert steht beim Eintrag »sapiens homo – spaher (= kluger) man« die ganz klare Aussage: »Stulti sunt Romani, sapienti sunt Paioari« – was man, mit Verlaub, so übersetzen kann: »Olle andern san bleed, mir Bayern san gscheid«. Frühes neuntes Jahrhundert? Ganz aktuell! Auch wenn es vielleicht doch »sapientes« heißen sollte.

Handbuch der bayerischen Geschichte. Band I, 1: Das Alte Bayern. Von der Vorgeschichte bis zum Hochmittelalter. Begründet von Max Spindler. Neu herausgegeben von Alois Schmid. München 2017: Verlag C. H. Beck 726 S.

Statt einer Literaturgeschichte
Eine durchwachsene Aufsatzsammlung zur Literatur in Bayern

Im Jahr 1987 erschien Albrecht Webers *Handbuch der Literatur in Bayern*. Dass deren literaturwissenschaftliche Erforschung auch danach nicht zum Erliegen gekommen ist, belegt ein Ende 2015 erschienener umfangreicher Sammelband. Sein Herausgeber Waldemar Fromm, der die »Arbeitsstelle für Literatur in München / Bayern« an der Universität München leitet, hat darin fünfzehn einschlägige Arbeiten zusammengestellt, die zwischen 1984 und 2005 zum ersten Mal publiziert wurden, also, wie er in seiner Einleitung schreibt, »nach dem Boom der Regionalforschung in den 1980er-Jahren«. Damit soll ein Forschungsüberblick gegeben werden, weshalb wohl auch der Untertitel des Bandes auf die berühmte Buchreihe *Wege der Forschung* Bezug nimmt, mit der die in Darmstadt ansässige Wissenschaftliche Buchgesellschaft Generationen von Studenten beglückt hat. Dass und wie sich die Literaturwissenschaft – und mit ihr natürlich auch die Herangehensweise an Regionalliteratur – in den drei zurückliegenden Jahrzehnten verändert hat, das versucht der Herausgeber in seinen sehr knapp geratenen einleitenden Bemerkungen zumindest ansatzweise zu skizzieren.

An einer wissenschaftlich fundierten, umfangreichen und aktuellen Geschichte der Literatur in Bayern wird intensiv gearbeitet. Dieses Buch ist kaum mehr als eine Vorarbeit dazu – der Titel ist hier Programm, und die für eine Darstellung der Literatur in Bayern unangemessene Dominanz der Landeshauptstadt ist auch nicht zu übersehen. Die Zeit vor dem 18. Jahrhundert wird durch einen instruktiven und anregenden Aufsatz von Ernst Hellgardt über den Beitrag Niederbayerns zur deutschen Literatur im frühen Mittelalter, durch einen Essay von Freimut Löser über die geistliche Literatur des Mittelalters am Beispiel von Würzburg und Melk und durch zwei eher akribisch ins Detail als in die Breite gehende Arbeiten von Dieter Breuer über das literarische Leben in München vor 1648 sowie über die oberdeutsche Erzählliteratur des 17. Jahrhunderts abgedeckt. Guillaume van Gemert analysiert die Dichtungslehre des *Parnassus Boicus* (1725/26), Manfred Knedlik untersucht die Schuldramen des Prüfeninger Abtes Rupert Kornmann (1757–1817), und Michael Schaich beschäftigt sich mit dem Thema »Staat und Öffentlichkeit im Kurfürstentum Bayern der Spätaufklärung«. In einem der besten Beiträge des Bandes skizziert Wilhelm Haefs, auf dessen ungemein aufschlussreiches und überdies extrem spannendes Buch über Leben, Werk und Wirkung von Lorenz Westenrieder nicht oft genug hingewiesen werden kann (*Aufklärung in Altbayern*, 1998), mit aufmerksamem Blick auf Georg Alois Dietl (1752–1809) die überraschend heterogene Literatur der Spätaufklärung in Bayern. Der älteste Beitrag in diesem Sammelband war schon 1984 nicht ganz unumstritten und hält jedenfalls nicht, was sein Titel verspricht: In »Die Münchner Romantik« umkreist Hans Graßl allerlei Philosophenkram, ohne dass diese wichtige Literaturbewegung insgesamt scharfe Konturen oder gar ein Gesicht erhält. Auch heute noch bestens lesbar hingegen ist die Darstellung von Literatur und literarischem Leben in München um 1855, die Walter Hettche und Johannes John beisteuern. Die Überlegungen von Gabriele Whetten-Indra zum literarischen Leben in der Isarmetropole zwischen 1918 und 1933 wird man ebenso mit Gewinn und Genuss zur Kenntnis nehmen wie die – wie immer ungeheuer materialreichen – Aufsätze von Altmeister Wolfgang Frühwald über die Literatur in der Prinzregentenzeit sowie über die kaum auf einen Nenner zu bringende Literatur in Bayern zwischen 1919 und 1960. Ein fast mustergültiges Beispiel dafür, wie ein literaturwissenschaftlicher Essay aussehen kann, liefert Reinhard Wittmann mit seinen brillanten Beobachtungen zur Münchner Literaturszene unmittelbar nach dem Zweiten Weltkrieg. Dass man es für nötig erachtet hat, die komplett veralteten Bemerkungen von Helmut Kaffenberger und Waldemar Fromm über die Literatur in Bayern nach 1960 auch noch aufzunehmen, ist allerdings in keiner Weise nachzuvollziehen. Sie bilden einen im Jahr 2016 fast schon peinlichen Schlussakkord zu dieser oft anregenden, insgesamt eher durchwachsenen Sammlung von zuvor verstreut publizierten Bausteinen zu einer zeitgemäßen Geschichte der Literatur in Bayern. Hoffen wir, dass wir nicht zu lange auf eine solche Gesamtdarstellung warten müssen – man vermisst sie nach wie vor schmerzlich.

Waldemar Fromm (Hrsg.): Statt einer Literaturgeschichte. Wege der Forschung. Literatur in Bayern (= Bavaria. Münchner Schriften zur Buch- und Literaturgeschichte. Kleine Reihe 1). München 2015: Allitera Verlag, 432 S.

Männer des Wortes
In Bayern lief die Aufklärung anders

Nein, keinesfalls will ich mich in die Geschichtswissenschaft einmischen, selbst dann nicht, wenn sie bayerische Themen verhandelt. Aber deren Ergebnisse zur Kenntnis nehmen und manches davon auch weitergeben – das schon! Zum Beispiel gibt es, neben unzähligen anderen einschlägigen Publikationen und oft sehr spannenden Büchern, eine gar nicht genug zu rühmende *Zeitschrift für Bayerische Landesgeschichte*, und es gibt deren sogenannte *Beihefte*, grundsolide und immer stupend gelehrte Schriften. Sehr spezielle Bücher naturgemäß, zu ganz unterschiedlichen Themen. Niemanden wird da alles interessieren – wie denn auch! Das neueste *Beiheft* allerdings verdient vielleicht doch größere Beachtung, weil es über seinen engeren Gegenstand hinaus den Blick weitet für historische Prozesse, die auch im heutigen Bayern noch nachwirken.

Das Reichsstift St. Emmeram zu Regensburg erlebte im 18. Jahrhundert unter seinen letzten Fürstäbten eine wissenschaftliche Blütezeit und galt als eines der herausragenden Bildungszentren im gesamten oberdeutschen Raum. Mit seiner Aufhebung ein paar Jahre nach der Inbesitznahme der Stadt durch das Königreich Bayern fand diese benediktinische Glanzzeit ein ziemlich abruptes Ende. Danach dämmerte das bedeutende und höchst sehenswerte Ensemble von St. Emmeram viele Jahrzehnte hindurch vor sich hin, und so ganz aufgewacht ist es bis heute nicht. Aber das ist eine andere Geschichte. Das aus einer Tagung (2012) hervorgegangene *Beiheft* widmet sich dem Zeitalter der Aufklärung und enthält ein gutes Dutzend Abhandlungen, die die erstaunlich weitreichenden Netzwerke der gelehrten Mönche von St. Emmeram sowie die für deren Unterhalt wichtigsten Persönlichkeiten detailliert vorstellen. Unbedingt empfehlenswert ist die Lektüre der Beiträge von Alois Schmid und Ulrich L. Lehner. Dass sich, wie die meisten »nordlastigen« Epochendarstellungen bis heute nicht wahrhaben wollen, Katholizismus und Aufklärung eben nicht gegenseitig ausschließen und es eine in erster Linie von oberdeutschen Klöstern getragene »Katholische Aufklärung« durchaus gegeben hat, macht Alois Schmid an konkreten Beispielen sehr differenziert deutlich. Bestens dargelegt und begründet sind seine Urteile. Zum Beispiel: »Als Forschungsstätten übertrafen zumindest die großen Klöster ohne Zweifel die Universitäten an Bedeutung; sie entwickelten sich zu wahren Klosterakademien.« Oder: »In den Klöstern fühlte man sich einer zurückhaltenden und moderaten Form der Aufklärung verpflichtet ... Von radikalen Brüchen wollten die Patres im Allgemeinen nichts wissen.« In Oberdeutschland habe man, anders als anderswo, vor allem versucht, »die Forderungen der Aufklärung mit denen des Katholizismus zusammenzubringen und für möglichst viele nutzbar zu machen«. Dabei sei die Wissenschaft meistens als »Beitrag zur Stärkung der Religion« angesehen worden: »Die Aufklärung wurde als entscheidendes Mittel zur Beförderung der Gotteserkenntnis verstanden.« Das hatte der Berliner Schriftsteller und »Erzaufklärer« Friedrich Nicolai in seiner einflussreichen *Beschreibung einer Reise durch Deutschland und die Schweiz im Jahre 1781* nicht kapiert. Oder nicht begreifen wollen. Was Ulrich L. Lehner über das Verhältnis der Benediktiner zur Aufklärung schreibt, entspricht in vielem der neuesten Forschung, wie sie etwa Steffen Martus in seinem 2015 erschienenen Epochenbild *Aufklärung. Das deutsche 18. Jahrhundert* zusammenfasst – dass es in Deutschland nämlich überhaupt keine einheitlich rationalistische Aufklärung gegeben hat, eher »Familien von Aufklärungen«, und dass zu denen eben auch die gelehrten Mönche Süddeutschlands zu rechnen sind. Und dass es für diese Wissenschaftler und Denker vor allem darauf ankam, »ihre Kirche in kritischer und positiver Auseinandersetzung mit dem akademischen Diskurs ihrer Zeit zu erneuern«. Lehner verschweigt nicht, dass das innerhalb des Benediktinerordens durchaus umstritten war. Der Freiheitsdrang der Klosterbrüder jedoch ließ sich nicht mehr effektiv einbremsen: »Mönche wollten ihre Lebensweise derjenigen der Welt anpassen. Gelehrte wollten nicht mehr die langen nächtlichen Gebete im Chor verrichten und Arbeiten im Kloster, sondern sich ganz ihrer Wissenschaft widmen können und so fort.« Am Prozess der Ausbreitung von Akademien, Leihbibliotheken, Kaffeehäusern und Salons als »Orte des gegenseitigen geistigen Austauschs« nahmen auch die Benediktiner teil, und letztlich haben sie zur »Etablierung Bayerns als Wissenschaftsstandort« maßgeblich beigetragen. Bemerkenswerte Ordenspersönlichkeiten hat es damals gegeben, im Bayernland und weit darüber hinaus, und auch zahlreiche Episoden und Anekdoten, denen man gerne näher nachgehen möchte. Und so ist, um das Mindeste zu sagen, dieser schöne Sammelband nicht nur außerordentlich lehrreich, sondern in vielfacher Hinsicht auch sehr anregend.

Bernhard Löffler / Maria Rottler (Hrsg.): Netzwerke gelehrter Mönche. St. Emmeram im Zeitalter der Aufklärung (= Zeitschrift für Bayerische Landesgeschichte, Beiheft 44). München 2015: C. H. Beck Verlag. VIII/399 S.

Die Stadt lesen
Eine kleine Regensburger Literaturgeschichte

Literatur in Regensburg? Und: Regensburg in der Literatur? Für die Gegenwart fallen einem da schon einige Autoren ein, zum Beispiel Eva Demski, Ernst-Wilhelm Händler, Benno Hurt, Barbara Krohn, Sandra Paretti und Albert von Schirnding. Diese sechs Schriftsteller stellt Gertrud Maria Rösch im letzten Beitrag zu einem Gemeinschaftswerk vor, das in nicht weniger als siebenunddreißig Mini-Essays das literarische Leben der Donaustadt zu beleuchten sucht. Für den, dem ein Kurzessay zu wenig ist, sind die nützlichen Lektürehinweise gedacht. »Es gibt bisher kein Kompendium zur Regensburger Literatur«, schreiben die Herausgeber im Vorwort zu ihrer demnach mehr als überfälligen *Regensburger Literaturgeschichte*, die ausdrückliche eine »kleine« sein möchte – und doch viel »Großes« bietet.

Worum es genau geht? »Unter Regensburger Literatur verstehen wir Werke, die entweder in Regensburg entstanden sind und/oder sich an zentralen Stellen inhaltlich mit der Stadt auseinandersetzen.« Weil dies, fasst man wie hier die Literatur als ein sehr weites Feld, auf wirklich viele Texte zutrifft, musste ausgewählt werden. Die Auswahl ist originell: Persönlichkeiten aus dem Mittelalter, von Otloh von Sankt Emmeram bis zu Andreas Mülner, dominieren die Szene, und keineswegs alle haben literarische Werke im engeren Sinne hinterlassen – der von Claudia Märtl porträtierte Mülner etwa, »Regensburgs Titus Livius«, gilt gemeinhin als »Stammvater der bayerischen Historiographie des 15. Jahrhunderts« und nicht als Dichter. Sein Werk wirkte bis weit in die Frühe Neuzeit hinein, die hier – ebenfalls ungewöhnlich – mehr Raum bekommt als das 18. und 19. Jahrhundert. Im Kapitel über das 16. und 17. Jahrhundert steht ein Geschichtsschreiber wie der berühmte Aventinus ganz selbstverständlich neben Catharina Regina von Greiffenberg, der tiefgläubigen Barocklyrikerin aus Niederösterreich, von deren »Regensburger Andachtsreisen« Rainer Barbey berichtet – ein weiter Literaturbegriff eben. Für die »Goethezeit« wartet die Essaysammlung mit großen Namen auf: Goethe selbst, Hölderlin, Arnim, Brentano, Eichendorff, Mörike – alles schön und gut, und doch muss man kritisch anmerken, dass die Stadt gerade hier mit Dichtern geschmückt wird, für die das ehrwürdige Regensburg kaum mehr als eine winzige Episode in Leben und Werk darstellte. Das gilt auch für Thomas

Mann, dessen 1909 erschienene Erzählung *Das Eisenbahnunglück*, wie Sebastian Karnatz berichtet, auf ein unerfreuliches Erlebnis bei Regenstauf zurückgeht. Damit sind wir im 20. Jahrhundert und gleich bei Georg Britting, dessen heute fast in Vergessenheit geratenes Werk Thomas Zirnbauer auf bewundernswerte Art und Weise lebendig werden lässt – sechs Seiten nur, allerdings absolut herausragend! Florian Sendtner schreibt über »Regensburger NS-Literatur« – und über ihr Gegenteil, *The Blue Danube* von Ludwig Bemelmans. Thomas Bernhard, der alte Griesgram, der drei Tage in der »schrecklichen Stadt« am Donauknie verbracht hat und nie wieder dorthin zurückgekommen ist, durfte auch nicht fehlen. Nicht nur der Bernhard-Essay verdeutlicht, dass die *Kleine Regensburger Literaturgeschichte* bisweilen schon sehr weit ausholen musste, um Regensburg als Metropole bedeutender Literatur zu präsentieren. Sei's drum! Interessant ist dieses Buch allemal, anregend – und manchmal auch sehr spannend.

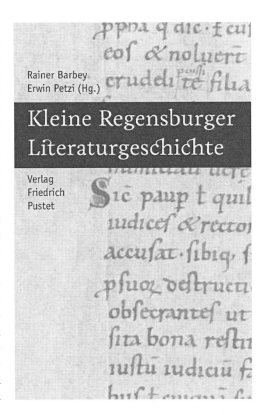

Rainer Barbey / Erwin Petzi (Hrsg.): Kleine Regensburger Literaturgeschichte. Regensburg 2014: Verlag Friedrich Pustet. 288 S.

Aventinus, Schmeller und Britting
Vor drei Jahren ist Eberhard Dünninger gestorben

Mit viel Liebe und enormem Detailwissen hat Bernhard Lübbers, der Leiter der Staatlichen Bibliothek Regensburg, zusammen mit dem Kunsthistoriker und Verleger Peter Morsbach einen ansehnlichen Gedenkband herausgegeben, der das Leben und Wirken des in Würzburg geborenen, in Regensburg zur Schule gegangenen und beruflich lange in München tätigen Literaturhistorikers und Bibliothekars Eberhard Dünninger umfassend würdigt. Elf kompetente Aufsätze, zahlreiche ansprechende Fotos sowie ein zwanzigseitiges, von Konrad Zrenner besorgtes Verzeichnis aller Veröffentlichungen des großen bayerischen Gelehrten runden sich zu einem anregenden Erinnerungsband. Hervorgegangen ist er aus einem Gedenksymposium, das noch in Eberhard Dünningers Todesjahr im Leeren Beutel zu Regensburg stattfand.

Dünningers Sohn Leonhard, der frühere bayerische Kultusminister Hans Maier, der Münchner Bibliothekar Klaus Kempf und der Regensburger Emeritus Bernhard Gajek beleuchten die Biografie des Verstorbenen. Hier wird der Leser über seine Arbeit im Bayerischen Kultusministerium (1965-1986), seine Leistungen als Generaldirektor der Bayerischen Staatlichen Bibliotheken (1986–1999) und sein lebenslanges Wirken in Forschung und Hochschule präzise informiert. In der zweiten, den Bibliotheken gewidmeten Abteilung gibt Manfred Knedlik einen erhellenden Überblick über die Klosterbibliotheken in der Oberen Pfalz. Bernhard Lübbers beschäftigt sich mit einem Thema, das auch Eberhard Dünninger mehrfach berührt hat: Johann Andreas Schmeller und die Bibliotheken. Die Abteilung Literatur widmet sich zwei ganz unterschiedlichen Autoren und Werken, zu deren Erhellung die Forschungen des Verstorbenen Wesentliches beigetragen haben: Christine Riedl-Valder befasst sich mit den Schriften des Aventinus, und Marita A. Panzer geht den Spuren eines kauzigen und originellen bayerisch-böhmischen Grenzgängers aus dem 19. Jahrhundert nach: Maximilian Schmidt genannt Waldschmidt (1832-1919). Im vierten Teil des Gedenkbands skizziert Peter Morsbach das Bild Regensburgs und der Oberpfalz vor der Napoleonzeit, Peter Styra würdigt Pater Emmeram und Schloss Prüfening, und Jörg Skriebeleit erzählt die Geschichte des Historikers, Archivars, Heimatforschers und Intellektuellen Fridolín Macháček (1884-1954), auf dessen ergreifendes Buch *Plzeň – Terezín –*

Flossenbürg (1946) ihn Eberhard Dünninger hingewiesen hatte. Was einmal mehr zeigt, dass der vielseitige und außergewöhnlich kenntnisreiche Gelehrte, der unter anderem am Trinity College in Dublin studiert hatte, stets über die Grenzen des Freistaats hinausblickte. Ohne Zweifel war Regensburg Eberhard Dünningers Herzensheimat, und mit Sicherheit hat er seine Oberpfalz und sein Bayern geliebt. Zu Hause aber war er im ganzen Abendland.

Bernhard Lübbers / Peter Morsbach (Hrsg.): Bibliotheken, Literatur, Regensburg und die Oberpfalz. In memoriam Eberhard Dünninger (1934–2015). Regensburg 2016: Dr. Peter Morsbach Verlag. 178 S.

Heavy Southbound Traffic
Auf den Spuren von Johann Andreas Schmeller

Als Jugendlicher hörte ich oft Radio. Meistens AFN – American Forces Network. Wegen der Musik. AFN war aber auch einer der ersten Radiosender, der Verkehrsdurchsagen brachte. Unvergesslich: »Heavy southbound traffic on the Nuremberg-Munich Autobahn, especially in the area of the Holledau Triangle«. Dieses Dreieck kannte ich wohl, und ich wusste, dass halb Europa auf der Fahrt vom hohen Norden nach Rom oder Sizilien durch die Holledau musste[1]. Später stand ich oft genug selbst am Holledau-Dreieck im Stau, und die mit Büschen und Bäumchen bestandene, von Autobahnen vollkommen eingeschlossene Wiese dort kam mir bald vor wie der heimliche Mittelpunkt von Südbayern. Im Zeitalter des unaufhörlichen Lastwagenverkehrs und der immer hässlicher werdenden Gewerbegebiete könnte das wirkliche Zentrum des Landes doch auch ein Autobahndreieck sein, dachte ich mir. Oder sind es doch die Hopfengärten drumherum?

Wenige Kilometer Luftlinie vom Dreieck sieht die Welt vollkommen anders aus. Von »heavy southbound traffic« keine Spur, im Gegenteil: kaum irgendein Traffic! Ohne Navi schaut man hier recht alt aus – wer auf immer schmaler werdenden Straßen mit Kreuzungen ohne jeden Wegweiser versucht hat, nach Rinnberg zu gelangen, weiß das. Eine bayerische Bauernlandschaft von lieblich-herber Anmut bildet die Kulisse für Johann Andreas Schmellers einstigen, eine gute Stunde dauernden Schulweg nach Pörnbach – und zurück. Viel Wald, viel Mais, einige Pferdekoppeln, und vor allem: Hopfen! Im Sommer zuckelt man zwischen gewaltigen Hopfenwänden durch, entgegenkommen sollte einem niemand, schon gar nicht ein Mähdrescher oder ein Milchlaster. Landkreis Pfaffenhofen an der Ilm, im Tal die Kirche von Rohr, gleich daneben Rinnberg. Endlich!

Ein ausgesprochen schönes, aufgeräumtes Dorf mit viel Luft zwischen den Häusern und vielen Blumen. Beim Nussbaum an der Dorfstraße ist eine Hinweistafel aufgestellt. Hier sind wir richtig! »Zurück zu meinen Lieben / Nach Rimberg schwebt mein Geist«. So lautet die Inschrift auf einem schönen, naturbelassenen Stein, hinter dem orangerote Lilien blühen. Rimberg, Rinberg, Rinnberg – so genau nahm man es damals nicht mit der Schreibung der Ortsnamen. Weiter heißt es auf dem Stein: »Johann Andreas Schmeller. *6.8.1785 – †27.7.1852. Verfasser des Bayerischen Wörterbuchs. Die Heimat gedenkt

---

1 • Die Literatur über die Holledau ist reichhaltig. Eine erste, wenngleich nicht sehr profunde Orientierung vermittelt ein Werk von Petra Becker: *Das große Hallertau-Buch. Hopfenland im Herzen Bayerns.* Clenze 2008.

seiner. Landkreis Pfaffenhofen«. Ein paar Meter weiter an der Straße findet man auch noch eine weiße Stadelmauer mit einer Steintafel, die an den im Alter von drei Jahren aus seiner Geburtsstadt Tirschenreuth (»Türschenreut«, wie er selber schreibt) nach Rinnberg gelangten Buben erinnert: »An dieser Stelle stand das Elternhaus des grossen bairischen Sprachforschers Johann Andreas Schmeller. Von 1787–99 verbrachte er hier seine Kindheit.« Floh die Familie aus der armen Oberpfalz? Vertraut man dem Journalisten Gerhard Matzig, ist Tirschenreuth auch heute nicht reich und auf jeden Fall, statistisch betrachtet, die »billigste Stadt Deutschlands«[2].

Der alte Schmeller – nein, nicht Heimito von Doderers Romanfigur aus der *Strudlhofstiege*[3], sondern »dieser wundervolle Gelehrte, der das Mundartlexikon gemacht hat«[4] – war schon mal bekannter als heute. Nicht nur in der Wissenschaft, bei den Dialektologen, den Mediävisten und den Historikern, sondern auch bei den an der bairischen Mundart interessierten Bürgern des Freistaats. In vielen Haushalten steht noch heute die vollständige Ausgabe seines *Bayerischen Wörterbuchs* herum, die zum zweihundertsten Geburtstag des »baierischen Grimm« in vier Bänden erschien[5]. Ob Schmellers Opus Magnum eifrig benutzt wird? Oder doch eher ein Staubfänger ist? In der Bayerischen Staatsbibliothek in München, die ihrem einstigen Bibliothekar vor fünfunddreißig Jahren eine schöne Gedächtnisausstellung gewidmet hat[6], wird sein Nachlass verwahrt. Dort findet man alles von und über den oberpfälzischen Korbmachersohn aus der Holledau, dessen Verdienste insbesondere um die Handschriftenabteilung des Hauses gar nicht genug herausgestellt werden können. Bis dahin allerdings war es ein weiter Weg – von Pörnbach erst einmal ins Seminar des Klosters Scheyern, dann auf die Gymnasien von Ingolstadt und München. Schon 1801 begann er sein Tagebuch – manchmal mit durchaus merkwürdigen Einträgen wie beispielsweise dem vom 22. Juli: »Ein herrlicher Tag. Gestern fiel aus Baufälligkeit ein Haus zusammen, und erschlug etliche Menschen.«[7] Der besonders an Pädagogik und Philologie interessierte Schüler war immer in Geldnot und hing ab von wohlmeinenden Gönnern. In Rinnberg entstand 1803 seine erste wissenschaftliche Arbeit: *Über Schrift und Schulunterricht. Ein ABC-Büchlein in die Hände Lehrender*. Die Studie ist geprägt von der Faszination, die Person und Werk des Schweizer Pädagogen Johann Heinrich Pestalozzi (1746–1827) auf ihn ausübten. Dem wollte er seine Arbeit persönlich vorstellen – vielleicht war auch eine Stelle in der Schweiz drin? Pestalozzis Absage muss Schmeller schwer getroffen haben, denn 1804 traf der Mittel- und Erwerbslose eine unerwartete Entscheidung: Er trat als Soldat in die Dienste des spanischen Königs Karl IV. und marschierte bald von Solothurn bis nach Tarragona. Soldat? Na ja, nach einiger Zeit wurde Schmeller dann doch Hilfslehrer, für Spanisch, Englisch, Französisch und andere Fächer, und zwar am Real Instituto Pestalozziano Militar in Madrid. Von Spanien ging's dann 1808 nach Basel – fünf Jahre lange unterrichtete er dort, durch Vermittlung Pestalozzis, an einer Privatschule, und im Herbst 1812 stellte er fest: »Mir ward menschlicher Besitzthümer keines, nicht Ahnen,

2 • Gerhard Matzig: *Gebaute Utopie*. In: *Süddeutsche Zeitung*, 19. August 2016, S. 10.
3 • »Der alte Schmeller war ein Techniker und ein Wiener aus der Vorstadt. Das schließt eigentlich schon alles ein, was über diese nicht sehr interessante Persönlichkeit im Einzelnen noch gesagt werden könnte.« Heimito von Doderer: *Die Strudlhofstiege oder Melzer und die Tiefe der Jahre. Roman* (1951). München 1995, S. 258. Vgl. dazu auch Klaus Nüchtern: *Kontinent Doderer. Eine Durchquerung*. München 2016, S. 333.
4 • Carl Amery: *Auf d'Wahrheit muß' herauslaufen, auf die sind wir vereidigt*. In: Margot Lehner / Peter Laemmle (Hrsg.), *Bayerisches Selbstverständnis – bayerische Perspektiven. Prominente im Gespräch mit Norbert Göttler. Eine Sendereihe des Bayerischen Rundfunks*. München 1999. S. 79–86, hier S. 85.
5 • Johann Andreas Schmeller: *Bayerisches Wörterbuch* (1827 / 1837). 4 Bde. München 1985.
6 • Vgl. den Katalog dazu: *Johann Andreas Schmeller 1785-1852. Gedächtnisausstellung zum 200. Geburtsjahr*. Bearbeiter: Hermann Hauke, Reinhard Horn, Dieter Kudorfer und Karin Schneider. Redaktion: Dieter Kudorfer. München 1985. Siehe auch Waldemar Fromm / Stephan Kellner (Hrsg.) unter Mitarbeit von Laura Mokrohs: *»Darf ich Ihnen meinen Wunschzettel mitteilen?«. Die Bayerische Staatsbibliothek in der Literatur*. München 2014, bes. S. 34–37.

7 • Johann Andreas Schmeller: *Tagebücher 1801–1852*. Hrsg. von Paul Ruf. 2 Bände und Registerband (Schriftenreihe zur bayerischen Landesgeschichte 47, 48, 48a). München 1954/1957. Eine kommentierte, auch für Reisen oder Biergartenbesuche geeignete Taschenbuch-Auswahl aus den *Tagebüchern* haben Reinhard Bauer und Ursula Münchhoff zusammengestellt: »*Lauter gemähte Wiesen für die Reaktion*«. *Die erste Hälfte des 19. Jahrhunderts in den Tagebüchern Johann Andreas Schmellers*. München / Zürich 1990. Hier S. 30.

8 • Ebd., S. 60.
9 • Ebd., S. 76–82.
10 • Johann Andreas Schmeller: *Tagebücher 1801–1852* (s. Anm. 5). Band 1, S. 365.

11 • Katalog (s. Anm. 4), S. 20.
12 • »*Lauter gemähte Wiesen für die Reaktion*« (s. Anm. 7), S. 99.

13 • Ebd., S. 123.
14 • Katalog (s. Anm. 4), bes. S. 24 f.
15 • Näheres zu Schmellers Bibliotheksarbeit ebd., S. 155–204.

16 • Ebd., S. 43. Näheres über Schmellers Sprach- und Mundartforschung sowie über seine Beiträge zur Sprach- und Literaturgeschichte des Mittelalters ebd., S. 39–152. Vgl. auch Ingo Reiffenstein: *Johann Andreas Schmeller und die heutige Dialektforschung*. In: *Zeitschrift für Dialektologie und Linguistik* 48, 1981, S. 289–298.

nicht Gold, nicht Äcker – nur die Sprache. Die Worte sind mein Grund und Boden, die mir Brod, vielleicht gar Ehre ertragen soll. Nur für des Vaterlandes Worte kann ich wirken.«[8]

Nachdem Bayern im Oktober 1813 mit dem Vertrag von Ried der Koalition gegen Napoleon beigetreten war, meldete sich Schmeller freiwillig. Er kam, nachdem er im Januar in Rinnberg die Eltern wiedergesehen hatte[9], im Februar 1814 zum Jägerbataillon des Illerkreises, hatte aber zumindest nach 1815 dort kaum mehr etwas zu tun. Dreißig Jahre alt war er schon, als er den »ganz in meinem Sinn Sprach forschenden Bibliothekar Scherer« kennenlernte[10]. Vor allem dieser Mann, der als Direktor der königlichen Hofbibliothek wirkte und auch als Buchhändler, Verleger und Schriftsteller tätig war, machte Schmeller immer wieder Mut, sich mit aller Kraft an die gründliche Erforschung der Dialekte Bayerns zu machen. Joseph von Scherer (1776–1829) war auch nicht ganz unschuldig daran, dass der hochbegabte, fleißige und begeisterte junge Philologe 1816 auf Antrag der Akademie der Wissenschaften vom Militärdienst beurlaubt wurde, um »an einem Wörterbuche der baierischen Mundart« arbeiten zu können[11]. In den folgenden Monaten durchwanderte Schmeller fast das gesamte Königreich, um intensive Sprachstudien zu betreiben. »Ich bin nun förmlich als WortKlauber ausgerufen«, schrieb er am 20. Mai 1816 in sein Tagebuch[12].

Mit diesen Wanderungen begann die immer glänzender werdende Karriere des Dialektologen und Sprachwissenschaftlers Johann Andreas Schmeller. *Die Mundarten Bayerns grammatisch dargestellt* erschien 1821, zwei Jahre danach wurde er außerordentliches Mitglied der Akademie und 1826 Privatdozent an der Münchner Universität, die ihm im Jahr darauf die Ehrendoktorwürde zuerkannte und ihn fast zwei Jahrzehnte später – nach einigem Hin und Her – auf ihren Lehrstuhl für altdeutsche Sprache und Literatur berief. Schmeller wurde berühmt – schon als er im Januar 1824 nach Rinnberg kam, konnte er seinen alten Eltern zu deren goldener Hochzeit die Glückwünsche des Königs überbringen[13]. Über Universität und Akademie hinaus wirkte der Gelehrte, dem lebenslang wenig privates Glück zuteil wurde[14], Jahrzehnte hindurch segensreich in der durch die Säkularisation gewaltig angewachsenen Münchner Hofbibliothek, die 1843 ihren Neubau in der Ludwigstraße bezog[15]. Sein Ansehen beim Münchner Bürgertum wuchs Jahr um Jahr, selbst wenn wohl nicht jeder Schmellers aufgeklärte, liberale und patriotische Gesinnung teilte. Bei den Fachkollegen wuchs es ebenfalls: Sie wählten den »Begründer der wissenschaftlichen Dialektologie«[16] beim ersten deutschen Germanistenkongress in Frankfurt 1846 zum Vorsitzenden der Sektion Sprache. Einstimmig – was in der Wissenschaft mehr heißen will als anderswo!

Am Ende seines Lebens, 1852, umfasste sein Schriftenverzeichnis mehr als hundertfünfzig Werke, keineswegs nur zur Mundartforschung. Ein großer Mann des 19. Jahrhunderts wurde er, der Sohn einfacher Leute aus Rinnberg! Sein Grab liegt unter den Arkaden des Alten Südlichen Friedhofs in München. Und siehe da: An manchen Herbstwochenenden herrscht auch dort »heavy southbound traffic«. Wie immer mal wieder am Holledau Triangle.

Wer liest Steub?
Eine Ausstellung in Aichach

»Das Almenleben hat so viel eingeborne Poesie, dass selbst die Tausende von Schnaderhüpfeln und die schönsten Lieder vom Berge, sowie die süßinnigsten Zithermelodien diesen tiefen und wahren Zauberbrunnen nicht ganz ausschöpfen. Wenn einer einmal einen dreibändigen Walter Scottschen Roman darüber schreiben wollte, der würde sehen was ihm da alles entgegenkömmt – die Almerin selbst mit ihren achtzehn Jahren und ihrem unbewachten Almenherzen, die Jägersburschen mit ihrem Stolz, die Wildschützen mit ihrem Hass …«.

Halt! Um Gottes willen! Geht's noch? Wer liest denn so was? Ja, es stimmt schon – so was liest praktisch niemand mehr, und wer nicht im Aichacher Stadtmuseum war, der traut sich vielleicht gar nicht, zu solcher Lektüre zu ermuntern. Geschrieben hat diesen Text, in Erinnerung an seine Wanderung auf die Audorfer Almen, der am 20. Februar 1812 in Aichach geborene und am 16. März 1888 in München gestorbene Ludwig Steub, und zwischen zwei Buchdeckeln veröffentlicht hat er ihn in seiner 1860 erschienenen Prosasammlung *Das bayerische Hochland*. Ein nach wie vor anregendes Werk, trotz düsterem Hochwald und seelentröstendem Mondenschein auf einsamen Triften, und ein ebenbürtiges Gegenstück zu dem 1846 erschienenen und bis zur Jahrhundertwende immer wieder neu aufgelegten Sammelwerk, das Steub bekannt gemacht hat: *Drei Sommer in Tirol*. Aber dieser »Entdecker Tirols« und Schilderer der bayerischen Alpenregion war nicht nur Reiseschriftsteller – auch Komödien, Novellen, einen Roman und sogar sprachwissenschaftliche Abhandlungen hat er verfasst. *Die Rose der Sewi* (1879) zählt gewiss zu den gelungensten Dorfnovellen des 19. Jahrhunderts. Doch wer um alles in der Welt kennt heute noch diese schalkhafte Geschichte vom Gasthaus Sebi bei Niederndorf in Tirol? Einer, der zu Steubs Zeiten mit seinen *Schwarzwälder Dorfgeschichten* weltberühmt wurde, der heute trotz mancher Bemühungen ebenfalls kaum gelesene Berthold Auerbach, hat einmal bedauernd gefragt: »Ist es nicht ein wunderliches oder geradezu gesagt trauriges Geschick, dass man vielen gebildeten Deutschen erst sagen muss, wer Ludwig Steub ist?« Trauriges Geschick? Allerdings!

Gerade noch im Jahr seines zweihundertsten Geburtstags wurde im Aichacher Stadtmuseum die Ausstellung »Ludwig Steub – Sohn der Stadt. Eine Spurensuche« eröffnet, und ein Besuch des selbst dem

Münchner wenig bekannten Wittelsbacher Landes lohnt nicht nur zur Spargelzeit. Einen Ausstellungskatalog oder ein Begleitheft gibt es nicht, wohl aber kann und sollte man die Broschüre erwerben, die die Stadt Aichach vor fünfundzwanzig Jahren zum hundertsten Todestag des Dichters herausgegeben hat. Denn da steht viel Interessantes drin, nicht nur zu Steubs Leben, das nur in seinen ersten zehn Jahren mit Aichach zu tun hat. Der »Pionier der modernen Reiseschriftstellerei« wird da gewürdigt, der »literarische Pfadfinder Tirols«, und vor allem wird ein Gedenkblatt von Ludwig Schrott aus dem Jahr 1962 mit dem treffenden Titel *Meister der Wanderbilder und Novellen* wiederabgedruckt, das einen prägnanten Überblick über das umfangreiche Werk dieses fast vergessenen bayerischen Dichters gibt.

In der übersichtlichen, einleuchtend strukturierten und nicht nur der Hörproben wegen angenehm besucherfreundlichen Ausstellung wird man natürlich erst einmal mit Steubs Geburtsstadt bekannt gemacht, »einem freundlichen Städtchen in der Nähe des Stammschlosses Wittelsbach, mit vielen Brauereien und wenigstens einer Schule«, wie er in seiner 1883 entstandenen Autobiografie schreibt. Ludwig Steubs Vater Andreas amtete dort als Königlich Bayerischer Distriktsstiftungsadministrator, eine Stelle, die mit Verkündigung der neuen Verfassung (1818) überflüssig wurde – 1822 wird er nach Augsburg versetzt, ein Jahr danach nach München. An seine nicht gerade unter rosigen Umständen verbrachte Aichacher Kindheit hat der spätere Schriftsteller fast nur positive Erinnerungen, die ins erste Kapitel seines einzigen Romans *Deutsche Träume* (1858) hineinverwoben sind – ein Buch, das wie nahezu alles von Steub nur noch antiquarisch aufzutreiben ist. Während seiner Schulzeit am »Alten Gymnasium« in München entwickelt Ludwig Steub eine Vorliebe für Sprachen, und er unternimmt seine ersten größeren Reisen und Wanderungen. Er studiert zunächst Klassische Philologie, später dann das ungeliebte, aber eine Anstellung versprechende Fach Jura. Sein Lehrer Friedrich Thiersch hatte seine Begeisterung für alles Griechische geweckt. 1834 geht Steub als Regentschaftssekretär des Grafen Armansperg ins bayerisch regierte Griechenland – und kehrt zwei Jahre später ernüchtert zurück. Über diese kurze, aber nicht unwichtige Episode seines Lebens, die sein erstes Buch

Bilder aus Griechenland (1841) entscheidend inspiriert hat, erfährt der Ausstellungsbesucher alles Wissenswerte. Ludwig Steub, der – auch eine Kunst – sein Engagement für den ungeliebten Brotberuf zeitlebens auf das gerade noch tolerierbare Minimum beschränken konnte, war mit seinen Zeitungsartikeln wesentlich erfolgreicher als mit seinen Büchern. Sogar seine erste Novelle *Der Staatsdienstaspirant* (1841) erschien zuerst im Stuttgarter *Morgenblatt*. Den Sammelband *Novellen und Schilderungen* (1853), der auch die bis ins spätere 20. Jahrhundert immer mal wieder publizierte Novelle *Trompete in Es* (1848) enthält, mag fast niemand kaufen. Es ist nicht nur erstaunlich, wie viele seiner im Handel schon lange nicht mehr erhältlichen Bücher die Aichacher zusammengetragen haben – noch erstaunlicher ist, dass der Ausstellungsbesucher, wenn er das mag, sie alle in die Hand nehmen und stundenlang in ihnen schmökern kann. Ein Dichter zum Anfassen, wie es heute so schön heißt – gut so!

Auf seiner ersten Tirolreise im Sommer 1842 kommt der Reiseschriftsteller und Kulturanthropologe Ludwig Steub ans Licht, und bald geht es steil aufwärts mit seiner Beliebtheit beim lesenden Publikum. Hinaus aus der Stadt, hinein in die Alpen – jahrelang war das sein Motto, und auf diesem zentralen Teil seines Lebens und Wirkens liegt auch der Schwerpunkt der Aichacher Schau, die dazu überraschend viel Material präsentiert. Die Stadt Brixlegg im Tiroler Inntal, über der 1898 ein in die Felswand gemeißeltes riesiges Reliefbild des Dichters enthüllt wurde, ist bis heute eine der Partnerstädte Aichachs, und im berühmten Berggasthof »Tatzlwurm« zwischen Bayrischzell und Brannenburg am Inn erinnert man immer noch an Ludwig Steub. Dass er keineswegs ein früher Tourist und Gipfelstürmer war, sondern immer die Menschen im Mittelpunkt seines lebhaften Interesses standen, ihre Dörfer und Städte und ganz besonders ihre Wirtshäuser, betont Gerald Deckart in der erwähnten Broschüre: »Die Landschaft war ihm nur wichtig als schöne, liebliche, heitere Umgebung der Wohnplätze der Menschen, als Szenerie, in der sich das menschliche Leben abspielt.« Und ein früher Kritiker des für heutige Verhältnisse äußerst zaghaft beginnenden Alpintourismus war der liberale, manchmal heftig antiklerikale und sogar antidynastische Dichter auch. »Es sind schon genug herinnen«, sagt Steub in der Rolle eines Brixlegger Sommerfrischlers. »Es wäre wirklich jammerschade, wenn auch dieser stille Winkel durch übergroßen Zulauf, Vornehmheit, Equipagen, Lakaien, Toilettenpracht und andere Widerlichkeiten beliebter Sommerfrischörter wieder unzugänglich würde.«

Ludwig Steub, der poetische Wanderer zwischen München und dem Gardasee, bleibt natürlich ein Mann des 19. Jahrhunderts, und deshalb empfindet man heute einiges in seinen Werken als veraltet – die allzu gemütvoll schwärmerische Umständlichkeit seiner Schilderungen und die Beifall heischende Blumigkeit seines Stils können durchaus auch mal nerven. Ist das bei Stifter völlig anders? Sind Hebbels Erzählungen noch guten Gewissens zu empfehlen? Ludwig Schrott meinte vor fünfzig Jahren, dass Ludwig Steubs poetische Reiseschriften, meist lange vor Theodor Fonta-

nes berühmten *Wanderungen durch die Mark Brandenburg* entstanden, locker deren Niveau erreichten. Darüber kann man streiten. Nicht streiten kann man über die Forderung an die (bayerischen?) Verleger, endlich eine leserfreundliche Werkausgabe in Angriff zu nehmen. Und ebenso wenig kann man darüber streiten, dass ein Besuch des Stadtmuseums Aichach und seiner aktuellen Sonderausstellung ein herzerwärmender Gewinn ist. Auch ohne das unbewachte Almenherz der Almerin.

Ludwig Steub – Sohn der Stadt. Eine Spurensuche. Ausstellung 2012/13 im Stadtmuseum Aichach.

Vergessenes Bayern

Die von Ingvild Richardsen und Waldemar Fromm im Münchner Volk Verlag herausgegebene Buchreihe *Vergessenes Bayern* möchte »wenig bekannte oder gänzlich unbekannte Seiten der Kulturgeschichte Bayerns« zeigen, weshalb sie von vornherein ein weites Herz haben muss: »Interessante Persönlichkeiten, einmalige Ereignisse und faszinierende Entwicklungen haben darin ebenso ihren Platz wie vergessene Texte oder Chroniken, einstige Bräuche oder alte Rezepte und Esstraditionen ... Das Themenspektrum umfasst vergessene Künstlerinnen und Künstler, Schriftsteller, Poeten, Satiriker, Musiker, Maler und Architekten. Erfinder haben ebenso ihren Auftritt wie Juristen, Herrscher und Politiker, Auswanderer, die Bayern in die Welt hinausgetragen haben, Freigeister und Universaltalente.« Wow! Eine beeindruckende Ansage!

Vor zwei Jahren, 2017, erschien der erste Band – Ingvild Richardsen wandelte *Auf den Spuren der vergessenen Künstlerinnen von Frauenchiemsee* (Untertitel) und legte ein umfangreiches, mit eindrucksvollen Fotos attraktiv ausgestattetes Buch mit dem Titel *Die Fraueninsel* vor. Dass es Dichter und Maler seit Anfang des 19. Jahrhunderts auf die kleine Insel mit ihrer uralten Geschichte zog, ist bekannt – doch dass gleich mehrere bis heute interessante Schriftstellerinnen und Frauenrechtlerinnen zur dortigen Künstlerkolonie gehörten, stand nie im Vordergrund und ist inzwischen fast vergessen. Warum das so ist und weshalb das nicht so bleiben sollte, erläutert die Autorin in ihrer konzisen Einleitung – und noch einmal im Epilog. Dazwischen geht es um Leben und Werk von Emma Haushofer-Merk (1854–1925), Carry Brachvogel (1864–1942), Marie Haushofer (1871–1940) und Eva Gräfin von Baudissin (1868–1943). Ingvild Richardsen führt behutsam hin zu den von ihr mit Bedacht ausgewählten Novellen, Versen und Essays, die die immer besondere Atmosphäre der Fraueninsel umspielen und neue Blicke auf vier für ihre Zeit ungewöhnlich moderne, also auch politisch engagierte Künstlerinnen ermöglichen. Und sie so dem Vergessen entreißen. Dass sie, wie Ingvild Richardsen nicht zum ersten Mal betont, als Autorinnen »ersten Ranges« angesehen werden müssten, wird man allerdings nicht unbedingt unterschreiben wollen.

Der zweite Band gilt einer Frau, die mit Sicherheit nicht vergessen ist – ihre Bezeichnung »Wahnmoching« für das Bohème-

Schwabing vor 1914 kennt jeder, und auch als Autorin und nonkonformistische Lebens- und Liebeskünstlerin ist Fanny von Reventlow keine Unbekannte. Ob sie als Schriftstellerin wirklich bedeutend ist? Als mutige Frau, energische Mutter und engagierte Zeitgenossin jedenfalls ist sie das, und wer's nicht glaubt, der lese ihren ohne literarische Spielereien auskommenden Bericht *Die Kehrseite des deutschen Wunders*, der in Wirklichkeit ein authentischer, traurig düsterer, entschieden antibellizistischer Bodensee-Krimi mit glücklichem Ausgang ist. Dass dieser in der Tat vergessene Bericht, ursprünglich in französischer Sprache verfasst und mit dem Titel *L'Envers du miracle allemand* versehen, nach hundert Jahren in der Übersetzung von Aline Coulombeau-Ottinger auf Deutsch vorgelegt wird, ist sensationell. Reventlow schildert, wie sie ihrem »Bubi«, dem heiß geliebten, damals zwanzigjährigen Rolf, im August 1917 bei der Flucht über die schwer bewachte Bodensee-Grenze in die neutrale Schweiz geholfen und ihn so vor weiteren Fronteinsätzen bewahrt hat – eine Mutter, die den unbedingten Mut besaß, »einfach nicht mitzutun«, wie ihre Schwiegertochter einunddreißig Jahre später schreiben wird. »Es existiert nicht, dieses deutsche Vaterland, das man immer zu entdecken oder zu erfinden sucht«, heißt es einmal. Franziska von Reventlow artikuliert mehrfach ihre Verachtung von Krieg und Militär und beglaubigt ihre Haltung durch schlichtes Berichten davon, wie es, jenseits aller Politparolen, in den Jahren des Ersten Weltkriegs in München wirklich herging – ernster, rigider und ungemütlicher nämlich als vor 1914. Wohl empfinde sie eine »tiefe Verbundenheit« mit ihrem Land, auch und gerade mit den schönen Landschaften Bayerns, »aber dieses intensive Gefühl des Daheimseins unter Meinesgleichen, des Einsseins mit der eigenen Nation und allem, was ein Vaterland ausmacht, das habe ich vergebens gesucht«. Die Weltkriegsdeutschen gehen ihr vor allem auf die Nerven: »Und was hatte ich mit ihnen, mit dem Krieg, mit all dem zu tun? ... Ich war eine Frau, ich war unabhängig. Ach nein, ich war es nicht mehr, ich hing wohl von diesen Uniformen ab und von dem, was sie verordnen würden.« Ja, sie hing von ihnen ab – aber eben nicht ganz, und so endet der Text mit einem Triumph: »Ich hatte dem Kaiser meinen Sohn weggenommen.« Kontrastiert wird Reventlows intensiver Bericht mit entsprechenden Passagen aus den Erinnerungen ihres Sohnes, und alles Wissenswerte drum herum wird im Vor- wie im Nachwort der Herausgeber derart liebevoll dargelegt, dass man ihnen gerne bis ins letzte Detail folgt. Auch dieser Band enthält Fotos – nicht nur den Text irgendwie illustrierende Abbildungen, sondern seltene, ausdrucksstarke und instruktive Fotografien –, und insgesamt zeigt er, was *Vergessenes Bayern* im allerschönsten Sinne bedeuten kann.

Der dritte, wiederum mit aussagekräftigen Fotos ausgestattete Band, der über den Hofsänger und Gastwirt Joseph Leoni, hinterlässt einen eher zwiespältigen Eindruck. Die Geschichte dieses Musikus aus Palermo, der am Münchner Hof nur mäßig erfolgreich war und stets im Schatten seiner Frau Marianna Schmaus stand, ist auf jeden Fall der Darstellung wert. Für die an Münchner Stadtgeschichte Interessierten schon allein deshalb, weil man von einem einst unweit des Hofbräuhauses gelegenen »Leoni-Weiher« bisher recht selten gehört hat, und natürlich auch, weil die aus eher spärlichen Quellen gearbeitete Studie des Musikwissenschaftlers Christian Lehmann eine Fülle von Einblicken in das politische, gesellschaftliche und kulturelle Leben der Stadt in der Goethe-, Napoleon- und Biedermeierzeit bietet.

Mit seinem Freund, dem Staatsrat Franz von Krenner, fuhr Joseph Leoni immer mal wieder nach Assenbuch am Starnberger See, wo Krenner einen Obstgarten erworben hatte – und dieses idyllische Fischernest wird bald dafür sorgen, dass der Name »Leoni« bis heute bekannt ist. Denn 1824, nach dem Tod seiner Frau, kommt der Sänger zu Geld; im Jahr darauf heiratet er die Schuhmachertochter Rosina Oehler, kauft das Assenbucher Seegrundstück, baut dort ein »ländliches Lusthaus« und erhält das »Tafernrecht«. Das ist der Anfang einer späten Karriere – »Leonihausen«, wie der Ort bald genannt wird, entwickelt sich zu einem beliebten Ausflugslokal, das nicht nur prominente Maler wie Cornelius, Overbeck, Kaulbach oder Rottmann anzieht, sondern auch durch einen Besuch König Ludwigs I. geadelt wird. Joseph Leoni stirbt Ende 1834, Rosina führt das Wirtshaus bis 1861 weiter – da redet niemand mehr von Assenbuch, denn der Ort samt Schiffsanlegestelle heißt nun Leoni, und so heißt er bis heute. Eine Wahnsinnsgeschichte eigentlich!

Christian Lehmann breitet sie in wirklich allen Einzelheiten aus, und das macht sein Buch vor allem im ersten Teil etwas langatmig – dass er »prima erzählen« kann, wie der SZ-Rezensent behauptet, wird man nicht unbedingt unterschreiben wollen. Sicher ist, dass ein wenig Komprimieren der Lesbarkeit nicht geschadet hätte. Dennoch wird man den erhellenden Recherchen des verdienstvollen Autors seinen Respekt nicht versagen – und außerdem macht *Joseph Leoni. Ein Italiener am Starnberger See* dem Reihentitel alle Ehre.

Man darf gespannt sein, wie es mit *Vergessenes Bayern* weitergeht. So einleuchtend es ist, dass sich die Herausgeber thematisch nicht einschränken oder gar festlegen möchten – aufpassen müssen sie schon, damit sich ihre Buchreihe nicht allzu heterogen und damit auch ein wenig beliebig gestaltet. Bestimmt werden sie auch im Auge behalten, dass »Bayern« doch wesentlich größer ist als Alt- oder gar nur Oberbayern. Nach drei Bänden lässt sich noch nichts Definitives sagen – unverwechselbare Konturen, also ein »Gesicht«, hat *Vergessenes Bayern* noch nicht. Aber das kann sich schnell ändern.

Ingvild Richardsen: Die Fraueninsel. Auf den Spuren der vergessenen Künstlerinnen von Frauenchiemsee. München 2017: Volk Verlag. 362 S.

Kristina Kargl / Waldemar Fromm (Hrsg.): Die Kehrseite des deutschen Wunders. Franziska von Reventlow und der Erste Weltkrieg. München 2018: Volk Verlag. 174 S.

Christian Lehmann: Joseph Leoni. Ein Italiener am Starnberger See. München 2018: Volk Verlag. 240 S.

Lustig ist das alles nicht
Über Anna Croissant-Rust

Ob ich eigentlich die Anna Croissant-Rust kenne, hat mich Bernhard Setzwein einmal gefragt. Ich kannte sie nicht. Das war vor einem Vierteljahrhundert, kurz bevor sein wunderbares Buch *Käuze, Ketzer, Komödianten* erschien, mit elf Aufsätzen über Literaten in Bayern, unter ihnen ein Porträt dieser »bayerisch-pfälzischen Erzählerin«. In seinem prägnanten und einfühlsamen Essay – Setzwein hat ihm den Titel *Naturalistin im Biedermeierhäuschen* gegeben – steht schon alles drin, was man über diese 1860 in Bad Dürkheim geborene, in Amberg und München aufgewachsene, vor allem zwischen 1893 und 1914 durchaus namhafte und mit einigen Texten sogar recht erfolgreiche Schriftstellerin wissen könnte. Dass ihr äußerst vielfältiges und umfangreiches Werk – Anna Croissant-Rust wurde fast dreiundachtzig Jahre alt – heute nahezu unbekannt ist, haben diverse Wiederbelebungsversuche, zum Beispiel der von Heinz Puknus in der Verlagsanstalt Bayerland, nicht verhindern können. Ob das ein Jahrhundert nach dem Ersten Weltkrieg anders werden könnte? In einem verdienstvollen Lesebuch mit exemplarischen Prosatexten bayerischer Schriftstellerinnen ist sie mit der eindrucksvollen, 1896 erstmals publizierten Erzählung *Kirchweih* vertreten. Nicht nur ihr düsteres Thema – Armut, Krankheit, Verzweiflung, schließlich ein totes Kind – mag nicht jedermanns Sache sein, sondern auch ihre höchst expressive Stakkatosprache: »Nach! nach! – Jetzt! – Endlich! Sie halten an, starren … Sie stößt das junge Mädchen zur Seite, stürzt auf ihn, hoch hält sie das Kind. – ›Du! – – du!‹ – – Schrill, vergurgelnd.« Das war auch um 1900 harte Kost, literarisch gewiss innovativ, für die meisten Leser aber doch zu ungewöhnlich.

Das Elend der Welt, besonders die haarsträubenden Lebensumstände von Frauen aus der Unterschicht, die oft nicht wissen, wie sie sich und ihre kleinen Kinder durchbringen sollen, hat Anna Croissant-Rust zeitlebens tief bewegt. Lustig ist das alles nicht. Das muss man aushalten als Leser von heute, denn sonst wird man den von Edda Ziegler nach dem Text der Erstausgabe von 1914 neu herausgegebenen Erzählzyklus *Der Tod* erst gar nicht in die Hand nehmen wollen. In diesen siebzehn Prosatexten von maximal je drei Seiten Umfang, die durch siebzehn meisterliche Zeichnungen des berühmten Willi Geiger (1878–1971) eher aufgeschlossen als nur illustriert werden, sind

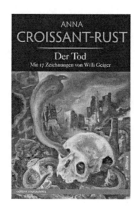

großartige Entdeckungen zu machen. Bilderreiche, ausdrucksstarke expressionistische Dichtung ist das, die mit den weithin bekannten Prosastücken der großen zeitgenössischen Wortkünstler spielend mithalten kann. Im Zentrum dieser tief bewegenden Prosaskizzen steht natürlich, vielfach variiert, eine alle Träume, Wünsche oder Erinnerungen der grundsätzlich sozial deklassierten Protagonisten am Ende unweigerlich bezwingende Gestalt – der Tod. Dass diese Geschichten so faszinierend sind, hat vor allem, wie die Herausgeberin ganz zu Recht betont, mit der »metaphorisch aufgeladenen Sprache einer belebten, vermenschlichten Natur« zu tun: »Der Föhn stöhnt«, »ein blasser Mond stürmt«. Oder der erste Satz von *Frühlicht*: »Grauweißer Schnee zergeht in den Straßen, fällt faul vom Nachthimmel und klebt sich an die Fenster der Kellerwohnung.« Klar: Wer mag sich ausgerechnet den *Tod* aufs Nachtkästchen legen? Wenige wahrscheinlich. Die anderen aber haben was versäumt.

Anna Croissant-Rust: Der Tod. Ein Zyklus von siebzehn Bildern mit siebzehn Zeichnungen von Willi Geiger. Hrsg. und mit einem Nachwort von Edda Ziegler. München 2014: Allitera Verlag. 91 S.

Dietlind Pedarnig / Edda Ziegler (Hg.): Bayerische Schriftstellerinnen. Ein Lesebuch. München 2013: Allitera Verlag. 235 S.

Bernhard Setzwein: Käuze, Ketzer, Komödianten. Literaten in Bayern. Pfaffenhofen an der Ilm 1990: W. Ludwig Buchverlag. 299 S.

Von wegen gute alte Zeit
Vor hundert Jahren ging Lena Christ in den Tod

Geldsorgen begleiteten ihr Leben. Irgendwann versah sie unbedeutende Ölgemälde mit Signaturen bekannter Maler und verkaufte sie zu überhöhten Preisen. Sie wurde angezeigt und verstrickte sich in ein Netz von Lügen. Lena Christ sah sich nicht mehr hinaus, wie man im Baierischen sagt. Am 30. Juni 1920 verließ sie ihre Wohnung in der Schwabinger Bauerstraße 40, winkte noch einmal den Kindern, fuhr mit der Trambahn zum Harras und ging zu Fuß den weiten Weg zum Waldfriedhof hinaus. Peter Benedix war schon da, gab ihr, wie sie das vereinbart hatten, das Fläschchen Zyankali und verabschiedete sich. Dann war sie allein. Ihr Grab findet man in Sektion 44 des Münchner Waldfriedhofs.

So schildert Günter Goepfert in seiner noch immer maßgeblichen Biografie die letzten Stunden einer Frau, die mit ihren *Lausdirndlgeschichten* (1913), mit zahlreichen Prosatexten wie etwa der großartigen Erzählung *Die Rumplhanni* (1916), mit den Romanen *Mathias Bichler* (1914) und *Madam Bäurin* (1919), vor allem aber mit ihren *Erinnerungen einer Überflüssigen* (1912) in die Literaturgeschichte Münchens und Bayerns eingegangen ist. Ihre Geschichten hatten zu ihrer Zeit einigen Erfolg, waren jedoch schon 1930 weitgehend vergessen und wurden erst in den 1980er-Jahren neu entdeckt. Eine schöne Werkausgabe erschien 1990, Auswahlbände und Taschenbücher gibt es mehrere.

Die harte und traurige Lebensgeschichte der Lena Christ kann noch heute erschüttern, und die immer um Lakonie und Entdramatisierung prekärer Situationen bemühten *Erinnerungen* bleiben weiterhin eine bedrückende Lektüre. Sie dürfen, wie Josef Hofmiller 1930 feststellte, als »Lena Christs wirklicher Lebenslauf« angesehen werden.

Die 1881 in Glonn bei Ebersberg als lediges Kind einer Handschustertochter und eines Handlungsreisenden geborene und bei den Großeltern aufgewachsene Lena sei »mit Leib und Seele« daheim gewesen in der von harter Arbeit geprägten, lieblosen und derben, selten auch mal fröhlichen grundkatholischen Bauernwelt ihrer Zeit, betont Goepfert.

Als sie sieben Jahre alt war, holte sie die Mutter nach München. Die große Stadt, gewiss ein gewaltiger Schock für das vom Bauernleben geprägte Landei, sollte sie nicht mehr loslassen. Als die Mutter 1891 einen Sohn bekam und ihm ihre ganze Liebe zuwandte, fühlte Lena sich immer mehr als Überflüssige. Sie wurde in der Schule oft gehänselt, früh zum Mithelfen im Wirtshaus herangezogen und von ihrer herzlosen Mutter erniedrigt und immer wieder brutal misshandelt.

Mit siebzehn flüchtete die »Wirtsleni« ins Kloster Ursberg, ohne dort das erhoffte Seelenheil zu finden, mit zwanzig flüchtete sie in eine Ehe, für die ihr die Mutter am Hochzeitsmorgen wünschte, sie solle »koa glückliche Stund haben, solang'st dem Menschn g'hörst, und jede guate Stund sollst mit zehn bittere büaßn«. So ähnlich kam es dann auch.

Neunundzwanzig musste sie werden, bis sich ihr Leben entscheidend änderte. Sie wurde Diktatschreiberin bei Peter Jerusalem, der sich später Benedix nannte und ihr Ehemann wurde, für kurze Zeit jedenfalls. Er erkannte ihr ungeheures Erzähltalent und ermutigte sie zu den *Erinnerungen*. Lena Christ wurde Schriftstellerin. Fast neun Jahre lang ging das gut.

Wer einen literarischen Text immer noch als Sprachkunstwerk begreift, sollte sich mit den *Erinnerungen* nicht zu lange aufhalten. Eine glaubwürdige, überzeugende Autobiografie ist das, gewiss, ein herzzerreißender Aufschrei einer gequälten Seele und ein herausragender Beitrag zur Kultur- und Sittengeschichte der Prinzregentenzeit. Eine »künstlerisch reife Prosadichtung«, wie Hofmiller sagt, ist aber erst *Mathias Bichler* – und danach *Die Rumplhanni*. Wahnsinn, diese Sprache! Was für ein wunderbares, kraftvolles und melodisches Süddeutsch! Lena Christ braucht kein Kunstbaierisch wie später die Fleißer oder der Horváth. Sie hat viel Faszinierendes, Denkwürdiges und Nahegehendes zu erzählen.

Aber sie kann mehr. Lena Christ gestaltet unvergessliche Figuren, und sie strukturiert ihre Texte auf erzähltechnisch raffinierte Art und Weise. Sie ist Sprachkünstlerin, nicht nur Zeitzeugin. Das gilt auch und gerade für ihre oft geschmähten, beim Publikum sehr beliebten Prosaskizzen aus dem ersten Kriegsjahr, die heute zu Unrecht kaum mehr gelesen werden: *Unsere Bayern anno 14* (1914–1916). Einakter hat sie übrigens auch geschrieben, ohne rechten Erfolg.

Sei's drum: Wer wissen möchte, wie es vor hundert und mehr Jahren in Oberbayern zuging, kommt um Lena Christs Werke nicht herum. Ihre eigenwillige, unverblümte, manchmal auch saftige Sprache, immer hart an der Grenze zur Mundart, sollte niemanden abschrecken. Solche Texte kennenlernen zu dürfen ist ein Gewinn, den keine Krise dieser Welt zunichtemachen kann.

Lena Christ: Gesammelte Werke. Hrsg. von Walter Schmitz. Drei Bände. München 1990: Süddeutscher Verlag.

Günter Goepfert: Das Schicksal der Lena Christ. Dritte überarbeitete und ergänzte Auflage. München 1989: Süddeutscher Verlag.

Eine Liebeserklärung von gestern
Josef Ruederer – zu Recht in Thomas Schatten

Josef Ruederer, 1861 am Münchner Rindermarkt geboren und 1915 in seiner Vaterstadt gestorben, war, was hauptsächlich dem geschäftstüchtigen Vater zu verdanken war, ein für seine Zeit recht vermögender Mann. Zum Leidwesen des Vaters aber wurde er – ein Schriftsteller. Nicht nur die bayerische Literaturgeschichte kennt seinen Namen bis heute: Er gehörte zu Michael Georg Conrads »Gesellschaft für modernes Leben«, war mehr oder minder eifriger Beiträger viel gerühmter Zeitschriften wie der *Jugend* oder des *Simplicissimus* und nahm, wenn man Hans F. Nöhbauer (1984) folgen will, in seinem heute vergessenen Roman *Ein Verrückter – Kampf und Ende eines Lehrers* (1894) das Thema von Ludwig Thomas *Andreas Vöst* um zehn Jahre vorweg. Mit seiner 1896 in Berlin uraufgeführten Komödie *Die Fahnenweihe* hatte er großen Erfolg, acht Jahre später auch mit *Die Morgenröte*, und nicht zuletzt war er einer der Gründer der »Elf Scharfrichter«. Im Jahr nach seinem Tod erschien der Roman *Das Erwachen*, der das Residenzstadtleben zur Zeit Ludwigs I. schildert und, wie Albrecht Weber (1987) zusammenfasst, als »Ruederers beste Leistung« gelten darf. Gleichwohl – die Theater und Feuilletons wandten sich bald anderen Themen und Künstlern zu, und viel gelesen hat man den Urmünchner, den Heinz Puknus als »ersten Autor« der Moderne in Bayern bezeichnet hat, nach 1918 dann auch nicht mehr. Die fünfbändige Werkausgabe von Hans-Reinhard Müller (1987) hat daran wenig ändern können.

1907 hat Josef Ruederer *München* veröffentlicht, zunächst als Beitrag zu einer Stadtführer-Buchreihe. Bald galt diese Hauptstadt-Satire als eines seiner Hauptwerke. Das Schlusskapitel wurde – eine gar nicht so kleine Kanonisierung – 1981 im fünften Band der *Bayerischen Bibliothek* abgedruckt. Es ist verdienstvoll, dass *München* unlängst in die von Elisabeth Tworek herausgegebene *edition monacensia* aufgenommen wurde. Zwei Briefe von Leo Greiner an den Autor, Ludwig Thomas Erinnerungen an Josef Ruederer, die *München*-Rezension von Josef Hofmiller aus den *Süddeutschen Monatsheften* sowie Anmerkungen zur Edition, ausführliche Erläuterungen und ein instruktives Nachwort von Waldemar Fromm und Walter Hettche ergänzen den Text. Ein interessantes Zeitdokument in einer originellen Mischung aus Fakten und Fiktionen, auch mit selbstkritischen Erzählerreflexionen, meist grantig im Ton, nicht selten höchst polemisch – gut, dass es wieder bequem greif- und lesbar ist.

Ruederer sieht, das macht schon das erste Kapitel über den Fasching klar, die Mitte des 19. Jahrhunderts blühende und glitzernde Kunst- und Künstlerstadt München immer tiefer untergehen, und er weiß ganz sicher, dass »der Münchner« ein eher behäbiger, auf sein Sach' achtender, nicht immer humoriger Bierdimpfl ist und keinesfalls ein weltoffener kreativer Kopf. Und dass dieser Münchner die Vergangenheit seiner Stadt, um die es im zweiten Kapitel geht, immer etwas rosiger geschildert haben möchte als sie war, und zwar von einem Einheimischen und nicht von Leuten wie dem Ritter Heinrich von Lang, dessen Memoiren Josef Ruederer zu Recht schätzt und lobt. »Ihn zerriss man gerade nicht in Stücke, aber man tat ihm, was man in Bayerns Hauptstadt jedem tut, der kritisiert und eine halbe Stunde nördlich der Donau geboren ist: man nannte ihn öffentlich einen Preußen, heimlich einen Saupreußen.« Ruederers Kritik richtet sich vor allem gegen den Verfall herkömmlicher Lebensformen und Werte. Die »große, faszinierende Zeit« Ende der Siebzigerjahre des 19. Jahrhunderts, »wo eine Aufführung des Siegfried noch ein Ereignis war, von dem man drei Wochen vorher und drei Wochen nachher sprach«, ist 1907 längst vorbei – »heute, wo die Eintrittspreise ums dreifache teurer sind und die Aufführungen aufs dreifache schlechter«.

Der Münchner Bürger, dem Ruederers drittes Kapitel gilt, geht schon auch einmal in den Kunstverein – natürlich ohne dort ein Bild zu kaufen. Viel wichtiger aber ist es ihm, beim Salvator auf dem Nockherberg seine »Spezln« zu treffen. Und weil nicht nur die Kunstferne dieses von Carl Spitzweg wohl am treffendsten porträtierten Münchners unüberwindbar scheint, schiebt Ruederer im folgenden, merkwürdigerweise »Die Landschaft« betitelten Abschnitt eine veritable apokalyptische Vision ein: Wenn »Unglaube, frecher Übermut, Sittenlosigkeit und Gottesleugnung« überhandnehmen, wird das erschreckliche Untier, das den Walchensee umklammert hält, seinen Schweif strecken, der Kesselberg wird bersten und eine »neue Sintflut« wird über Bayerns Hauptstadt hereinbrechen. Seinen darob wahrscheinlich ungläubig den Kopf schüttelnden Lesern aber sagt der Autor: »Und wenn man das Allerunglaublichste behauptet, zum Beispiel, dass augenblicklich in Deutschland vernünftig regiert wird, dann müsst ihr ebenso daran glauben, als wenn ich den Walchensee ausbrechen lasse.«

Da hat man den selbstironischen Ruederer, den literarisch-feuilletonistischen Polemiker, der im nächsten Kapitel behauptet, ganz anders als das Berliner Theaterpublikum schlucke das Münchner wirklich alles hinunter und wiederhole nur immer wieder: »Besser wie im Schauspielhaus wird nirgends gespielt.« Was der Münchner von 1907 wohl wirklich geglaubt hat – denn Preußens Hauptstadt besucht er äußerst selten, und wenn er's doch tut, geht er keinesfalls ins Theater: »Der Münchner weiß, dass der Berliner von Kunst nichts versteht.« Dem bürgerlich-wohlhabenden, kunstfernen und klatschsüchtigen München seiner Zeit gilt Ruederers bissige Kritik. Für die Dichtkunst hätten seine Bewohner noch nie viel übrig gehabt, schreibt Ruederer – und wenn, dann höchstens für Ludwig Thoma, den man gern lese, weil seine Schriften niemals verletzend wirkten und er doch so schön auf die Preußen schimpfen könne. Echte Kritik ist das nicht: »Vor Thoma verbeugt sich Ruederer im München-Buch, nicht ohne kleinere Seitenhiebe«, schreiben die Herausgeber in ihrem luziden Nachwort.

Nach ausführlicher Kollegenschelte – zwei, drei Ausnahmen gibt es – kommt Ruederer dann ausführlich auf die *Neuesten Nachrichten* zu sprechen, die Zeitung, die den »Weißwurstphilistern« allzu oft nach dem Munde redet: »Die ewige Sucht, es allen recht zu machen, die allgemeine Schmuserei, das behäbige Gwapplhubertum ... Man ist ja in München, man steckt mitten drinnen im angestammten Spezltum, das sich überall breitmacht, das alles vergiftet, das alles Werdende mit seiner fetten Duzbrudersauce übergießt und jeden ehrlichen Gegensatz auflöst in einen großen, molligen Schnadahüpfl-Akkord.«

Auf der Auer Dult, wo man die Bücher eines gewissen Josef Ruederer für zehn oder fünfzehn Pfennig verhökert, lässt der Autor sein *München* mit einer bemerkenswert selbstironischen Geste ausklingen: »Das Buch über München ist gut, es ist zum Schieflachen. Ob er recht hat, der wackere Antiquar mit seinem ehrenden Nekrologe? Ob mein Buch wirklich gar so zum Lachen reizt? Ob es gut ist?« Richtig enden aber lässt Ruederer seine Schrift auf dem Turm des Alten Peter, mit einem liebevollen, nicht ganz ernst gemeinten, auf jeden Fall aber alles Kritische entschlossen zur Seite schiebenden Rundblick auf seine Vaterstadt: »Mag die bayrische Regierung noch so fromm werden, mag der Landtag den letzten Groschen nur noch für Heugabeln verwenden oder für Rosenkränze, mögen die Künstler selber die größten Dummheiten begehen – diese Luft können sie alle zusammen nicht umbringen. Und der Polyp im Norden mit den großen Fangarmen kann sie nicht nachmachen.«

Eine zornige, bissige, ätzende Liebeserklärung an das München der Prinzregentenzeit hat man da gelesen – wenn man denn so weit gekommen ist! Denn diese Liebeserklärung ist zuallererst eine von gestern. Sicher, den vom Autor umkreisten »Grundfehler des Münchner Lebens«, dass nämlich einfach »zu viel gelobt« wird, wie Josef Hofmiller 1907 schrieb, den gibt es womöglich auch heute noch, und man darf und muss ihn immer wieder kritisieren. Doch selbst wenn das notorische Spezltum oder die klatschinteressierte Literaturverachtung im heutigen Munich noch lebendig sind – aktuell kann man Ruederers Schrift wirklich nicht nennen, und populär wird sie auch durch diese schöne Neuausgabe nicht werden. Wie denn auch?

Heutige *München*-Lektüre ist vor allem Lesearbeit. Selbst wenn man Experte für die Sozial- und Kulturgeschichte Münchens ist und einem Namen wie Otto Julius Bierbaum, Frank Wedekind, Max Halbe oder sogar Ernst von Possart durchaus geläufig sind, wird man nicht alles auf Anhieb verstehen. Das Buch ist derart eng an die Zeit seiner Entstehung gebunden, dass es sage und schreibe einhundertundacht oft längere Fußnoten braucht, um dem Text einigermaßen folgen zu können. Dazu kommen die oft willkürliche, durchwegs inkonsequente »Faction«-Mischung und der unkonzentriert fahrige, alles andere als elegante

Erzählstil – die legitime Empfindung Leo Greiners, »dass hier etwas gestaltet wurde«, bleibt einigermaßen rätselhaft. Für die Herausgeber ist es gerade der »hohe Grad an Authentizität«, der Ruederers Buch weiterhin lesenswert macht: »Die Widersprüche der Stadt, die Zerrissenheit des Autors und ihre Spiegelungen ineinander sind nicht geglättet.«

Das ist zwar durchaus richtig, macht den Text jedoch nicht unbedingt lesenswerter. Immer drauf auf den bierseligen Spießbürger, zwei witzige Bemerkungen hier, drei originelle Neologismen dort, dazu eine Prise Selbstreflexion – das reicht nicht wirklich aus, um mit den Großen der bayerischen Literatur mithalten zu können, mit einer Marieluise Fleißer etwa oder einem Ödön von Horváth. Dass Josef Ruederer zu keiner Zeit aus dem Windschatten Ludwig Thomas treten konnte, dürfte nach der Lektüre seines *München* eigentlich niemanden besonders wundern. Tut es aber offenbar doch, wie die Rückseite der Neuausgabe zeigt. Moderne Schreibe hin oder her, offene Form oder geschlossene, Kritik oder Affirmation – nein, einen Vergleich mit Thoma hält dieser Schriftsteller nicht aus. Es ist zu wünschen, dass die Neuausgabe dennoch ihre Leser findet und dass sie mehr befriedigt als nur das antiquarische Interesse und das der Germanistik. Zu erwarten ist es nicht.

Josef Ruederer: München (1907). Herausgegeben und mit einem Nachwort versehen von Walter Hettche und Waldemar Fromm. Kommentiert von Walter Hettche, Waldemar Fromm und Marlies Korfsmeyer (edition monacensia). München 2012: Allitera Verlag. 180 S.

Wenig Ludwig, noch weniger Adolf
Michael Appel über Revolution und Räterepublik

1969 kam der Band *Revolution und Räterepublik in München 1918/19 in Augenzeugenberichten* heraus. Dessen Erzählstruktur hat der Historiker und BR-Regisseur Michael Appel fast fünfzig Jahre später neu belebt. Er arrangiert mit großem Geschick zahlreiche Stimmen von Zeitzeugen – und zwar, was nicht unbedingt üblich ist, Stimmen aus völlig unterschiedlichen politischen Lagern. Die Lebenszeugnisse und Schriften des bekanntermaßen revolutionär gesinnten Oskar Maria Graf, »eigentlich die Idealfigur eines Münchner Strizzis«, sind eine zentrale Quelle, die des konservativ-reaktionären Gymnasiallehrers und Publizisten Josef Hofmiller oder die des Geschichtsprofessors Karl Alexander von Müller sind es ebenfalls. »Alles ist aus der Sicht derjenigen erzählt, die diese Zeit gestalteten, auf sie läuft es zu, und das ist eine in der Geschichtswissenschaft eher ungewöhnliche Herangehensweise.« Wissenschaftler wie Max Weber oder Victor Klemperer werden zitiert, Schriftsteller wie Erich Mühsam, Ernst Toller, Rainer Maria Rilke oder Ricarda Huch, engagierte Frauen wie Lida Gustava Heymann oder Germaine Krull, der kenntnisreiche Jurist Philipp Loewenfeld, Politiker wie Kurt Eisner, Felix Fechenbach oder Ernst Niekisch, aber auch Maximilian von Brettreich, Ernst Müller-Meiningen und andere Vertreter der monarchistischen Ordnung. Nicht zuletzt der Münchner Bahnhofsvorstand Max Siegert, auch ein gewisser Krembs, Jagdgehilfe seiner Majestät. Der Autor entfaltet einen ungewöhnlichen Chor mehr oder minder »authentischer« Stimmen – wobei ihm bewusst ist, wie problematisch dieses »authentisch« sein kann. Er arrangiert nicht nur, er bewertet und deutet auch. Eine wissenschaftliche Studie ist das dennoch nicht. Sondern ein Lesebuch. Es liest sich flüssig und bietet allerhand.

Appel führt zunächst den Münchner Kriegsalltag sowie die rasante Zerstörung der gewohnten monarchisch-bürgerlichen Ordnung vor Augen. Seine Quelleninterpretationen sind oft treffend, bisweilen auch über Gebühr kühn: »Das Leben war, nach heutigem Begriff, eine radikale Hungerkur, und das jahrelang … das Erlebnis des ›Dotschnwinters‹ 1916/1917 war so traumatisch, dass die eigentlich schmackhafte Rübe das gesamte 20. Jahrhundert aus dem kulinarischen Orbit im Land verbannt blieb.« Seine Herangehensweise bewahrt ihn vor vorschnellen Einordnungen und Urteilen: »Die Zukunft war eine große, rätselhafte Glaskugel, in die alle blickten, ohne die Spur einer Gewissheit herauslesen zu können.«

Appel macht plausibel, dass und wie die Nöte und Ängste vieler Menschen zum Agens der Geschichte werden können. Die Regierung nahm die Friedenssehnsucht und Revolutionsstimmung im Lande durchaus wahr, blieb aber unentschlossen und zögerlich – Kurt Eisner hatte leichtes Spiel, als Redner in den Bierkellern ebenso wie am 7. November 1918. »Die Macht des Kriegsministers löst sich innerhalb weniger Stunden völlig friedlich und ohne ein Todesopfer auf. Um etwa acht Uhr abends ist klar, dass die Meuterei alle Kasernen erfasst hat.« Kurt Eisner konnte die Revolution politisch verankern, und König Ludwig III., im Volksmund »Millibauer« genannt, verließ die Hauptstadt in Richtung Chiemgau. »Eine Institution des alten Europa verschwindet. Doch was die hungernden Menschen in München empfinden, ist nicht der Untergang. Sie erleben das Neue, das Werden ... Schilder mit der Aufschrift ›Hoflieferant‹ wurden noch in der Revolutionsnacht entfernt.«

Für Michael Appel fängt in dieser Nacht die bis heute nicht abgeschlossene Etabierung einer Zivilgesellschaft an – eine steile These, der man nicht zustimmen muss. Jedenfalls schildert er behutsam und umsichtig, immer auch mit Blick auf bayerische Provinzorte und auf die Reichshauptstadt Berlin, wie es weiterging bis zu den Landtagswahlen am 12. Januar 1919, die der USPD des Ministerpräsidenten lediglich 2,5 Prozent der Stimmen bescherten. Die Schüsse vom 21. Februar nennt Appel »eine Urkatastrophe«, die letztlich dazu geführt habe, aus dem Soldatenrat Adolf Hitler den Führer des deutschen Volkes zu machen. »Mit dem Mord an Eisner begann eine neue Zeit ... ›Stabilität‹ wurde nach den Schüssen in München ein Fremdwort in der politischen Begriffswelt. Stattdessen machte das ›Durcheinander‹ als Codewort Karriere und wurde die am meisten benutzte politische Vokabel der Zeit.«

Das »Durcheinander« im Frühjahr 1919, die zweite Räterepublik und ihre Niederschlagung schildert der Autor detailliert und nachvollziehbar. »Die weißen Truppen waren nicht nur mit dem Kampf beschäftigt. Ihre Methode war der durch das Standrecht

und den alle Übergriffe deckenden Schießbefehl erlaubte Mord. Die Schilderungen dieser Taten sind zahlreich.« Mit der Legende vom Freiheitskampf der bodenständigen oder gar königstreuen Bayern gegen Kommunisten, Spartakisten und Rote Armee räumt Appel gründlich auf; den Freikorps-Mythos entlarvt er als folkloristischen Fake.

Inwiefern allerdings Adolf Hitler als Spross von Revolution und Räterepublik gesehen werden kann, bleibt, anders als es der Untertitel des Buches suggeriert, weitgehend im Unklaren. Was, zumindest bis 1920, an der dürftigen Quellenlage liegt. Überhaupt führen Titel und Untertitel ein wenig in die Irre – weder Ludwig III. noch Adolf Hitler spielen entscheidende Rollen in dieser bemerkenswerten, methodisch ungewöhnlichen und öfter zum Widerspruch herausfordernden Studie. Im Chor der Jubiläumsneuerscheinungen zu Revolution und Räterepublik in Bayern wird sie ihren Platz behaupten.

Michael Appel: Die letzte Nacht der Monarchie. Wie Revolution und Räterepublik in München Adolf Hitler hervorbrachten. München 2018: dtv Verlagsgesellschaft. 384 S.

Clemensstraße 84
Als B. Traven noch Ret Marut war

Für Günther Gerstenberg

Einen Tag, bevor der weltweit erfolgreiche Schriftsteller B. Traven 1969 starb, soll er seiner Frau anvertraut haben, dass er mit dem an der Münchner Räterepublik beteiligten Ret Marut identisch sei. Doch auch Ret Marut war ein Pseudonym gewesen. Nur das Werk und die Tat machten den kreativen Menschen aus, nicht seine Biografie – das war ein Leben lang das Credo dieses Mannes. Wer war Ret Marut, und woher kam er?

Sein ganzes Leben lang hat sich der im Grunde heimatlose Einzelgänger weitgehend der Öffentlichkeit entzogen, und so ist es kein Wunder, dass eine umfangreiche Traven-Forschung entstand, die sich weniger der Analyse von Romanen wie *Das Totenschiff* oder *Der Schatz der Sierra Madre* widmete als vielmehr der Enthüllung der zahlreichen Rätsel um die Biografie ihres Autors. Viel Unsinn ist da geschrieben worden, selbstverständlich auch viel Erhellendes – aber das wäre ein eigenes Thema.

Vorerst hat man sich mehrheitlich darauf geeinigt, dass sich hinter den vielen Pseudonymen dieses Schriftstellers Hermann Albert Otto Maximilian Feige verbirgt, der am 23. Februar 1882 geborene Sohn eines Töpfers und einer Fabrikarbeiterin aus Schwiebus in der damals preußischen Provinz Brandenburg (Świebodzin im heutigen Polen), später als Gewerkschaftssekretär in Gelsenkirchen sowie als Schauspieler und Regisseur in Essen und Düsseldorf tätig. Eine seiner wichtigen »Orientierungsgrößen« war, wie Helmuth Kiesel in seiner imposanten *Geschichte der deutschsprachigen Literatur 1918–1933* schreibt, »zweifellos der Radikalaufklärer Max Stirner, der mit seinem berühmten Buch ›Der Einzige und sein Eigentum‹ (1844, vordatiert auf 1845) die Interessen des einzelnen Ich zur allein maßgebenden Größe erhoben und damit den Individualanarchismus auf den Weg gebracht hatte«. Im Kontext der Revolution von 1918/19 ist vor allem interessant, welche Rollen der geheimnisvolle Anarchist und Antimilitarist in München spielte. Und warum die Zeitschrift *Der Ziegelbrenner*, die Ret Marut ab 1917 herausgab und die Kaiser und Reich, vor allem aber die konkurrierende Presse und hier speziell den *Vorwärts* oft vehement und wütend attackierte, unbedingt zur Geschichte der Münchner Literatur und Politik jener Jahre gehört. Auch wenn, wie Michael Schweizer in der Zeitschrift *Kommune*

polemisch bemerkt hat (8/1989), »Maruts Fähigkeit, neben schriftstellerischen Hochleistungen immer wieder hanebüchenen Unsinn zu produzieren«, recht offenkundig ist und sich auch in späteren Traven-Texten aufspüren lässt.

Oskar Maria Graf, ein nicht unbedingt zuverlässiger Zeuge, hat später einmal festgehalten: »Marut war eine der seltsamsten Erscheinungen jener Zeit. Er brachte noch im Laufe des Krieges das Kunststück fertig, eine höchst provokante Anti-Kriegszeitschrift unter dem Titel ›Der Ziegelbrenner‹ trotz der verschärften Zensur herauszubringen. ›Der Ziegelbrenner‹ war eine unscheinbare schmale ziegelrote Zeitschrift, die nur an persönliche Besteller ging, und Marut erklärte dem Zensor kaltblütig, dass es sich um eine harmlose, mehr vereinsmäßige Maurerzeitschrift handle. Marut, ein stiller, völlig zurückgezogener Mensch, welcher die Artikel selbst schrieb und druckte, erschien jedes Mal persönlich vor dem Zensuramt und reichte das fertige Heft ein. Die Innenseiten des roten Umschlages und die Schlussseite waren mit den üblichen patriotischen Aufforderungen ›Zeichnet Kriegsanleihe‹ usw. gepflastert, der Text offenbar aus irgendwelchen anderen Fachzeitungen zusammengeholt. Der Zensor überflog alles, fand nie etwas zu beanstanden, genehmigte und drückte den Stempel auf den Umschlag. Der bescheidene Mann ging nach Hause, heftete in die Umschläge einen anderen Text, der meist aus einem krausen Buchstabengemenge von willkürlich nebeneinandergedruckten großen und kleinen Lettern zu bestehen schien, sodass jeder Mensch den Eindruck gewann, es handle sich um eine verrückte Literaturzeitschrift. Er verschickte die Hefte, und alles verlief glatt. In Wirklichkeit war diese Zeitschrift das flammendste Anti-Kriegspamphlet, eine ätzend scharfe revolutionäre Revue, die den Vergleich mit Karl Kraus' ›Fackel‹ nicht zu scheuen brauchte.« Ob das wirklich so stimmt, ist ungewiss – Rolf Recknagel schrieb am 26. Juli 1966 an Erich Wollenberg, dass eigentlich alles, was Graf über die fragliche Zeit berichtet, »mehr oder weniger Dichtung, Fantasie, Legende« sei.

Laut Polizeiakten meldete sich Ret Marut am 13. November 1915 in München an. Bald wohnte er im dritten Stock des Hauses Clemensstraße 84, nur fünf Häuser neben Sarah Sonja Lerch. »Leider habe ich bis jetzt nicht den geringsten Hinweis darauf, dass die beiden sich wahrgenommen oder

geradezu gekannt haben«, sagte mir Günther Gerstenberg, der bekanntlich alles über die Münchner Arbeiterbewegung weiß. Ret Marut knüpfte Verbindungen zu Kurt Eisner, Gustav Landauer, Erich Mühsam und anderen damals in München agierenden Intellektuellen, Künstlern und Politikern, darunter auch zu den aus Luxemburg stammenden Studenten Pol Michels und Gust van Werveke.

Auch wenn er in Literatenkneipen wie dem Café Glasl an der Ecke Amalien- und Theresienstraße verkehrte – ein einsamer Großstadtwolf blieb er immer. In seiner Antikriegs-Novelle *An das Fräulein von S. ...* finden sich die Sätze: »Was ist mir Krieg und was das brausende Erwachen eines ganzen Volkes zu einem einzigen Willen? Denn ich bin allein, mutterseelenallein!« In der Gesellschaft aufklärend wirken, allen »Verhetzungen der Völker« entgegenarbeiten und daran erinnern, dass es die erste und schönste Pflicht des Menschen sei, »vor allem Mensch zu sein«, das wollte Ret Marut aber unbedingt, und das versuchte er vor allem mit seiner Zeitschrift (Brief an Gust van Werveke vom 24.9.1917, in: *Der Ziegelbrenner*, 2, S. 47). Mitten im Krieg konnte man im *Ziegelbrenner* politisch höchst unliebsame Sätze wie »Gedenkt der blutenden Männer und Söhne« oder »Nicht der Staat ist das Wichtigste, sondern der Einzelmensch ist das Wichtigste« lesen (*Der Ziegelbrenner* 9–14, S. 94).

Als die Revolution endlich in Gang kam, war Ret Marut mitten drin und arbeitete engagiert im »Zentralrat der Räte-Republik Baiern« mit. Mit Nation, Kapitalismus oder Kirche wollte er nichts zu tun haben, die Oktoberrevolution in Russland begrüßte er als »das gewaltigste und folgenschwerste Ereignis für den Fortschritt menschlicher Entwicklung« (*Der Ziegelbrenner* 5–8, S. 114), und mit der eher dem Bürgertum zugewandten Sozialdemokratie ging er hart ins Gericht.

Nach dem Mord an Kurt Eisner am 21. Februar 1919 wurde der Mann, dem das Recht auf Meinungsfreiheit selbstverständlich und unverhandelbar war, für kurze Zeit Zensor im Dienste der Revolution und ging unter anderem der Redaktion der *München-Augsburger Abendzeitung* gehörig auf die Nerven. Wenige Wochen später wurde Ret Marut verhaftet – er selbst hat das später geschildert, unter anderem mit folgenden Sätzen: »Der Schriftleiter des ›Ziegelbrenner‹ wurde nach Waffen durchsucht! Man kann natürlich auf nackten Ziegelsteinen auch nach Trüffeln suchen, wenn man nichts weiter zu tun hat ...«

Als die Revolution niedergeschlagen war und das große Morden begann, hatte Ret Marut Glück – wie genau er dem Feldgericht entkam und aus München flüchten konnte, ist umstritten. Er schaffte es jedenfalls, und bald darauf verliert sich seine Spur. Dass er Bayern später noch einmal betreten hat, ist unwahrscheinlich. »Mit der Niederschlagung der Räterepublik im Mai 1919 setzte in Bayern ein Rechtsruck ein«, stellt Ralf Höller lapidar fest. Ob der Schriftsteller B. Traven im fernen Mexiko das überhaupt mitbekommen hat, weiß man nicht.

Der Ziegelbrenner. 1.–4. Jahrgang, September 1917 bis Dezember 1921 (40 Nummern in 13 Heften). München (Faksimile: Leipzig 1967).

Armin Richter: Der Ziegelbrenner. Das individualistische Kampforgan des frühen B. Traven. Bonn 1977.

Rolf Recknagel: B. Traven. Beiträge zur Biografie. Leipzig 1982 (1965).

Karl S. Guthke: B. Traven. Biografie eines Rätsels. Frankfurt 1987.

Heinz Ludwig Arnold (Hrsg.): B. Traven (Text + Kritik 102). München 1989.

Ralf Höller: Der Anfang, der ein Ende war. Die Revolution in Bayern 1918/19. Berlin 1999.

Bernd Kramer / Christoph Ludszuweit (Hrsg.): Der Feuerstuhl und die Fährtensucher Rolf Recknagel Erich Wollenberg Anna Seghers auf den Spuren B. Travens. Berlin 2002.

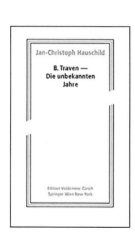

Jan-Christoph Hauschild: B. Traven – Die unbekannten Jahre. Zürich / Wien / New York 2012.

Gast Mannes: Die Luxemburg Connection. Ret Marut / B. Traven, Pol Michels und Gust van Werveke. Mersch / Luxembourg 2013.

Auracia E. Borszik / Hanna Mateo (Hrsg.): B. Traven – Der (un-) bekannte Schriftsteller. Hamburg 2017.

Helmuth Kiesel: Geschichte der deutschsprachigen Literatur 1918–1933. München 2017.

Arbeiter und Soldaten! Männer und Frauen!
Laura Mokrohs würdigt die Dichtung der Revolution

Noch bis Ende Juni 2019 zeigt die Münchner Stadtbibliothek Monacensia die Ausstellung »Dichtung ist Revolution«, und drum herum gibt es ein reichhaltiges Veranstaltungsprogramm. *Dichtung ist Revolution*, erarbeitet von der Ausstellungskuratorin Laura Mokrohs, versteht sich als Begleitbuch zu dieser Schau. Es ist aber noch viel mehr. Die im Untertitel versprochenen Bilder, Dokumente und Kommentare wird man noch lang nach Ende der Ausstellung mit Gewinn betrachten, lesen und studieren. Ein schönes Buch!

Es geht hier nicht noch einmal um den vielfach dokumentierten Ablauf der Münchner Ereignisse der Jahre 1918 und 1919, jedenfalls nicht in erster Linie. Es geht um die Dichtung – und um die Frage, was Literaten wie Kurt Eisner, Gustav Landauer, Erich Mühsam und Ernst Toller dazu bewog, sich in die Politik einzumischen und die Revolution, zumindest in München, entscheidend mitzugestalten. Die zum Teil erheblichen Unterschiede zwischen den oft in einem Atemzug genannten Dichtern treten deutlicher hervor als andernorts. Vier Revolutionäre, sicher – aber eben auch vier ganz unterschiedliche Persönlichkeiten, die als Literaten nicht über einen Kamm zu scheren sind und auch in vielen praktischen Fragen nicht immer einer Meinung waren.

Wer nach der Einleitung und dem Abschnitt über »München um 1900«, in dem es um das Verhältnis von Bohème und Arbeiterbewegung, um nationalistisch-völkische Strömungen und um den Januarstreik 1918 geht, womöglich befürchtet, in ein germanistisches Fachbuch geraten zu sein, wird bald beruhigt aufatmen: Die Autorin, die ihr Material nicht nur aus den Beständen der Monacensia, sondern aus vielen Archiven zusammengetragen hat, unter anderem aus dem Moskauer Maxim-Gorki-Institut für Weltliteratur, schreibt klar und anschaulich.

Wie eng Kurt Eisner als Dichter dem 19. Jahrhundert verbunden war, erfährt man hier – er konnte bereits auf ein »Werk« zurückblicken und 1918, während seiner Haftzeit, Texte für seine zweibändigen *Gesammelten Schriften* zusammenstellen. Sein erst 1920 erschienenes, für sein Gesamtwerk zentrales und deshalb genauer analysiertes Theaterstück *Die Götterprüfung* hatte er schon 1898 begonnen. Eisners zeittypische Lyrik kommt nicht zu kurz, etwa sein *Gesang der Völker* mit den Schlussversen: »Die

Menschheit gesunde / In schaffendem Bunde, / Das neue Reich entsteht. / Oh Welt werde froh! / Welt werde froh!«

Nicht verschwiegen werden die vehementen Zweifel, die Gustav Landauer am nachhaltigen Erfolg der Revolution hegte: »So stehen wir vor der größten Wandlung, ohne dass die meisten innerlich bereitet und gewandelt sind«, schrieb er 1918 noch vom schwäbischen Krumbach aus, das mit dem oberfränkischen Kulmbach nicht zu verwechseln ist. Laura Mokrohs weist in ihren Bemerkungen zu seiner *Ansprache an die Dichter* auch darauf hin, dass Gustav Landauer den Idealen der Französischen Revolution und dem Pathos von Beethovens neunter Symphonie bis zu seinem gewaltsamen Tod eng verbunden blieb.

Was für Differenzen Erich Mühsam nicht nur tagespolitisch, sondern auch als Dichter und Lebensreformer mit Kurt Eisner hatte, arbeitet die Autorin einprägsam heraus; es ist ja bekannt, dass für Mühsam, anders als für Eisner, die Revolution erst mit der vollständigen Herrschaft der Räte an ihr Ziel gelangen kann. Klar wird auch, dass Mühsams sensationelle Zeitschrift *Kain* qualitativ höher einzuschätzen ist als Eisners Schriften. Herzzerreißend seine im abschließenden Kapitel »Von der Revolution zur Reaktion« abgedruckte Seite aus *Meiner Zenzl zum Hochzeitstag* (1923)!

Der jüngste der vier Literaten, Ernst Toller, »sehnt die Revolution oder den politischen Wandel nicht bereits über Jahre herbei, sondern wird von den Ereignissen erfasst«, betont Laura Mokrohs, die wenig Zweifel daran lässt, dass der Verfasser von *Masse Mensch* (1921) ein erstrangiger und bis heute lesenswerter deutscher Dichter ist.

Das letzte Kapitel, das vor allem den massiven Antisemitismus der gegenrevolutionären Propaganda herausstellt und die mehr als unrühmliche Rolle des immer noch mit einem Schwabinger Straßennamen geehrten Psychiaters Emil Kraepelin im Standgerichtsprozess gegen Toller beleuchtet, ist vielleicht das beste des ganzen Buches. Laura Mokrohs, die sich dort unter anderem mit den Gedichten aus Ernst Tollers *Schwalbenbuch* (1924) auseinandersetzt, kann auch berührend subjektiv schreiben: »Noch heute leben Schwalben in der JVA Niederschönenfeld, und das Leben und die Geräusche, die sie in die Zellen bringen, machen die Empfindungen Tollers deutlich nachvollziehbar.« Im Rückblick

wird die Empörung über die blindwütige und grausame Niederschlagung der Räterepublik Anfang Mai 1919 überlagert von Trauer und Wehmut. Dafür aber sind schon immer die Dichter zuständig.

Laura Mokrohs: Dichtung ist Revolution. Kurt Eisner – Gustav Landauer – Erich Mühsam – Ernst Toller. Bilder, Dokumente, Kommentare. Regensburg 2018: Friedrich Pustet Verlag. 128 S.

Heimelig und wundersam
Die Landshuter Poetin Berta Huber

»Berta – who?«, mögen Sie sich fragen, und da sind Sie schon sehr nahe dran. Berta Huber heißt die 1897 als Tochter eines Bäckers aus der Landshuter Grasgasse geborene Dichterin, die Helmut Stix, Grafiker und außerdem Kulturamtsleiter der Stadt, nicht nur neu entdeckt, sondern auch gleich zum Thema der 7. Landshuter Literaturtage im Herbst 2003 gemacht hat. Berta Huber war nicht etwa vergessen, sie war auch zuvor im literarischen Bewusstsein kaum aufgetaucht. Zu ihren Lebzeiten – sie starb 1969 – war die Klavier- und Violinlehrerin, die einst wie Brecht oder Fleißer bei Artur Kutscher in München studiert hatte, nur sehr Wenigen bekannt. Sie lebte die allermeiste Zeit ihres Lebens bescheiden unweit des Landshuter Rathauses, und sie veröffentlichte immer wieder Gedichte, meistens in der Lokalzeitung. Der finnische Komponist Yrjö Kilpinen hat einige Texte aus ihrem Zyklus *Aus einer kleinen Stadt* vertont, was in den Vierziger- und frühen Fünfzigerjahren Konzerte und Rundfunksendungen mit sich brachte – wer aber kennt diese Lieder noch? Es gibt nur spärliche Informationen über sie, vor allem aber gibt es keine Ausgabe ihrer Werke. Berta Huber hat weit mehr als hundert Gedichte geschrieben, viele davon in mehreren Fassungen, und vielleicht gibt es noch mehr. Immerhin existiert ein schmales Bändchen mit einer schönen Auswahl ihrer Gedichte, das man bei der Stadt Landshut bekommen kann. Wie wäre es zum Beispiel mit *Vogel im Käfig*?

Ermattet von dem steten Hin und Her
Ist nun das kleine Herz und ohne Wille.
Nur manchmal fährt, als ob es Rettung gäbe,
Der Flügel heftig an die engen Stäbe,
Die Krallen zittern – kein Entrinnen mehr!
Nun wird das Licht, das durch den Käfig fällt,
Für ihn ein Sterbelicht, und eine Welt
Von Tönen, Liedern stirbt in dieser Stille.

Leicht zu erkennen, dass da einer der Wahlverwandten Berta Hubers Pate gestanden hat – die Folie von Rainer Maria Rilkes berühmtem *Panther* ist schwer zu übersehen. *Vogel im Käfig* deutet an, dass Berta Huber weit mehr war als eine handwerklich solide Heimatdichterin. Sie als »Landshuter Grasgassenpoetin« zu charakterisieren, liegt zwar zunächst auf der Hand, denn dass ihr Leben und ihre Gedichte eng zusammengehören, wird allein schon dadurch evident, dass die Isar, die Altstadt mit den

Bögen und dem Martinsdom, die Jodokskirche, die Gras-, die Königsfelder- und andere Gassen, die Burg Trausnitz samt Söller und Narrentreppe, die Kirche Heilig Blut, die Kapelle Maria Bründl und vieles mehr aus dem alten Landshut in ihren Gedichten direkt auftauchen.

Trotzdem darf man Berta Hubers Lyrik nicht nur im Hinblick auf die Biografie der Dichterin interpretieren. Wie alle Gedichte stehen auch ihre in einer innerliterarischen Tradition, die ihnen Bilder und Motive bereitstellt – bei Berta Huber kommen viele aus der deutschen Romantik eines Brentano, Eichendorff, Mörike oder Wilhelm Müller, auch aus dem späteren 19. Jahrhundert. Ihre Gedichte stehen außerdem, auch wenn man es vielen nicht gleich ansieht, in zeitgenössischen Bezügen, in sozialen und kulturellen Kontexten, und man kann sie als persönliche Umformungen dieser Bezüge lesen.

Acht Verszeilen, die charakteristisch sind für den »Sound« vieler ihrer Gedichte, tragen die Überschrift *Muttersprache* und lauten so:

Schon in der Wiege war der Laut
Der Muttersprache mir so traut,
Weil unbewusst der süße Klang
In meine Kindesseele drang.
Und später, als ich größer, sprach
Ich ganz genau den Wortlaut nach.
So wuchs in mir derselbe Ton,
Erlauscht in meiner Wiege schon.

Ein scheinbar einfaches kleines Gedicht über das Handwerkszeug der Poeten, dessen eingängiger Rhythmus die für Berta Hubers Werke grundsätzliche Nähe zum Musikalischen andeutet. Vier Paarreime sind es, in denen »Ich« gesagt wird – das Ganze wirkt für uns Heutige und wirkte wohl auch für manchen Zeitgenossen Berta Hubers ein wenig altmodisch in der Wahl der sprachlichen Mittel. Ein im traditionellen Sinne gerundetes Gedicht liegt hier vor, mit Wendungen und Wörtern, die schon in der Goethezeit in der deutschen Literatursprache auftauchen. Zu Lebzeiten Berta Hubers sprach man nicht mehr so, und bei den Lyrikern ihrer Zeit, die vom geschlossenen Kunstwerk nur mehr wenig hielten, schon gleich gar nicht. Berta Huber aber dichtete weder so, wie man im Landshuter Alltag um 1920 sprach, noch so, wie die wilden Modernen in München oder Berlin damals ihre Lieder und Gedichte machen zu müssen glaubten. Unpolitisch sind ihre Verse, idyllisch sind sie und sehr sanft, heimelig und wundersam, und in allen Dingen schläft auch hier ein Lied. Eine friedliche, im Einklang mit der Tradition stehende kleine Welt beschwören diese Gedichte, eine wie aus der Zeit gefallene familiäre Kinderwelt, die dem Wechsel der Jahreszeiten lauscht und die Hast des Tages spätestens dann vergisst, wenn das mondbeglänzte Reich des Träumens anbricht.

»O mei!«, könnten Sie jetzt seufzen, war denn diese Berta Huber ganz von dieser Welt? Oder wollte sie ganz bewusst keine Zeitgenossin sein? Denn dass die moderne Welt, von der auch ihre Vaterstadt nicht abgeschnitten war, in ihren Gedichten oft flach, leer und ohne jedes Geheimnis wirkt, ist deutlich. Wenn sie überhaupt darin vorkommt. Offenbar will die Dichterin »des Lebens Drang«, der sie nur festhält »in seinem Zwang« (so heißt es in *Mein Vater-*

haus), eben nicht zum Gegenstand ihrer Kunst machen, sondern eine poetische Gegenwelt dazu entwerfen. Das Gedicht *Heimat* endet beinahe programmatisch so: »Ich frage nicht nach Welt und Zeit / Weiß nur, ich bin zu Haus.« Revolutionär ist das wirklich nicht. Charakteristisch für Berta Hubers Werk ist eine Abwehrhaltung, der die Großstadt, die moderne Arbeitswelt, das Geld und das Streben danach, die vermeintliche Wurzel- und Bindungslosigkeit vieler Menschen und der rapide Traditionsverlust zutiefst zuwider sind. Es gibt in ihrem Werk natürlich das fiktive »Du« des geliebten Menschen – doch sonst sind die anderen oft »schlimme Menschen« und eher eine potenzielle Bedrohung, die, wie es im Gedicht *Dohlen* heißt, »mich peinigt, immerfort«. Dass das moderne Metropolenleben auch Freiheit und Glück bedeuten kann, ist eine Erfahrung, die Berta Huber fremd bleibt. Sie hat einmal gesagt: »Vielleicht hätte ich in einer Großstadt nie eine Zeile geschrieben.«

Haben die »O mei«-Sager also recht? Sind die Gedichte von Berta Huber die einer weltabgewandten Provinzlerin, die sich ihrer Gegenwart nicht stellen wollte? Nein. Denn ihre Gedichte beschwören eine Welt herauf, die auch heute noch, aller Häme und allem Zynismus zum Trotz, als Schauplatz von Sehnsucht nach dem Schönen empfunden werden kann. Aber sind es nicht doch mehrheitlich harmlose, naive Verserl? Nein. Denn so klischeehaft sich heute einzelne Passagen ihrer Texte anhören mögen, die meisten ihrer Gedichte sind staunenswert gelungen. Viele stehen in einer heute oft unterschätzten, bis in die Sechzigerjahre des vergangenen Jahrhunderts aber nicht nur populären, sondern auch vielfach hoch geachteten und ausdrücklich nicht modernen Tradition.

Der Schutz- und Trosteffekt, der solcher Lyrik innewohnt, ist nicht von oben herab als eskapistisch abzutun. Viele moderne Themen scheinen für Berta Huber einfach nicht »lyrikwürdig« zu sein, Autos oder Trambahnen zum Beispiel. Die Industrialisierung taucht nur in *Neue Fahne auf den Mühlenwerken* auf, wo Berta Huber sogar »Turbinen« auf »Maschinen« reimt. Und die seit Ende des Ersten Weltkriegs auch in Landshut unübersehbare Politisierung und Militarisierung des Alltags existiert bei Berta Huber nicht. Sie war in der NSDAP und soll dennoch manchem vom Regime Verfolgten unentgeltlich Brot zugesteckt haben. Sie schrieb nicht eine Zeile zum Lob der NS-Zeit oder ihres »Führers«, aber auch keine Zeile über die Verfolgung von Andersdenkenden und Minderheiten. Ihre Verse aus jener Zeit bieten, um mit dem politisch unverdächtigen Helmut Heißenbüttel zu sprechen, »nichts Widerständlerisches ..., nichts Gewaltsames, nichts Revolutionäres, sondern Rede, die sozusagen von selbst anders war«. Das Gedicht als Stimme der Kunst, die eben deswegen auch Gegenstimme sein kann – das trifft das Selbstverständnis Berta Hubers, und es macht den Zauber ihrer Poeme vielleicht ein wenig einsichtiger. Wobei dieser Zauber auch bei den wenigen Gedichten wirkt, die nichts Romantisches an sich haben. Der Zweite Weltkrieg und seine grausamen Bombennächte zum Beispiel kommen nur in *Die tote Stadt* vor, einem naturgemäß ganz und gar unidyllischen Gedicht, das in zwei Fassungen existiert, eine von 1945, die zweite von 1946, verfasst nach dem Erleben der zerbombten Stadt Kassel. Hier nur einige Verse aus der zweiten Fassung:

Ich steh vor einem Trümmermeer,
Unheimlich, düster, öd und leer –
Kein Mensch, kein Tier noch Haus und Baum,
Steingräber nur in weitem Raum.

Still liegt die Stadt, ganz totenstill ...

Ich höre Schreie, die erstickt,
Seh Menschen, stein- und luftzerdrückt,
Das Feuer, das auf Häuser sprang,
Den Sturm, der wild die Fackel schwang ...

Und die letzten beiden Zeilen:

Verloren? Ja? – Die tote Stadt
Lebendig mich begraben hat.

Das ist Berta Hubers erschütternder Beitrag zu der seit 1997 wieder geführten Debatte über Literatur und Luftkrieg. Eine erstaunliche Ausnahme in ihrem Werk. Doch nicht nur hier zeigt Berta Huber auch, dass sie, ohne in irgendeiner Weise politisch oder zeitkritisch sein zu wollen, die nicht immer erfreulichen Zeitläufte nicht aus Prinzip aus ihrem Werk ausblenden möchte. Dies gilt auch für einige andere Texte, die die bösen Nachbarn oder das böse Wohnungsamt zum Thema haben, für ein langes Gedicht über die Nachkriegstristesse in Regensburg und natürlich für das Gedicht *Honorarfrage*:

Ist das nicht allerhand! – »Fünf Mark«
Für mein Gedicht: »Herbstlicher Park«!
Das reicht ja nicht einmal zum Sterben
Und weniger noch zum Vererben
Du hochgeehrte Redaktion!

Glaubst du, dass dieses Herbstgedicht
Mir zuflog wie ein Glühwurmlicht!
Ein Lyriker ist ein Poet
Kein Reimer der Gedichte dreht,
Du hochgeehrte Redaktion!

»Fünf Mark«! – Schämst du dich nicht dazu!
Jetzt les es noch einmal in Ruh,
Vielleicht, dass du dich dann benimmst
Und höh'res Honorar bestimmst,
Du hochgeehrte Redaktion!

Endlich einmal wird hier im Gedicht selber ausgesprochen, was bei aller Bescheidenheit doch auch zu Berta Hubers Selbstverständnis gehört: Ich bin eine ernsthafte Poetin! Ich bin keine dilettierende Verseschmiedin! Vielleicht am deutlichsten sieht man das an jenen Gedichten, die die nun schon etwas ältere Poetin zu *Japan-Zyklen* zusammengefasst hat. In einem Brief vom 27. Juni 1955 an die Familie Nakayama aus Tokyo, die sich die 1953er-Aufführung der Landshuter Hochzeit ansah und mit Berta Huber bekannt wurde, nennt sie diese Gebilde »eine Art von Mittegedicht – halb deutsch und halb japanisch«.

Mit ihren Tanka-Kurzgedichten sind Berta Huber, die sich auch an der bekannteren Form des japanischen Haiku versucht hat, wunderbare Poeme gelungen. Zum Beispiel *Fontäne*, ein Gedicht, das die besonders im späteren 19. Jahrhundert beliebte Brunnen- und Wassermotivik aufgreift, die sich bei Berta Huber auch anderswo findet: »Auf steigt das Wasser / Aus weißer Marmorschale / In riesigem Strahl. / Nieder stürzt es, zerstäubend / In winzig kleine Tropfen.« Oder ihr Haiku-Gedicht *Altes Steinbild*: »Kennst du den Steinkopf / Am Rathauseck? – Nein? – Dich kennt / Er aber schon längst!« Oder der Dreizeiler *Im Herzen wieder jung*: »Fliegende Bälle – / Voll Lust schaun alte Leute / Der Schneeballschlacht zu.«

Berta Huber hat keine Scheu, die vertraute katholisch-süddeutsche Bildwelt ins Haiku hineinzunehmen, sie kann vielleicht auch gar nicht anders, und so kommen die »Opferkerze« oder der »Kreuzweg« auch in ihren Gedichten im japanischen Duktus vor. Man darf diese *Japan-Zyklen*, ohne sie zu überschätzen, durchaus als lyrische Zeugnisse von Internationalität im Goetheschen Sinne der Weltliteratur betrachten. Auch wenn die Töne und Hauptthemen ihrer »Grasgassenpoesie« trotz der neuen Versmaße nicht in den Hintergrund treten. Das Kurzgedicht *Niemals* nimmt ein in der Weltliteratur weit verbreitetes Motiv auf, die Gegenüberstellung von Hütte und Palast, die dem Lob des einfachen Daseins und der Verdammung des Luxuslebens dient, und es führt zur Heimatdichterin Berta Huber zurück: »Wär ein Palast mein, / Nie könnt ich ihn so lieben / Wie mein Vaterhaus!«

Ihr Werk ist traditionsbezogen, vielschichtig, kurzweilig und manchmal ungemein überraschend, der Themen oder der ungewöhnlichen Versmaße wegen. Anspruchsvolles Formbewusstsein und hohe Musikalität kennzeichnen alle ihre Texte. Sicherlich ist Berta Huber eine ins 19. Jahrhundert zurückorientierte Dichterin, die sich im Gedicht nur selten als Zeitgenossin artikuliert. Sicherlich ist sie eine weitgehend unpolitische Autorin. Doch sie verbannt ihre Gegenwart nicht ganz aus ihrem Werk. Sie ist eine im katholischen Glauben und im christlichen Weltbild – und natürlich in ihrer Vaterstadt – tief verwurzelte Lyrikerin, die keinerlei Zugeständnisse an die Mächtigen oder den vermeintlichen Zeitgeist macht. Einen religiös geprägten harmonischen Grundton und eine gläubige Zuversicht hat sie unter anderem mit ihrer Dichterfreundin Ruth Schaumann gemeinsam. Trotz alledem: Man weiß zu wenig über sie und ihre Gedichte. Immerhin: Jetzt kann man einige von ihnen wenigstens lesen.

Das fressende Haus

Literarisches aus dem Wald – Weißensteiner Miniaturen

Siegfried von Vegesack (1888–1974) hinterließ ein gewaltiges literarisches und journalistisches Werk und war zu seinen Lebzeiten durchaus nicht unbekannt. Leider zählt auch er zu den allzu vielen Schriftstellern des 20. Jahrhunderts, die heute kaum noch gelesen werden oder gar völlig vergessen sind. Von 1918 bis zu seinem Tod lebte der Literat im Turm neben der Burg Weißenstein bei Regen im Bayerischen Wald. Weit über den »Woid« hinaus kennt man immer noch wenigstens den Titel seines lesenswerten Romans von 1932: *Das fressende Haus*. So nennt man den Turm noch heute, und deshalb taucht im Namen des in Regen ansässigen Fördervereins Weißensteiner Burgkasten auch der Zusatz »Rettet das fressende Haus« auf. Dieser Verein gibt seit 2017 eine interessante Buchreihe heraus, die *Weißensteiner Miniaturen*. Sie dokumentiert das Werk des Siegfried von Vegesack und seiner ersten Frau, der ebenfalls schriftstellerisch tätigen Clara Nordström, macht unveröffentlichte Texte und Dokumente aus dem Vereinsarchiv bekannt und führt das abwechslungsreiche Leben im alten Burgturm plastisch vor Augen. Fünf schön aufgemachte kleine Bände liegen bereits vor, und sie belegen eindrucksvoll, dass geistvolle Künstlerexistenz und literarisches Leben nicht zwingend an die großen Metropolen gebunden sind.

Im ersten Band präsentiert Rolf Rieß den von 1922 bis 1957 andauernden, dreiundfünfzig Briefe und Karten umfassenden Briefwechsel zwischen Siegfried von Vegesack und dem im oberösterreichischen Zwickledt bei Wernstein am Inn lebenden Zeichner, Maler und Dichter Alfred Kubin (1877–1959) – und lässt damit eine Künstlerfreundschaft lebendig werden, in der sich die Freiheit des Geistes trotz zeitweise widrigster Umstände immer erhalten hat. Das Zeitgeschehen, etwa die Bedrohung der als »halbjüdisch« klassifizierten Ehefrau Kubins oder die Erstürmung Zwickledts im Jahr 1945, kommt nur am Rande vor – es geht im Wesentlichen ums künstlerische Schaffen und um den von beiden ganz unterschiedlich verspürten Drang zur ästhetischen Kreativität. »Ich suche einen ›Stil der Reife‹, ein völlig organisches Zusammenwachsen aller Einzelzeichnungen«, bemerkt Kubin im Sommer 1925. Die Politik? »Ich will meine ungestörte Ruhe in Zwickledt haben und bin tolerant gegen alle anderen, verlange das auch für mich.«

Mitte der 1930er-Jahre, als sich Österreich und Deutschland nicht immer grün

sind, seufzt Vegesack: »Ich habe das dringende Bedürfnis, einmal aus dem europäischen Tollhaus herauszukommen und die Weltkugel auch von der anderen Seite anzuschauen.« Tatsächlich kann Vegesack kurz darauf nach Lateinamerika reisen, worüber sein Buch *Unter fremden Sternen* Auskunft gibt. Sein Erfolg hält an: »Mein ›Kritzelbuch‹ – Auflage 10000 Ex. – war schon Anfang Dezember vergriffen«, meldet er Ende 1939. In seiner baltischen Heimat jedoch würden die Menschen »wie Radieschen umgetopft, aber sogar Radieschen vertragen das nicht«.

Der Krieg macht sich auch in Zwickledt und im Bayerischen Wald bemerkbar – Kubin kommentiert das 1941 so: »Ja, die Zeit dräut, aber mit meinen vierundsechzig Jahren dräut sie immer und da tappt man am besten so, ohne alles zu genau zu nehmen, dahin.« Alfred Kubin habe »diese Zeit der entfesselten Dämone« in seinem 1909 erschienenen Roman *Die andere Seite* schon vorausgeahnt, antwortet Vegesack. »Nur dass die Wirklichkeit viel trivialer, spießiger und unmenschlicher ist …« Noch lebe man wie auf einer Insel, doch draußen sei Krieg – Vegesack wird bald darauf an die Ostfront kommandiert, sein Sohn Gotthard stirbt mit zwanzig Jahren in der Ukraine, und im Frühjahr 1945 endet das Grauen immer noch nicht.

Beide Künstler arbeiten weiter, unverbrüchlich miteinander verbunden durch ihr gemeinsames »Seelenfluidum« (Kubin). Doch Vegesack kann sich den Zeitläuften dann doch nicht entziehen. Thomas Mann bemerkt in seinem Tagebuch vom 31. Oktober 1952: »Hat die Einverleibung Österreichs begeistert begrüßt, auch München und ein Geburtstagsgedicht auf Hitler geschrieben. War aber auch im Gefängnis und erfuhr Bücher-Konfiskationen. Konfus, aber nicht unsympathisch.«

In zwölf Tagen verfasste Siegfried von Vegesack im Juni 1944 seinen Nachruf auf den gefallenen Sohn: *Mein Junge*. Der zweite, mit zahlreichen Fotos angereicherte *Miniaturen*-Band enthält den stellenweise ergreifenden Text: »Verschont mich mit dem großen Wort / vom ›Feld der Ehre‹ und vom ›Heldentod‹. / Was können mir die großen Worte geben? / Mein Junge fiel. Und nie mehr wird er leben. / Was hilft mir auch der schönste Heldentod? / Mein Junge fiel. Und für mich ist es Mord.« Der Schmerz um seinen Jungen lässt ihn ungewöhnlich deutlich werden: »Die Besten fallen, und die Bestien bleiben leben. / Der Tapfre stirbt, der Feigling bleibt verschont. / Kein Gott, wenn er noch irgendwo im Himmel wohnt, / kann dieses Massenmorden je vergeben.«

Barbara von Schnurbein, deren Fußnoten das Langgedicht akribisch aufschlüsseln, hat noch weitere Texte über Gotthard von Vegesack hinzugefügt, darunter einen Brief von Clara Nordström an ihren Ehemann vom Juni 1944, der – von heute aus gesehen unfassbar – deutlich macht, wie viele Mütter und Väter damals dachten: »… Das Reich braucht uns. Und es ist sicher vielmehr in Gotthards Sinn, dass wir tapfer weiterstapfen und weiterschaffen, auch wenn bisweilen dabei die Tränen herablaufen und das Herz so schmerzt, als wolle es zerspringen.« An der Kapelle in Weißenstein wurde für Gotthard – wie es im Dorf üblich war – ein Totenbrett angebracht.

Der dritte Band beschäftigt sich mit der Büchner-Preisverleihung 1968 an Golo Mann (1909–1994) und der aufgeregten Debatte darüber, in der sich Siegfried von Vegesack mit dem attackierten Preisträger solidarisierte. Nicht uninteressant, auch wenn wenig, zu wenig von und über Vegesack selbst zu lesen ist. Der vierte Band ist das Ergebnis detaillierter Familien- und Verwandtschaftsforschung und stellt die Verbindung der Vegesacks zur Familie des Luftschiffererfinders Graf Ferdinand von Zeppelin in den Mittelpunkt. Er macht Archivfunde öffentlich – sechsunddreißig in den Jahren zwischen 1915 und 1921 verfasste Briefe und Karten von Isabella von Zeppelin, der Frau des Grafen und Tante des Schriftstellers, sowie weitere Dokumente – und erfüllt damit eine explizit wichtige Funktion der *Weißensteiner Miniaturen*. Man erfährt unter anderem, wie eng die Gefühlsbindungen der Sippschaft an ihre baltische Heimat waren und zeitlebens blieben. Man erfährt auch, wie patriotisch und manchmal nationalistisch überhöht die Geschehnisse des Ersten Weltkriegs kommentiert wurden – noch am 1. November 1918 schreibt Tante Bella: »Wenn doch unsere Luftschiffe noch vor Toresschluss Bomben in die feindlichen Reihen werfen dürften als letzten Gruß?« Und man erfährt, dass man 1921 durchaus ganz andere Sorgen haben konnte als die allermeisten Deutschen: »Hier mangelt es an Dienstboten.«

Wer sich für die Familie Zeppelin interessiert, kommt hier auf seine Kosten. Zum besseren Verständnis der Werke »ihres« Autors, um das es den *Weißensteiner Miniaturen* vorrangig gehen sollte, tragen die Erläuterungen von Barbara von Schnurbein bei.

Um sein Einkommen aufzubessern, schrieb Siegfried von Vegesack von 1924 bis 1932 pro Woche einen Prosatext, den er immer mittwochs an verschiedene Zeitungen schickte. Die Auswahl, die Hans Pongratz für den fünften *Miniaturen*-Band zusammengestellt hat, zeigt den manchmal unter Pseudonymen schreibenden Autor als versierten, literarisch ambitionierten Journalisten. Texte von Clara Nordström und von fünf Gastautoren, darunter Werner Bergengruen, ergänzen das feine Lesebuch, in dem es zumeist um das Leben im Turm und im Bayerischen Wald überhaupt geht, um die damaligen Sitten und Gebräuche in Vegesacks geliebter niederbayerischer Wahlheimat.

Aber bisweilen auch um Kindheit und Jugend – und um aktuelle Eindrücke aus dem Baltikum: »Es ist merkwürdig, wie diese kleinen Völker, die früher unter dem Chauvinismus des mächtigen Zarenreiches litten, nun ihrerseits diesen Nationaldünkel wie eine Krankheit übernommen haben. Und nicht nur gegen Deutsche und Russen, sondern auch gegen die Juden richtet sich dieser lettische Nationalismus.«

Liebens- und lesenswerte, oft anrührende Feuilletons hat Hans Pongratz versammelt, *Wanderung ins Stifterland* zum Beispiel, *Feuerwehrübung im Dorf* oder *Fahnenweihe in Niederviehbach*. Wie tüchtige Mamas und gestandene Papas bei der Elternversammlung – das gab es schon 1930 – wieder zu Grundschülern zusammenschrumpfen, erzählt der abgründige Text *Auf der Schulbank*, und eine Liebeserklärung an München findet sich ebenso wie Reisefeuilletons aus Graz, dem Tessin oder Südfrankreich.

Der bisher jüngste Band der *Weißensteiner Miniaturen* rückt den vielseitigen, immer auch unterhaltsamen Schriftsteller ins lebendige Bewusstsein heutiger Leser, und genau das soll diese Buchreihe ja auch tun. Für die nähere Zukunft wünscht man den von engagierter Literatur- und Heimatliebe getragenen, grundsympathischen *Miniaturen*, dass sie sich nicht bei unmaßgeblichem Kleinkram oder genealogischen Nebensächlichkeiten aufhalten, sondern das bemerkenswerte, wenig bekannte Gesamtwerk des Siegfried von Vegesack einem möglichst breiten Lesepublikum von heute näher bringen mögen – mit Neuentdeckungen wie in *100 Zeilen – das Mittwochsfeuilleton*, aber auch mit neuen Editionen. *Das fressende Haus* hätte es mehr als verdient.

Rolf Rieß: Alfred Kubin und Siegfried von Vegesack. Briefwechsel. Band 1, 2017.

Barbara von Schnurbein: Mein Junge. Siegfried von Vegesack und Clara Nordström über Gotthard von Vegesack (1923–1944). Band 2, 2018.

Rolf Rieß: Golo Mann und Siegfried von Vegesack. Die Georg-Büchner-Preis-Verleihung 1968. Band 3, 2018.

Barbara von Schnurbein: Tante Bella und der Luftschiffonkel. Briefe von Isabella Gräfin Zeppelin an Siegfried und Clara von Vegesack sowie weitere Texte und Dokumente. Band 4, 2019.

Hans Pongratz: 100 Zeilen – das Mittwochsfeuilleton. Ein Lesebuch mit Texten von Siegfried von Vegesack, Clara Nordström und anderen Autoren. Band 5, 2019.

Die Weißensteiner Miniaturen erscheinen in der edition lichtung, Viechtach.

Weltliteratur aus Niederbayern
Günter Eich in Geisenhausen 1944–1954

Günter Eich, 1907 in Lebus an der Oder geboren, ab 1918 in Berlin und Leipzig aufgewachsen, durch sein Studium der Sinologie kurzzeitig bis nach Paris gelangt und schon in den Dreißigerjahren des 20. Jahrhunderts als Lyriker und Hörfunkautor reichsweit bekannt, wurde nach dem Zweiten Weltkrieg zu einem der ganz großen Literaturstars der jungen Bundesrepublik. Wer in den Fünfziger-, Sechziger- oder Siebzigerjahren ein deutsches Gymnasium besuchte, kam um sein berühmtestes Gedicht nicht herum: Eichs *Inventur*, diese illusionslose Standortbestimmung des Einzelnen inmitten kollektiver Not, hatte man einfach zu kennen. Und eigentlich auch sein legendäres Hörspiel *Träume* (1951) mit dem bewegenden Aufruf, der noch in den 1968er-Jahren allenthalben zitiert wurde: »Seid unbequem, seid Sand, nicht das Öl im Getriebe der Welt!«

Im Nachwort zu einem erstmals 1972 erschienenen Eich-Lesebuch, das der Autor noch selber zusammengestellt hat, schreibt Susanne Müller-Hanpft: »Die Verweigerungshaltung gegenüber gesellschaftlicher Vereinnahmung ist und bleibt eine Konstante im Werk Eichs.« Das Gedicht, so schreibt sie weiter, gelte ihm »als Erkenntnismittel und -möglichkeit für die im Detail aufleuchtende Totalität der Wahrheit«. Beides gilt bis heute und ist auch weitgehend bekannt.

Weniger bekannt ist, dass der Unteroffizier Eich 1944 in Geisenhausen stationiert war und dass er – nach seiner Entlassung aus entbehrungsreicher amerikanischer Kriegsgefangenschaft im Rheinland – dorthin zurückkehrte, um dann fast zehn nicht nur für sein Schriftstellerdasein entscheidende Jahre in dem Marktflecken zwischen Landshut und Vilsbiburg zu bleiben. Diesen Geisenhausener Jahren Günter Eichs hat Roland Berbig, ein renommierter, an der Humboldt-Universität zu Berlin tätiger Germanist, ein in vielerlei Hinsicht stattliches, im Juni 2013 erschienenes Buch gewidmet: *Am Rande der Welt* heißt es – ein Eich-Zitat, wenngleich der Schriftsteller die Berliner Perspektive bald aufgegeben hat: Geisenhausen wurde zum Zentrum der Welt, jedenfalls für ihn und wenigstens für einige Jahre.

Berbigs voluminöse Studie spielt, mit aufschlussreichen Ausblicken bis in Eichs Todesjahr 1972, hauptsächlich in der Zeit von 1944 bis 1954. Keine vollständige Eich-Biografie also, eher ein kenntnisreicher Le-

Roland Berbig: Am Rande der Welt. Günter Eich in Geisenhausen 1944–1954. Göttingen 2013: Wallstein Verlag. 536 S..

Günter Eich: Inventur. Ein Lesebuch. Ausgewählt von Günter Eich. Mit einem Nachwort von Susanne Müller-Hanpft (1972). Frankfurt am Main 1981: Suhrkamp Taschenbuch Verlag (st 696). 329 S.

bensabschnittskommentar auf der Grundlage zahlreicher weitgehend unbekannter Quellen. Die meisten von ihnen, Briefe und Fotos, aber auch mündliche Auskünfte, stammen von der Geisenhausener Familie Schmid, in deren Haus der im Grunde besitz- und mittellose Eich 1945 die freundlichste Aufnahme fand, die sich nur denken lässt – was, wie man weiß, in jener uns schon ziemlich fernen Zeit nicht unbedingt die Regel war, in Niederbayern nicht und anderswo auch nicht. Die freundschaftliche Verbundenheit mit den Schmids hielt ein Leben lang – die täglichen Sorgen ums Essen und Heizen verbinden, auch die Mühen mit der Besatzerpolitik und den langsam in Gang kommenden Behörden, und ganz allgemein natürlich die gesellschaftlich-politische Auseinandersetzung mit der Nazizeit und ihren Folgen. Und später auch die Freude über die ersten Anschaffungen und erst recht über den Luxus eines VW-Cabriolets, das Eich eifrig benutzte und dabei die Familie Schmid, wann immer es ging, gerne mitnahm. Kurzum: Geisenhausen und die Schmids werden dem Dichter allmählich zu einer Art zweiter Heimat und bilden die emotionale Grundlage für seine zunehmende poetische Kreativität.

Im Niederbayerischen fand Eich aus Kriegstraumatisierung und Lebenskrise heraus, und viele seiner dort entstandenen Gedichte, Prosastücke und Hörfunktexte tragen Spuren seiner damaligen Alltagswelt in sich. Womit der springende Punkt von Roland Berbigs Untersuchung angesprochen ist: Was trägt all das Biografische zur Erhellung und zum besseren Verständnis des poetischen Werks von Günter Eich bei? Denn selbst wenn man gerne einräumt, dass es in Berbigs Buch nicht nur um Poesie, sondern auch um den niederbayerischen Nachkriegsalltag und die Familie Schmid aus Geisenhausen geht – entscheidend bleibt allemal, was es Neues vermitteln kann über die Literatur, der der Dichter sein internationales Renommee und seine bleibende Bedeutung verdankt.

Naturgemäß gehören Eichs Bemühungen um berufliche Chancen eng zu seinem Schaffen. Es gab noch nicht das, was man später »Literaturbetrieb« nennen wird, aber: Es tat sich was in den vier Zonen, aus denen 1949 zwei Republiken werden sollten. Wie er Kontakte zu fast allen deutschen Rundfunkanstalten knüpfte, wie er den *Akzente*-Herausgeber Walter Höllerer kennenlernte, den späteren Gründer des Literarischen Colloquiums Berlin, wie er sich Hans Werner Richter und der Zeitschrift *Der Ruf* näherte und 1950 den neu geschaffenen Preis der Gruppe 47 erhielt, wie Dichterfreundschaften entstanden, zum Beispiel mit dem Schweizer Kollegen Rainer Brambach, wie er nach dem Erfolg von *Geh nicht nach El Kuwehd!* (1950) zum meistgefragten Hörspieldichter der Nachkriegszeit wurde – all das ist literatursoziologisch und literaturgeschichtlich hochinteressant, und hier ist es bestens dokumentiert.

Ebenfalls wichtig und manchmal sehr berührend: die quälende Trennungsphase von seiner ersten Frau bis zur Scheidung (1949), die zärtliche Liebe zur Wiener Poetin Ilse Aichinger samt Hochzeit (1953) und die Geburt des gemeinsamen Sohnes Clemens Eich (1954–1998) – der übrigens ein herausragender, bis heute viel zu wenig beachteter Schriftsteller seiner Generation war.

Roland Berbig hat das alles – und selbstverständlich noch viel, viel mehr – mit großem Aufwand und sympathischer Emphase zuverlässig recherchiert, und anschaulich schreiben kann er auch. Erwartet man zu viel, wenn man einem gestandenen Germanisten auch noch etwas gründlichere Textanalysen zutraut? Wiewohl man nicht behaupten kann, dass der Forscher gänzlich erstickt ist in seinem Material – konkrete Eich-Philologie muss man anderswo suchen, es gibt sie und weitgehend wird sie auch im Literaturverzeichnis aufgeführt. Hat die interpretatorische Zurückhaltung zur Lesbarkeit der Studie beigetragen? Jedenfalls kann man schöne und lehrreiche Lektürestunden mit ihr verbringen, auch wenn der bayerische Mensch sich oft genug in seiner quasi genetischen Skepsis gegenüber norddeutschen Autoren und Lektoraten bestätigt fühlen kann – zumindest, was deren Ortskenntnisse im Süden des deutschen Sprachraums angeht. Den »Attasee« wird man in Österreich nicht finden, eine »Taxistraße« gibt es in München nicht, höchstens eine Taxisstraße, »Dingolfingen« kann nicht in Niederbayern liegen und »Eggerfelden« auch nicht, die Dörfer um Landshut herum heißen Weihmichl oder Furth und nicht »Weimichl« oder »Fürth«. Das sind natürlich Peanuts, wenn auch ärgerliche. Die Lesefreude sollten sie nicht trüben.

Als der Krieg zu Ende ging
Ein Roman von Josef Ebner

Josef Ebner: Martins Frühling. Als der Krieg zu Ende ging. Roman. München 2015: Allitera Verlag. 221 S.

Zehn Jahre ist er alt, der Martin. Frühling wird's – aber was für einer! Der Vater an der Front, die Mutter restlos überfordert vom mühsamen Alltag – und liebeshungrig ist sie auch, die Christa Klausen. Pausenlos Bomben, stundenlang im Luftschutzkeller: München geht unter. Überall Trümmer, Verletzte und Tote, Räumkommandos aus KZlern, die täglich ergänzt werden müssen. Wenig zum Essen, fanatische Nazis, müde Volkssturmmänner, Einquartierungen und heimwehkranke Zwangsarbeiter. Was Christa mit dem Yves anfängt, dem Franzosen, den sie der Gärtnerei Rohrer zugeteilt haben, ist streng verboten und sogar lebensgefährlich. Denunzianten haben Konjunktur. Wie lange noch, bis die Amis kommen? Mittendrin der Martin mit seinen Albträumen, ein Kind noch, das herumstreift in all dem Chaos – mit dem Horsti, den ein Tiefflieger noch kurz vor Kriegsende erwischt, auf dem Weg ins Niederbayerische zur Tante Kathi.

Josef Ebner, 1937 in München geboren, schildert in seinem zeitgeschichtlich hochinteressanten Roman das gar nicht lustige Durcheinander des Frühjahrs 1945 facettenreich und anschaulich. Sein Problem ist die Sprache: So wie Christa, Martin und zahlreiche Nebenfiguren redeten die Leute vor siebzig Jahren einfach nicht. Große Literatur? Mit Sicherheit nicht! Packender Lesestoff? Ganz bestimmt!

Unruhige Suche
Marianne Ach schickt Hannah nach Paris

Müde vom Leben ist diese Hannah, und zugleich begeistert davon. Erschöpft, aber nicht unglücklich. Fünfundfünfzig ist sie nun schon, und vieles müsste sich ändern. Aber was genau, wie genau? Wenn einfache Antworten und konkrete Lösungen nicht in Sicht sind, wenn man tief und gründlich nachdenken muss, dann liegt es nahe, sich eine »Auszeit« zu nehmen. »Wofür?«, fragt Jan, ihr labiler, manisch-depressiver Ehemann, mit dem sie seit dreißig Jahren zusammenlebt – was das bedeutet, erfährt man in einer mit »Rückblende« überschriebenen Passage.

Hannah steigt am Gare de l'Est aus dem Zug und taucht ein in die riesige Stadt. Sie hat Freunde in Paris und kann sich in deren Wohnung einrichten, und wenn sie aus dem Fenster blickt, sieht sie ein schmales Stück Himmel. »Was kann schon passieren? Alles und jederzeit. Das Glück ist unzuverlässig, das Unglück zäh.« Der geliebte Jan, mit dem sie so viele Höhen und Tiefen erlebt hat, ist immer präsent: »Meine Liebe stirbt nicht.« Doch Hannah sagt auch: »Vielleicht gefalle ich einem Mann, den ich noch nicht kenne. Mich schämen? Wofür?«

Mit Hannahs Ankunft in Paris beginnt das neue, ohne Gattungsbezeichnung auskommende Prosawerk der 1942 in Eslarn in der Oberpfalz geborenen Münchner Schriftstellerin Marianne Ach, die sich besonders mit ihren vier seit 2004 erschienenen Prosabänden ein kleines, aber treues Lesepublikum erschrieben hat. Vorangestellt ist dem Text ein Motto von Marguerite Duras, und in ihrem kurzen Nachwort betont die Autorin, dass deren Bücher entscheidend waren für das Zustandekommen ihres eigenen schmalen Bandes.

Wer den Ton von Marguerite Duras im Ohr hat und sich ans durchgängige Präsens des Textes gewöhnt, wird reich belohnt. Hannah streift durch die weltberühmte Metropole, Reminiszenzen an Künstler wie Celan oder Toulouse-Lautrec fehlen nicht – unruhig ist sie, auf der Suche, behutsam ist sie und nicht wirklich bereit für uferloses Loslassen. Auch wenn sie nur schlendert, zeichnet, fotografiert oder schreibt, auch wenn sie nur ein Museum besucht oder sich ins »Café Le Sans Souci« setzt – Paris kann anstrengend sein. Die Freunde, die wissen, dass Hannahs Leben neue Impulse braucht, nehmen sie mit in ihr Landhaus und lassen sie in Ruhe. »In meinem Inneren bewegen mich ständig Fragen, die vielleicht gar nicht schlüssig zu beantworten sind«, sagt

Hannah. Zum Beispiel: »Was trägt wirklich? Das Wort oder Gott? Der Glaube oder das Nichts?« Mit dem Ignorieren solcher Fragen, mit dem üblichen Verdrängen oder dem mehr oder weniger eleganten Darüberhinweggehen macht Hannah konsequent Schluss. Das Flair von Paris, der Zauber der Kunst und die Unendlichkeit des Meeres tun ihre Wirkung. Am Ende kann sie ihrem Jan dann in der Tat schreiben: »Hier habe ich endlich gefunden, was ich in den letzten Jahren vergeblich gesucht habe. Wir werden erneut jenes Glück finden, das uns zeitweilig abhandengekommen ist«.

Eine herzzerreißende, empfindsame, wahrhaftige und glaubwürdige Geschichte erzählt uns Marianne Ach, und das auf höchstem literarischen Niveau. Ihr jüngstes Buch wird ihr noch mehr Bewunderer verschaffen.

Marianne Ach: Dieses schmale Stück Himmel über Paris. Viechtach 2019: lichtung verlag. 111 S.

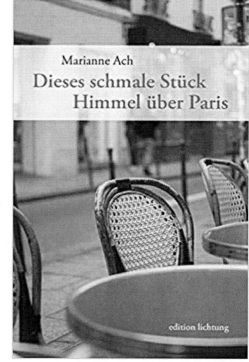

Faadfood ist das nicht
Kauzigsein als Widerstand — Uwe Dick

Siebzig ist er gerade geworden, der durch seine seit vierzig Jahren immer wieder erneuerte und erweiterte *Sauwaldprosa* bekannt gewordene Uwe Dick. Der Kritiker Burkhard Müller hat ihn als einen der »eigenwilligsten und eigensinnigsten« deutschen Schriftsteller bezeichnet, und das ist wahrscheinlich noch untertrieben. Sechzehn Bücher hat er verfasst, Prosa und Gedichte, dazu die Hörspiele. Einen einzigen wichtigen Literaturpreis hat dieser kantige und grantige bayerisch-österreichische Grenzgänger erhalten, den nach Jean Paul benannten – Dick liebt dieses oberfränkische Original. Aus dem sogenannten Betrieb hält sich der kauzige Ökopoet und geniale Sprachverdreher schon immer raus. Was seine Popularität nicht steigert. Aber das ist ihm inzwischen wurscht: Er schreibt, und wer's mag, der liest's. Das muss reichen.

Die *Sauwaldprosa*, vor Kurzem von seinem Verehrer Michael Lentz als Hörspiel inszeniert, soll demnächst eine weitere Fortschreibung erfahren. Bis dahin kann man sich an einer Sammlung neuer Kurzprosa erfreuen, einem vergnüglichen Abecedarium von »Aber« bis »Zweifellos«, das der Dichter gleich auf der ersten Seite so charakterisiert: »Es stammt der Mensch vom Affen ab; drum schreib ich Afforismen.« Da gibt es von Verachtung nicht weit entfernte Kritik an Politik und Gesellschaft: »Ameisen halten sich Blattläuse, Konzerne Parlamentarier.« Oder am katholischen Milieu, wozu auch mal ein einziger Buchstabe genügt: »Zasterzienser«. Vor allem aber Spöttelei, gnadenlos und keineswegs milde: »Ein Anflug von Geist. Aber keine Landung« oder »Die wenigsten kommen blöd zur Welt. Sie werdens dann nur. Aus Bequemlichkeit«. Wie immer spielt Dick mit dem Dialekt – »Wer d'Leit kennd, dea rennt« –, wie gewohnt bringt er Sprichwörter oder Redewendungen zur Kenntlichkeit: »»Man muss auch mal loslassen können!‹, grinst er und nimmt die Kampfhunde von der Leine.« Immergültige Lebensweisheiten, die man sich über den Küchentisch hängen kann, sind auch dabei: »Die Klügsten sah ich fragend, die Dümmsten erklärten alles.« Intelligenter Sprachspott, brillant und bissig, manchmal ein wenig herablassend, niemals verletzend. Dick!

Uwe Dick: Spott bewahre! St. Pölten / Salzburg / Wien 2012: Residenz Verlag. 133 S.

Ders.: Sauwaldprosa. München 2012: BR2 / Antje Kunstmann Verlag. 12 CDs, 626 Min.

Bierkampf reloaded
Ein Geschenk zum fünfundsiebzigsten Geburtstag von Herbert Achternbusch

»Mehr geht ned, oder?«, pflegt Gerd Holzheimer zu sagen, wenn er von einem Kunstwerk, einer Landschaft oder einem wundersamen Lebensmoment überwältigt ist. Dieses Holzheimersche »mehr geht ned« kommt einem unweigerlich in den Sinn, wenn man Manfred Loimeiers umfassende Studie zum künstlerischen Gesamtwerk von Herbert Achternbusch nach ungezählten Lektürestunden dann doch zuklappt. Gesamtwerk, das heißt im Fall des am 23. November 1938 in München geborenen, in Breitenbach unweit von Wörth an der Donau sowie in Mietraching und Deggendorf aufgewachsenen bayerischen Originalgenies: ein riesiges, ein bisschen unübersichtliches Prosawerk – Grundsatz: »Nichts bleibt, wie es zunächst ist« –, mehrere Hörspiele und zahlreiche Theaterstücke, eine stattliche Reihe von Kinofilmen, einige Skulpturen sowie ein imposantes und wahnwitziges, dem Künstler selbst von Jahr zu Jahr immer wichtiger werdendes malerisches Werk. Dazu noch ein von Wein, Weib und Weißbier, aber immer auch von Kunst und Künstlern geprägtes Leben, das selber als eine Art Kunstwerk angesehen werden kann. Im vergangenen Jahr wurde Achternbusch fünfundsiebzig, und leider scheint es so, als müsse man sein Werk als abgeschlossen betrachten.

Den Künstler selbst muss man, auch wenn es in den letzten Jahren etwas ruhiger um ihn geworden ist, in Bayern niemandem mehr vorstellen. Filme wie *Das Andechser Gefühl*, *Die Atlantikschwimmer*, *Bierkampf*, *Servus Bayern*, *Der Neger Erwin* oder *Das Gespenst* gehören zur kulturellen Tradition des Freistaats, ebenso auf der ganzen Welt gespielte Theaterstücke wie *Ella*, *Gust*, *Susn* oder *An der Donau*, ebenso Bücher wie *Die Alexanderschlacht*, *Happy oder Der Tag wird kommen* und *Land in Sicht* – ganz abgesehen vom allseits beliebten Spruch »Du hast keine Chance, aber nutze sie«.

Manches spricht tatsächlich dafür, dass Achternbusch, wie Heiner Müller gesagt haben soll, »der Klassiker des antikolonialistischen Befreiungskampfes auf dem Territorium der BRD« ist – oder zumindest war. Ganz sicher aber ist, dass es im Werk dieses eigensinnig-rebellischen Waldlers und einstigen Lieblingsfeinds der von Franz Josef Strauß geprägten CSU immer schon »um Regionen der Menschlichkeit und ihren Verlust, um das Wesen von Heimat, Herkunft, Geschichtsbewusstsein, Überlieferung« ging und man in Achternbusch einen »Heimatschriftsteller« sehen kann, der mit Lena Christ, Lion Feuchtwanger, Marieluise Fleißer oder Oskar Maria Graf in eine Reihe gestellt werden darf. »Wobei Heimat hier geistige Heimat meint«, wie Loimeier gleich hinzufügt und damit nebenbei auch erklärt, warum nicht nur der Bayerische Wald und das Fünfseenland, sondern zum Beispiel auch Griechen- und Grönland, Ägypten, Tibet oder der Wilde Westen für Achternbuschs Werk von nicht geringer Bedeutung sind.

Was Loimeier genauestens herausarbeitet und was ihm eigentlich noch wichtiger ist: dass der Künstler in seinen Werken »oftmals weniger vordergründig und eindeutig spricht als auf den ersten Blick angenommen, sondern metaphorisch und mehrdeutig«. Bei Achternbusch gehe es, anders als zum Beispiel bei Kroetz oder Sperr, »nicht um Realismus, sondern um Assoziationen, nicht um Logik, sondern um ein fühlendes Denken in Bildern«. Von vornherein verweigere er sich jeder »Herrschaftslogik«, und aus dieser Verweigerung erwüchsen »seine metaphorische Sprache, sein Widerstand gegen eine Erklärbarkeit seines Werks und gegen eine Konsensfindung – und wohl auch seine Selbststilisierung als Enfant terrible, als Rebell oder Partisan in der Kulturszene«. Immer gestalte dieser sprachradikale, die Grenzen des Sagbaren aufzeigende Künstler den Kampf eines Individuums um seinen Eigensinn – inmitten einer weitgehend konformen Gesellschaft: »Das Ich ist in Achternbuschs Werk unantastbar und entzieht sich jeder Vergemeinschaftung – bis hin zur sozialen Isolation.« Das wird in dieser Studie detailliert und plausibel dargelegt, mit allen Zäsuren, Zwischenbilanzierungen und Neuaufbrüchen, die sich im Lauf der Jahre ergeben haben und die der bei aller Sympathie mit seinem Gegenstand doch auch kritisch-distanzierte Forscher prägnant zu benennen weiß. Und nebenher frischt Loimeier auch die Erinnerung an Annamirl und Josef Bierbichler, Heinz Braun, Luisa Francia, Hartmut Riederer oder Anita und Hartmut Geerken auf – Künstler, mit denen Herbert Achternbusch zusammengearbeitet hat und denen er, wie auch seinen Frauen und Kindern, vieles verdankt.

Einen trotz all seiner analytischen Präzision enthusiastischeren Archivar und Interpreten als den in Passau geborenen Heidelberger Privatdozenten hätte Achternbuschs Werk wohl kaum finden können. Doch eine bequem zu lesende, ranke und schlanke Einführung hat Loimeier nicht geschrieben. Wollte er wohl auch nicht. Er ist Philologe durch und durch, und das bedeutet auch: Loimeier sichert zunächst einmal akribisch und detailliert sein Material und bringt Ordnung ins Durch- und Übereinander der Bilder und Motive des Werks. Das hat manchmal etwas Fliegenbeinzählerisches und strapaziert die Geduld des Lesers. Es kann beim Lesen, selbst wenn man die mehr als sechzig Seiten Anhang beiseite lässt, durchaus zu temporären Erschöpfungszuständen kommen. Aber man sieht doch auch ein, dass ein derart anspruchsvolles Projekt ohne philologische Akkuratesse nicht gelingen kann. Der Leser erfährt in Manfred Loimeiers grundgescheiter Studie wirklich alles, was er wissen kann über den Künstler und sein Werk – und am Ende wird sogar noch skizziert, in welche

Richtungen eine zukünftige Achternbusch-Forschung gehen könnte. Für die Lektürestrapazen wird man letztlich überreich belohnt, und so drückt der selige Finalseufzer »mehr geht jetzt aber wirklich nimmer« nichts mehr aus als die aufrichtige Bewunderung einer wissenschaftlichen Arbeit, die das konkurrenzlose Standardwerk zu Herbert Achternbusch ist und bleiben wird.

Manfred Loimeier: Die Kunst des Fliegens. Annäherung an das künstlerische Gesamtwerk von Herbert Achternbusch. München 2013: edition text + kritik. 338 S.

Der späte Rebell
Friedl Brehm und sein Kreis

1990 erschien im W. Ludwig Verlag ein Essayband des damals dreißigjährigen Bernhard Setzwein: *Käuze, Ketzer, Komödianten – Literaten in Bayern*. Der umfangreichste der darin versammelten elf Aufsätze, dessen Überschrift »Immer gegen die Machthaber« als »Lebensmotto« des Verlegers bezeichnet wird, war Friedl Brehm gewidmet. Unkritisch ist Setzweins Porträt nicht. Wenn er schreibt, »alles an Friedl Brehm war darauf angelegt, Widerspruch zu erwecken«, dann vergisst er nicht hinzuzufügen, dass dies »gewiss auch etwas trotzig Infantiles« hatte.

Der Lebenslauf dieses wunderbaren und manchmal auch wunderlichen Verlegers, dessen Engagement für die Literaturen und die Mundarten des Freistaats bis heute nachwirkt, war alles andere als aus einem Guss. Setzwein lässt keinen Zweifel daran, dass der sprachwurzellose Franke aus dem Ruhrpott den nationalsozialistischen Ideologen freudig auf den Leim gegangen ist und noch bis in die späten Fünfzigerjahre blind und kritiklos an seinem großen Idol Ludwig Thoma festhielt, obwohl er dessen Hetzartikel aus dem *Miesbacher Anzeiger* gekannt haben muss. Doch Setzwein macht auch klar, dass Friedl Brehm später zu anderen Einsichten gelangte und überhaupt – mit dessen eigenen Worten – »immer radikaler« wurde.

Ein Riesenglück für die Literatur in Bayern, dass der mit einem »Nashorn-Phlegma« gesegnete Verleger stur vor sich hin wurstelte, weiter und weiter! Nach dem Vierzig-Seiten-Hefterl *warum nacha ned?* von Benno Höllteufel (alias Carl-Ludwig Reichert und Michael Fruth) ging es Schlag auf Schlag, und bald wurde Friedl Brehms skurriler Ein-Mann-Verlag zum zentralen Sammelbecken für junge Mundart-Literaten aus Bayern und Österreich. Jeder von ihnen hat später eigene Pfade betreten, und dennoch spricht man immer noch vom »Friedl-Brehm-Kreis«, wenn die Rede auf Wolfgang Asenhuber, Joseph Berlinger, Helmut Eckl, Margret Hölle, Albert Sigl, Ossi Sölderer oder Josef Wittmann kommt. Oder auf Bernhard Setzwein. Der gehörte nämlich auch dazu. Schade, dass *Käuze, Ketzer, Komödianten* seit vielen Jahren vergriffen ist. Man findet das Buch auf jeden Fall im Literaturarchiv Sulzbach-Rosenberg, wo es, neben vielen anderen Schätzen, auch eine »Sammlung Friedl Brehm« gibt.

Feasal und Sonx
Gespräch mit Carl-Ludwig Reichert

Der 1946 in Ingolstadt geborene Blues-Experte, Musiker, Schriftsteller und Übersetzer Carl-Ludwig Reichert wurde vor allem durch seine Arbeiten für den Bayerischen Rundfunk bekannt, unter anderem als Moderator der legendären Sendereihen *Zündfunk* und *Nachtsession*. Auch an seine Band *Sparifankal* wird man sich erinnern. Dass er die immer noch beste Biografie der Schriftstellerin Marieluise Fleißer geschrieben hat und die bairische Literatur seit den untergründigen Jahren als Benno Höllteufel (sein Pseudonym, zusammen mit Michael Fruth) mit spielerisch avantgardistischer, politisch aufmüpfiger Mundartlyrik bereichert, ist weniger bekannt. Klaus Hübner hat ihn in seiner Münchner Wohnung besucht.

Carl-Ludwig, du wolltest schon immer die Gesellschaft ändern, in einem anderen, besseren Freistaat leben. Opposition, Revolte, Kritik – du warst und bist ein durch und durch politischer Mensch. Wofür sind dann Verse und Songs gut, oder, allgemeiner formuliert, wofür ist die Kunst gut?

Für den, der sie macht, ist sie auf jeden Fall gut. Für alle, die sich angesprochen, bestätigt oder betroffen fühlen, auch. Die Medien oder die Form sind letztlich egal.

Jeder Mensch ist ein Künstler, hat Joseph Beuys behauptet. Stimmt das? Inwiefern stimmt es? Oder war das schon immer grundfalsch?

Gegenfragen: Ist ein Soldat ein Künstler? Ist ein Serienkiller ein Künstler? Ist der Papst ein Künstler? Sind Politiker Künstler? War Beuys ein Quatschkopf? Denken bildende Künstler oft ziemlich verworren, oft ähnlich, aber anders als sogenannte Philosophen oder Naturwissenschaftler? Probieren darf es natürlich jedefrau und jedermann. Ob sie es tatsächlich können, weiß man nicht. Zumindest sollte man erlauben, dass jedefrau und jedermann auch Konsumenten sein dürfen. Hat wohl irgendwas mit der sogenannten Dialektik zu tun.

Für die Inspiration, die dich produktiv gemacht hat und weiterhin macht, dankst du immer wieder Autoren wie Karl Valentin, Oskar Panizza, Helmut Qualtinger, H. C. Artmann, Konrad Bayer oder Martin Sperr. Viel öfter als Schriftstellernamen jedoch nennst du Namen von Musikern. Mehr Inspiration durch die Musik als durch die Literatur? Oder sollte man das gar nicht trennen?

Alles nur Variationen von ein- und demselben Spiel. Namen werden viel zu oft überschätzt. Der Kunst, der Kultur, der Musik, der Literatur ist es egal, wer sie macht und warum. Für die Produzenten ist das höchstens zu Lebzeiten wichtig, damit sie einigermaßen von ihrer Produktion leben können. Spätestens nach ihrem Tod spielt das alles keine Rolle mehr.

Eine ganz wichtige Inspiration, über Musik und Literatur hinaus, war und ist Amerika, genauer gesagt: Nordamerika, speziell die USA. Amerika – was war das für dich, was ist das für dich heute?

Das war ein Versprechen von individueller und gesellschaftlicher Freiheit. Heute ist es das exakte Gegenteil. Und dank der Filme von John Carpenter wissen wir auch, wohin die Reise dort geht.

»Lyrik ist eine Literatur mit erhöhtem Herzschlag«, habe ich kürzlich in der Neuen Rundschau *gelesen. »Wie Vögel haben Gedichte einen Puls, der sie schneller macht als die Prosa. Nach den großen Avantgardismen vertraute sich die Beat-Generation diesem Impuls an.« Stimmst du dem zu?*

Man kann es einfacher und genauer sagen, zum Beispiel wie Friedrich Gulda: »Was swingt, ist gut, was nicht swingt, ist schlecht, zumindest überflüssig.«

In deinen Gedichten gibt es nur die Kleinschreibung. Ist Kleinschreibung demokratischer als Großschreibung?

Sicher nicht, aber schöner.

Dein Bairisch ist keine Kunstsprache, wie man das von Marieluise Fleißer, Ödön von Horváth und anderen kennt. »ganz egal wosd hischaugst hochwassa üwaroi« – das ist authentisches, gesprochenes Bairisch von heute. Oder doch nicht?

Doch. Zumindest ich red' so. Und andere Bayern verstehen das, so wie ich sie auch verstehe, sogar wenn sie einen lokalen Dialekt reden.

Kann Dialekt immer noch subversiv sein? Oder hat sich das in den letzten dreißig Jahren erledigt?

Der Sprecher kann subversiv sein, der Dialekt ist bloß ein Mittel, eine Ausdrucksweise von vielen Möglichkeiten der Subversion beziehungsweise des Widerstands gegen den globalen Wahnsinn. Und wie immer, weil es nichts Richtiges im Falschen gibt, flüchten sich Leute in die Tümelei, ins Jodelbaierntum, ins Trachtenwesen, in den reaktionären Traditionalismus, weil ihnen ex officio gesagt wird, das sei die Rettung vor der Globalisierung. Pfiffkaas!

What's next? Welche Pläne hast du für die nächsten Jahre?

Gaudiblatt machen. Spielen, wo man mich lässt. Alte Freundschaften erneuern. Schreiben, wenn mir was einfällt. Leben, so gut es geht.

Carl-Ludwig, danke für deine Zeit!

Zornig wie eh und je
Gespräch mit Albert Sigl

Albert Sigl, geboren 1953 in Landshut und aufgewachsen in Mirskofen, studierte zunächst Elektrotechnik, später Germanistik und Philosophie. In den Siebziger- und frühen Achtzigerjahren galt er als einer der »jungen Wilden« der damals neuen bayerischen Literatur, die im Kreis um den legendären Verleger Friedl Brehm eine Art Heimstatt gefunden hatte (*Kopfham*, 1982; *die gute haut*, 1985). Einst Mitherausgeber einer Alternativzeitschrift veröffentlichte er in Anthologien und Zeitschriften und vor allem im Rundfunk. Der Erzählband *Sonnham* erschien 2005. Albert Sigl lebt seit Jahren in Erding. Die Anthologie *Erding seit 1945. Stadt im Wandel* (2003) hat er mitherausgegeben. Sein Erzählband *Gegenwartszimmer* ist 2015 im lichtung verlag (Viechtach) erschienen (143 S.).

Albert, wir haben dasselbe Geburtsjahr und denselben Geburtsort. Damals war Niederbayern arm und viele Leute waren kriegstraumatisiert, unfreundlich, grantig, grob und manchmal direkt bös – zumal gegenüber Kindern. Heute ist das anders. Ist das relativ wohlhabende Niederbayern mit seinen meistens neudeutsch-smarten Umgangsformen nicht viel sympathischer als das alte? Oder hat sich Bayern, speziell Niederbayern, in den letzten fünfzig Jahren trotz allem im Kern gar nicht so sehr verändert?

Natürlich hat sich das Land verändert, die Gesellschaft hat sich geändert, das Denken. Vieles hat sich zum Positiven verändert. Heute wird ein Kranker, vielleicht ein Dementer oder ein irgendwie anders Behinderter, nicht mehr vom Wirtshaustisch gescheucht. Der bleibt trocken und ist mit dabei. Vieles ist heute besser als vor fünfzig Jahren. Aber: Dass der Reichtum ungerecht verteilt ist, das hat sich nicht geändert.

Deine neuen Erzählungen werfen »Schlaglichter auf das Leben im ländlichen Bayern, in der jüngeren Vergangenheit und in der Gegenwart«, sagt dein Verlag. Im ländlichen Bayern? Oder: in Bayern überhaupt?

Die gesellschaftliche Entwicklung, die Medien, vor allem das Internet, haben dazu geführt, dass die Trennung von Stadt und Land hinfällig geworden ist. Die Menschen sind anders geworden, sie beherrschen mehrere kulturelle und sprachliche Codes und können sie rasch wechseln. Auch auf dem Land. Es gibt so viele Optionen, die es

Foto: Herbert Pöhnl
Literaturportal Bayern

früher nicht gab. Wo gibt es denn ein rein ländliches Bayern? Nein, wir alle sind in gewisser Weise global geworden, und dementsprechend werden auch in meinen Erzählungen alle Themen dieser Welt verhandelt. Na ja, fast alle.

Geld und Gier regieren das Land, Feinfühligkeit ist Mangelware, und eine gewisse Hartherzigkeit ist überall zu bemerken, oft auch eine krackerte Hirnlosigkeit. Wer nicht mitkommt, ist selber schuld, Arme und Schwache brauchen wir nicht und Fremde sind nur als zahlende Touristen willkommen. Ist das so ungefähr das Bayernbild, das man in deinen Erzählungen in aller Subtilität vorgeführt bekommt?

Nicht ganz. Die Härten des Turbokapitalismus gibt es auch in Bayern – dass Menschen als Wegwerfware behandelt werden und vierundzwanzig Stunden am Tag funktionieren müssen. So sind sie dann auch in ihrer sogenannten Freizeit. In meiner Geschichte *Der Zinser* geht es unter anderem darum. Aber meistens zeichne ich andere Figuren: Menschen mit starkem Selbstbehauptungswillen, mit Widerstandspotenzial, Menschen mit viel Witz, mit Ironie, mit Humor. Die sich vielleicht am Rand der Gesellschaft eingerichtet haben, jeder in seiner Nische. Menschen, die ein bisschen schräg sind, Menschen, die lachen können. Und über die man lachen kann. Das Lachen als Trost, durchaus, vielleicht sogar als Raum für ein widerständiges Bewahren des Humanen.

Noch einmal zu deinem Bayernbild. Kritisch ist es und manchmal bitter. Darf ich noch einmal nachfragen: Wo bleibt das Positive, Herr Sigl?

Kritisch ja, sicher. Auch bitter manchmal, mit Blick auf Ungerechtigkeit und Unrecht. Aber speziell mit Bayern hat das eigentlich nichts zu tun. Das ist eine allgemeine, eine globale Angelegenheit. Das Positive verkenne ich nicht, es kommt oft vor in meinen Erzählungen. Auch das Kauzige, das manchmal brüllend Komische unserer Welt. Ich male nicht in Düsternis. Das würde mir auch gar nicht entsprechen. Meinem Bayernbild auch nicht.

Wütend und aufsässig, gallig und sarkastisch – das sind aber so Attribute, die dem Dichter Albert Sigl gern zugeschrieben werden. Stimmen die?

Vielleicht, aber bitte nicht in dieser Ballung! Mag sein, dass jedes einzelne Attribut stimmt. Aber da gäbe es sicher noch andere. Ich bin nicht gleichzeitig und pausenlos wütend, aufsässig oder gallig. Und, ganz wichtig: Ich bin ja nicht identisch mit meinen Figuren. Und meine Erzähl-Ichs – das bin ja auch nicht ich.

»Ich fürcht mich nicht, mir laaft keine Ganshaut nicht. Schön gewesen wäre es schon. Aber mei.« So spricht der Ich-Erzähler von Die helle Greppe. *Ist das alltäglicher, gesprochener und lebendiger bairischer Dialekt? Ist das überhaupt Mundart? Oder ist es ein künstliches Idiom?*

Auf jeden Fall ein Kunstbairisch! Natürlich bin ich beim Schreiben eng dran an der gesprochenen Sprache, an der Umgangssprache. Aber ich schreibe nicht so, wie die Leute reden. Mir geht es um die sprachliche Qualität, um den sprachlichen Mehrwert, den so ein Kunstbairisch vielleicht bieten kann. Wenn ich zum Beispiel schreibe: »Es kommt einen an« – das klingt halt anders, das hat mehr Echoraum, mehr poetische Kraft, das ist vieldeutiger als »Es geschieht« oder »Ich hatte plötzlich das Gefühl«.

Kunstbairisch – so hat auch Marieluise Fleißer oft geschrieben, der Horváth hat's versucht, später haben Martin Sperr, Rainer Werner Fassbinder oder Franz Xaver Kroetz das weitergeführt. Die Sprache gibt deinen Figuren ein authentischeres Profil, oder?

Ja. Hoffe ich jedenfalls.

Zum Schluss: Kannst du kurz sagen – nein, nicht etwa, worum es in deiner neuen Erzählsammlung genau geht, das finden die Leser schon heraus. Aber kannst du knapp erläutern, warum du für dein neues Buch den Titel Gegenwartszimmer *gewählt hast?*

Eine der neuen Geschichten heißt *Gegenwartszimmer*, und das schien mir auch der passende Buchtitel. Weil er ganz gut abbildet, dass man Teil der Gegenwart ist, Teil dieser unserer Gesellschaft. Der man auch Widerstand entgegensetzen kann. Die meisten meiner Figuren haben eine Sehnsucht nach Weite in sich, nach Veränderung. Raus aus dem Zimmer! Es muss nicht alles so bleiben, wie's ist! Das alles ist drin in diesem vielleicht paradoxen Buchtitel. Und hoffentlich noch mehr.

Albert, danke für's Gespräch! Und viel Erfolg mit Gegenwartszimmer!

Mitteleuropäischer geht's kaum
Nymburk und Cham – Hrabal und Setzwein

Mehrfach hat sich der 1960 in München geborene und seit 1990 in der Oberpfalz lebende Bernhard Setzwein mit der uralten, nach 1945 durch eine brutale Grenze zerschnittenen und nach deren Öffnung rasch neu belebten Nachbarschaft von Bayern und Böhmen beschäftigt. Zum Beispiel in leicht zu lesenden und dennoch angemessen komplexen Romanen wie *Die grüne Jungfer* (2003), *Ein seltsames Land* (2007) oder *Der neue Ton* (2012), aber auch in zahlreichen luziden Essays und in seinen nicht genug zu rühmenden Bamberger Poetikvorlesungen (2004).

Böhmisches von Bernhard Setzwein gibt's seit letztem Jahr auch auf dem Theater: Am 6. Juni 2015 wurde sein Stück *Hrabal und der Mann am Fenster* in Regensburg mit großem Erfolg uraufgeführt, und seitdem bemühen sich weitere Bühnen um dieses Drei-Personen-Stück, das eigentlich ein Stück mit zwei Figuren und einem Geist ist. Aber davon später.

Der Text dieses Schauspiels liegt seit Kurzem in Buchform vor, akribisch kommentiert, plausibel erläutert und reichlich mit Materialien versehen, als wäre es von Schiller, Kleist oder Brecht. Und im selben Buch finden sich auch die Texte der vier Vorlesungen, die der Autor vor zwölf Jahren an der Universität Bamberg gehalten hat. Da ist etwas zusammengekommen, was ohne Zweifel zusammengehört.

Im Mittelpunkt der Handlung von *Hrabal und der Mann am Fenster* steht nicht der seit Jahren zu Setzweins Hausheiligen zählende Prosaschriftsteller (1914–1997), der, wie der Autor in einem Gespräch mit Peter Geiger sagt, »auch ein Meister der Lebensführung« war, »ein böhmischer Stoiker, dessen attische Wandelhalle eben die Bierhalle war« (*Mittelbayerische Zeitung*, 5. Juni 2015). Im Zentrum steht die innere und äußere Wandlung eines Mannes namens Dutky, der Bohumil Hrabal im Auftrag des tschechoslowakischen Geheimdiensts jahrzehntelang bespitzelt und, völlig in seiner Aufgabe versunken, das Ende des totalitären Regimes und die Entwicklungen der Neunzigerjahre komplett verschlafen hat. Für Dutky ist der in einer verwahrlosten Datsche im Dörfchen Kersko unweit seiner Kindheitsstadt Nymburk hausende Schriftsteller auch im Sommer 1997 noch ein gefährlicher Staatsfeind, ähnlich wie Milan Kundera, Ludvík Vaculík oder der längst auf dem Hradschin residierende Václav Havel.

Der real existierende Bohumil Hrabal ist da schon einige Monate tot – beim Taubenfüttern ist er aus einem Prager Dachfenster gefallen; oder gesprungen, wie einige Jahre später der alte Erich Loest. Jedenfalls: Erst der Besuch einer jungen Frau aus der Kreisstadt, die eine Hrabal-Gedenkstätte plant und dafür auf Dutkys einschlägiges Wissen zurückgreifen möchte, verändert alles und krempelt dessen bisherige Werte und Überzeugungen vollkommen um. Was naturgemäß dauert – und einerseits durchaus tragisch, andererseits aber höchst komisch vor sich geht. Zum Beispiel, wenn der Geist des Bohumil Hrabal seinen einstigen Bewacher heimsucht und die im Grunde sehr intime Beziehung zwischen Dichter und Spitzel – die, wie Setzwein im erwähnten Interview betont, »doch sehr aus dem gleichen Holz geschnitzt und in Wahrheit beinahe Kollegen« sind – als absurde, fast schon surreale Groteske entlarvt. Für Lacher ist jedenfalls gesorgt, und am Ende ist die ironische Wendung der Weltgeschichte auch dafür gut, aus einer radikal entwerteten Spitzelexistenz den idealen Museumsführer für Literaturtouristen zu machen. Ein lehrreiches und unterhaltsames Theaterstück ist das.

Dass, literaturwissenschaftlich betrachtet, noch sehr viel mehr in dieser Tragikomödie steckt als hier angedeutet, macht das Nachwort zum *Hrabal*-Stück überzeugend deutlich. Für die Herausgeber nämlich besteht, wie sie plausibel darlegen, eine weitere wichtige Dimension des Stücks in seinem »poetologischen Diskurs über ästhetische Prinzipien und Techniken der modernen Kunst«. Und wen über die selbstverständlich auch als Hommage an einen großen tschechischen Dichter zu verstehende Dramenhandlung hinaus genau das näher interessiert, der wird sich den Poetikvorlesungen zuwenden, die unter dem Titel *»Herr Schriftsteller, vergessen Sie die Mütze nicht!« – Mitteleuropa und der gar nicht kalte Osten* das dichterische Selbstverständnis des bayerisch-böhmischen Grenzgängerpoeten Bernhard Setzwein offenlegen und erläutern.

Drei Kilometer von seinem damaligen Wohnhaus entfernt liegt die alte Grenzstation Höll/Lísková, die seit sechsundzwanzig Jahren wieder das tut, was sie vom Mittelalter bis 1945 immer getan hatte: den Weg von Bayern nach Böhmen markieren, und umgekehrt natürlich auch. Unweit davon der eine großartige Aus- und Übersicht bietende Berg Dylen, deutsch: der Tillenberg. Vermessungstechnisch betrachtet ist das nicht ganz die Mitte Europas, literaturgeografisch gesehen allerdings ist es Bernhard Setzwein, der für sich beansprucht, »fast der mittigste aller mitteleuropäischen Schriftsteller« zu sein. Über Mitteleuropa, was es einst war, was es im Kalten Krieg nicht mehr war und was es nach dessen Ende sein könnte, gab es speziell in den Achtzigerjahren des 20. Jahrhunderts einen lebhaften Austausch zwischen Intellektuellen und Schriftstellern aus Ost und West. Interessante Debatten, gut dokumentiert – und doch immer auch etwas fleischlos.

Bis zum 26. Januar 1990, als Höll/Lísková plötzlich wieder zum Grenzübergang wurde: »Vor mir tauchte Böhmen auf wie ein aus dem Meer heraufsteigendes Atlantis.« Eine endlich auch erwanderbare Landschaft, vor allem aber eine vielgestaltige geistige und literarische Region – und mittendrin natürlich Bohumil Hrabal! »Ja, als Leser war ich schon immer Osteuropäer«, sagt Setzwein in besagtem Interview – wobei er nicht das eigentliche Osteuropa meint, sondern Mitteleuropa.

Die Bamberger Poetikvorlesungen umreißen auf äußerst spannende und immer vergnügliche Art seinen literarischen Kosmos, in dem der eminente Dichter Werner Fritsch und das vom Flüsschen Wondreb durchzogene oberpfälzische Stiftland zu Hause sind, ebenso wie Josef Hrubý und František Fabian aus Pilsen, Jáchym Topol aus Prag und die von den Kommunisten von dort vertriebene spätere Chamisso-Preisträgerin Libuše Moníková. Wie Péter Esterházy aus dem durch und durch mitteleuropäischen Budapest, Andrzej Stasiuk aus Polen, Juri Andruchowytsch aus der Ukraine, Danilo Kiš aus Serbien, Tomas Venclova aus Litauen oder Emil Tode aus Estland. Von Peter Handke, Günter Grass oder Robert Schindel nicht zu reden, auch nicht von Franz Kafka, Robert Musil, Bruno Schulz, Vladislav Vančura oder Jaroslav Seifert. Oder gar vom großen Oberfranken Jean Paul, dem der Autor 2013 ein ganzes Buch gewidmet hat, ein vergnügliches »Abecedarium«, wie er es genannt hat.

Und da die Welt des Lesers Setzwein eine dynamische, eine sich permanent umwälzende, eine sich produktiv weiterentwickelnde ist, gehört sie intensiv und unbedingt hinein in die Welt des Schreibenden, hinein also in sein Werk. Über dieses schon für die Jahre 1980 bis 2004 erstaunlich umfangreiche Werk – von Setzweins Anfängen als rebellischer Mundartdichter im Kreis um den legendären Verleger Friedl Brehm über seine den Münchner Stadtteil Sendling poetisierenden Gedichte und Prosastücke sowie die der Kulturgeschichte Bayerns und speziell der Oberpfalz gewidmeten Bücher bis hin zum *Buch der sieben Gerechten* (1999) und der *Grünen Jungfer* (2003) – erfährt man hier auf immer nachvollziehbare und plausible Art und Weise allerlei Erstaunliches und Aufschlussreiches.

Poetikvorlesungen sollen ja immer auch überraschende Einblicke in die Werkstatt des Poeten liefern, und Setzwein erfüllt die Erwartungen an dieses Genre mehr als perfekt. Aus seinen literarischen Streifzügen und poetischen Abschweifungen erwächst ein durchlässiges, fast schwereloses und auf jeden Fall liebenswertes Mitteleuropa jenseits aller tagespolitischen Aufregungen. Eine lebendige Mitte, eine real existierende geistige Heimat. Bernhard Setzwein und seine Werke gehören dazu.

Bernhard Setzwein: Hrabal und der Mann am Fenster. Herausgegeben, kommentiert, erläutert und mit Materialien versehen von Hans-Peter und Kirsta Viola Ecker (Bamberger Texte für Bühne und Film; 3). Bamberg 2015: University of Bamberg Press. 247 S.

Sieben Sommer in Sils-Maria

Bernhard Setzwein wagt sich an Nietzsche – und gewinnt

Ein knallroter Regen- oder vielmehr Sonnenschirm auf grauweißem und dunkelblauem Hintergrund, darüber der Buchtitel *Nicht kalt genug* und der Name des Autors – so sieht das Cover eines schmalen Buches aus, das sich als »Roman« ankündigt und über Friedrich Nietzsches sieben Sommeraufenthalte in Sils-Maria zwischen 1881 und 1888 zu handeln verspricht. Wenn sich ein Literat dieses Thema vornimmt und sein Verlag im Nietzsche-Jahr 2000 gar nicht anders kann, als sein Buch als Nietzsche-Roman anzukündigen, dann wird der Autor wissen: Sein Werk wird zunächst einmal Nietzsche- oder Engadin-Fans anziehen, die von dem nicht eben neuen Thema nicht wegkommen. Und sicherlich werden nicht alle Sils-Maria-Experten begeistert sein. Aber ist es ein Buch nur für solche Leser? Natürlich nicht. Denn, so meint Thomas Mann 1947, »nach einer Gestalt, faszinierender als die des Einsiedlers von Sils-Maria, sieht man sich in aller Weltliteratur und Geistesgeschichte vergebens um«. Nun denn!

Doch ein Nietzsche-Roman ausgerechnet in einem Jahr, in dem die Nietzsche-Literatur lawinenartig anschwellen wird? Da darf man skeptisch sein. Und ein Roman ist es ja eigentlich auch nicht. Bernhard Setzwein, der ziemlich genau in der Mitte zwischen Prag und München lebt und mehr als die Hälfte seines vierzigjährigen Lebens literarisch tätig ist, hat eine fulminante längere Erzählung verfasst, die seine von Buch zu Buch größer werdende Lesergemeinde zuerst einmal durch ihre Erzählökonomie überrascht. Denn noch nie hat Setzwein derart leserfreundlich geschrieben, in knapper, immer einleuchtender filmdramaturgischer Schlaglichtprosa, wie geschaffen für die kleine Lektüre zwischendurch oder für den Blick ins Buch kurz vor dem Einschlafen. Kein Wort zu viel, keines zu wenig. Doch Vorsicht! Es kann durchaus sein, dass sich das Einschlafen verzögert, weil man tief in die Welt dieses Textes eintaucht und durch sieben Kapitel und fünfundfünfzig Abschnitte hindurch nicht aufhören kann mit der Lektüre – bis die letzten drei Worte des Epilogs erreicht sind: »… nicht kalt genug.«

Nietzsche also unter dem Maloja-Pass. Da trifft der die Einsamkeit suchende, fast blinde und im Grunde ganz und gar reiseunfähige Philosoph, mehr oder minder zufällig, mit der fünfspännigen Postkutsche in Sils-Maria ein, »eine Art Ende der Welt«, wie Nietzsche selbst einmal schreibt (*Sämtl. Briefe* 6, Nr. 429, S. 389). »Jenseitig, fast schon jenseitig, murmelte er, die Matten und Geröllfelder und die schneebedeckten Gipfel vor Augen.« Er sucht ein einfaches Zimmer, ja gar eine abgeschiedene Berghöhle für einen intellektuellen Maulwurf mit gigantischer Schreibwut, und er findet das Haus des Kolonialwarenhändlers Gian Durisch. Warum das hintere Zimmer, das schlichteste und dunkelste, in dem normalerweise Durischs Sohn Robert haust? »Nur das Denken, das aus der allereinfachsten Existenz kommt, verdient überhaupt ein solches genannt zu werden.«

Dem Durisch ist das egal, Hauptsache, der Professor zahlt pünktlich. Kränklich ist er, die Kopfschmerzen sind oft fürchterlich, und doch: »Hier zeigt sich, ob einer eine starke Natur ist.« Oder, anders gesagt, ob einer kalt genug ist für die unbarmherzige Philosophie, die in unbedingter kraftvoller Bewegung durchdacht und in vielgestaltiger, immer mehr zum Aphorismus tendierender Form niedergeschrieben werden muss. Natürlich ist der Professor nicht kalt genug, »ihn traf alles ins Mark, die Bosheiten wie die Schönheiten, das konnte sich nur niemand vorstellen«, und natürlich ist dies, weit über Nietzsche hinaus, eines der Hauptthemen des Buches: der tiefe Abgrund zwischen Leben und Werk, zwischen dem hypersensiblen schwächlichen Professor und dem in seinen Schriften propagierten vitalen Übermenschen, zwischen der armseligen existenziellen Wirklichkeit und den bis anhin ungeahnten geistigen Höhenflügen.

Hingezogen fühlt sich Setzweins Protagonist zu Adrienne, der kleinen und leider oft auch kranken Tochter des Hauses, der er sich öffnet, wie es ein »Fertiggeborener« ohne Kontakt zu Kindern eben kann, und die ihn nicht versteht und dennoch mag – Adrienne, die auf ihre Art eine fragile Brücke zwischen Leben und Werk des Professors bildet, das Kind, das mit dem Genie die Thüringer Rauchwurst teilt, die von der verhassten Naumburger Familie kommt und beiden vorzüglich mundet.

Der deutsche Professor, rastlos Papiere vollschreibend, mit den Dorfbewohnern durchaus respektvoll redend, zum Silser See und der später berühmten Halbinsel Chasté spazierend, bei jedem Wetter übrigens mit Schirm – er wird mit Liebe und Genauigkeit geschildert, und er wird dem Leser von Sommer zu Sommer sympathischer, was Stimmungen wie Melancholie und Traurigkeit ja nicht ausschließt, die Setzwein meisterlich zu evozieren vermag. Immer wieder frappieren die Widersprüche, immer wieder öffnet sich die Kluft – ohne dass jedoch das objektiv oft Komische gewollt komisch geschildert würde, ohne dass das Geheimnis, das dieser Mann verkörpert, durch allzu ironische Erzähleranspielungen ridikülisiert würde. »Siehst du, Fritz, sagte sich der Professor, was uns nicht umbringt, macht uns nur stark. Er musste wieder weinen. Lächerlich, dass er immer weinen musste, sagte er sich.«

Auch den Silser Honoratioren bleiben manche Widersprüche nicht unverborgen, und der Pastor wundert sich: »Nur kein Mitleid. Das Schwache muss zugrunde gehen. Mit seiner leisen Stimme sagte er das, fast freundlich. Sie wissen ja, ein wie leiser und freundlicher Mensch er im Grunde ist.«

In Nietzsches drittem Silser Sommer besucht ihn der junge Philosophiedozent Heinrich von Stein, und ihm erklärt der Professor, dass man nur weit oben im Gebirge dazu fähig sei, »etwas wirklich zu Ende zu denken«, nicht in St. Moritz und auch nicht auf den Höhen des Bayerwaldes, den Nietzsche in seiner Jugend mit dem Studienfreund Rohde durchwanderte und den übrigens der Waldbewohner Bernhard Setzwein mehrfach poetisch porträtiert hat. »Auch der Bayerwald … erst recht der Bayerwald: nicht kalt genug! Es muss ganz klar und kalt sein für mein Denken. Wo andere sich längst erkälten, fange ich an zu begreifen.«

Und dass die Denkenden, so meint der Professor weiter, zuvörderst darüber nachdenken sollten, wo sie sich eigentlich aufhalten und was sie zu sich nehmen, und dass man oben in Sils-Maria Flügel bekomme wie ein Adler und sich Neues zu denken getraue – Neues, das die Menschen-Ameisen unten im Tal oft nicht verstünden: »Man nimmt meine Moralzertrümmerung als Rechtfertigung für ein zügelloses Leben. Ein Ausleben! Nichts liegt mir ferner. Im Gegenteil: Ganz und gar gezügelt sollten wir leben. Wasser statt Kaffee.«

Fast nirgendwo sei es kalt genug, und fast niemand sei kalt genug für die großen denkerischen Aufgaben der Zeit – doch als einmal die kleine Adrienne im Fieber liegt und dem mitleidenden Professor seine Zeit als Sanitäter im deutsch-französischen Krieg von 1870/71 und seine schrecklichen Erlebnisse in der Schlacht bei Wörth durch den Kopf gehen, da schaudert es ihn plötzlich: »Wie konnte er nur jemals auf den Gedanken kommen, alles Schwache, aus sich selbst heraus nicht mehr zum Leben Taugliche müsse aus der Welt geschafft werden? … Warum musste es so ungeheuer grausam in ihm denken? Manchmal sogar zu grausam für ihn selbst, wenn er es wirklich zu Ende dachte …«

Überhaupt nehmen die Erinnerungen, Träume und Gesichte des Professors von Jahr zu Jahr ähnlich zu wie seine Weltfremdheit, seine Menschenscheu – und sein Bekanntheitsgrad in der Öffentlichkeit. Der *Berner Bund*, in dem Josef Victor Widmann Nietzsches Schrift *Jenseits von Gut und Böse* bespricht und in ihr Dynamit verborgen sieht, wird auch in Sils-Maria gelesen und gibt, Nietzsche selbst hat es seinerzeit »in Aller Augen« gelesen (*Sämtl. Briefe* 8, Nr. 869, S. 102), Anlass zu argwöhnischem Stammtischgerede. Auch im Hotel »Alpenrose« tuschelt man über den merkwürdigen Mann, dessen Stimmungen sich so rasch ändern können wie das Gebirgswetter. Meta von Salis, eine Besucherin, in deren Nähe sich der Professor durchaus wohlfühlt, rudert er auf den See hinaus und malt ihr das Leben der Fische im Winter aus, wie sie langsam eingeschlossen werden in einen Block aus Eis, und als Meta ihn bittet, mit diesen schrecklichen Vorstellungen aufzuhören, verrät er ihr knapp: »Manchmal aber fühle ich mich so.«

Und er wird von Sommer zu Sommer müder, er spürt, dass ihm nicht mehr viel Zeit bleibt, er arbeitet gleichzeitig an vier Manuskripten, und er fühlt sich zunehmend als genialer Dichter ohne Publikum, als gewesener Philosoph ohne Echo, als Ausnahmemensch, der allein die die ganze Welt verändernde »Präambel einer neuen Weltregierung« verfassen kann, als »seltenes Tier«, der seiner Mitwelt zeigt, was man aus einem Leben machen könnte. Und im nächsten Jahr kommt er nicht mehr nach Sils-Maria – der gebildete Leser weiß, weshalb, und allen anderen legt Setzwein den Grund nahe.

Nach drei Jahren indes, so heißt es im Epilog, taucht die Schwester des Professors auf, die berüchtigte Elisabeth, und nimmt mit, was sie in Durischs Haus an Brauchbarem findet, um Nietzsche Nachruhm im bekanntermaßen fatalen Sinne zu befördern. Und als 1897 die erst zweiundzwanzigjährige Adrienne Durisch stirbt, sitzt in Weimar ein todkranker Professor im Lehnstuhl und kann es ihr nicht gleichtun. »Dazu war er noch nicht kalt genug.«

In Weimar kann man in diesem Jahr eine Ausstellung besuchen, die manche Episode aus Setzweins Buch durch Realien beglaubigt, eine mehr als nur starke Brille zum Beispiel, die jedem Besucher deutlich macht, wie verschwommen der Philosoph das Oberengadin wahrgenommen haben muss; man kann auch neue Nietzsche-Ausgaben studieren und wird, speziell in den Briefen, auf manche Quelle des Autors stoßen. Literaten hätten nun einmal die Eigenschaft, »anderer Leute Texte zu plündern, um mit dem Beutegut Wucher zu treiben«, schreibt Bruno Hillebrand in seinem Bändchen *Nietzsche. Wie ihn die Dichter sahen*, und Friedrich Nietzsche sei bald nach seinem Ableben im Jahre 1900 »zum Probierstein der metaphysischen Goldsucher« geworden.

Das mag auch für Setzwein zutreffen, aber nur ein bisschen. Sein Thema ist weniger das Gold als das Gestein, in dem es zu finden wäre – ohne dass hier, wie es wohl modisch ist, zahllose Kontexte für eine augenzwinkernd servierte Enthüllungsstory herhalten müssten. Man findet Komisches in dieser Geschichte, manchmal sogar Ironie, sehr liebevolle allerdings; meistens aber einen großen, in einfühlsame Bewunderung eingebetteten Ernst, der nichts mit Heldenverehrung zu tun hat, sondern immer der Bedeutung dieses geistesgeschichtlich zu Recht erheblich vorbelasteten Themas entspricht. Bernhard Setzwein trifft einfach den angemessenen Ton und meistert so den schmalen Grat zwischen zwar respektvoller, aber doch oft auch unkritischer Heroisierung einerseits und flott-banaler, nur scheinbar aktualisierender Veralltäglichung und Pseudoentmystifizierung eines wahrhaft Großen andererseits.

Und womöglich ist Friedrich Nietzsche hier ja auch nur das Exemplum für eine Parabel über Lebensumstände und Seelenverfassungen früherer und heutiger Dichter und Denker, denen diese, allen Widrigkeiten zum Trotz, ein großes Werk abringen – Anschlussmöglichkeiten für eine solche Deutung gäbe es in Setzweins vorausgegangenen Büchern mehr als genug. Wie auch immer: Philosophische Geister wird die zutiefst humane, lakonisch und oft sogar leicht daherkommende Erzählung, gelesen als Kommentar zu den Schriften des grandiosen Denkers der Moderne, zumindest nachdenklich stimmen. Und die Freunde guter Literatur? Sie werden sie lieben.

Bernhard Setzwein: Nicht kalt genug. Roman. Innsbruck 2000: Haymon Verlag. 157 S.

Foto: Herbert Pöhnl, Wikipedia, CC BY-SA 3.0

Seltsames aus dem Stifterland
Bayern und Böhmen – wie es ist und wie es sein könnte

In zahlreichen Essays und Rundfunkbeiträgen, aber auch in Erzählungen und Romanen hat Bernhard Setzwein von der bayerisch-böhmischen Grenze berichtet, und er hat sie seit 1989 immer wieder überschritten. Nicht nur literarisch, wofür sein erfolgreicher Roman *Die grüne Jungfer* (2003) stehen mag, sondern auch als Wanderer, der im Sommer 2006 zusammen mit seinen Schriftstellerkollegen Harald Grill und Friedrich Brandl entlang der »Goldenen Straße« von Pilsen nach Amberg unterwegs war. Woraus sicherlich noch manches folgen wird. Ein rundherum erfreuliches literarisches Werk liegt bereits vor. Sein Titel ist Programm: *Ein seltsames Land*.

Der Romanheld mit dem sprechenden Namen Lober ist eigentlich ein ganz normaler Staubsaugervertreter, der durch die Neubausiedlungen der Ortschaften des Bayerischen Waldes zieht, in Dorfgasthäusern nächtigt und sich nicht entscheiden kann, ob er mit seiner Freundin Franzka zusammenziehen soll oder doch besser nicht. Eine völlig durchschnittliche Freistaatsexistenz von heute – der alltagsplausible Beginn der Geschichte lässt nirgendwo vermuten, dass dieser Lober ganz allmählich die Sphäre des Gewohnten verlassen wird.

Der Leser freut sich zunächst einmal über die äußerst köstlichen kultur- und sozialkritischen Beobachtungen, die der Held inmitten all der kitschübersäten Vorgärten und überschuldeten Zwölf-Zimmer-Villen anstellt, zu denen ihn sein Einsatzplan führt – und nebenbei dankt er der über Lobers Handy stets präsenten Franzka, dass sie ihm zur Verkürzung seiner Autofahrten ein Hörbuch mit Texten von Adalbert Stifter mitgegeben hat. Und siehe: So mancher Stifter-Hörbuch-Satz verleiht Lober quasi Flügel und verdrängt ein wenig die flotten Melodien seines Lieblingssängers Tom Petty, der nur immer »I'm ready to fly / but I ain't got wings« gesungen hatte.

Allein die oft bitterbösen satirischen Passagen der ersten fünfzig Seiten – inklusive des mit allen Vorurteilen gegenüber dem Dichter geschickt jonglierenden und wahrlich zum Brüllen komisch geschilderten Kaufs eines Stifter-Bandes – lohnen die Lektüre des Buches. Und irgendwie wirken die Sätze dieses Stifter auf den braven Vertreter: »Lober wurde sich selbst, wenn auch nur für einen ganz kurzen Augenblick, unheimlich.« Denn er sieht auch sehr genau, über seine höchstpersönlichen Empfindungen hinaus, was so alles passiert in diesem durchaus nicht idyllischen Bayerischen Wald von heute, wo sich eben auch jugendliche Bombenbastler selbst in die Luft jagen und das menschliche Elend, an den Stammtischen oft kleingeredet und weggesoffen, an fast jeder Weggabelung lauert.

Kurzum: Lober kommt sich und seinen beruflichen Pflichten langsam abhanden, und wie das geschieht und wohin es führt, verfolgt man mit wachsender Spannung – zumal man es mit einem Autor zu tun hat, der die Schimpftiraden eines Thomas Bernhard ebenso studiert hat wie die sanften Prosanotizen des späteren Peter Handke, die bekanntlich eine gewisse Nähe zu dessen explizitem Vorbild Stifter aufweisen. Und so gelangt der Leser schließlich ans Weltende, genauer gesagt: ins »Gasthaus zum Ende der Welt«, das sich ganz hinten im Wald in der Nähe eines vom Unternehmer Multerer aufgegebenen Steinbruchs befindet. Der Multerer, den Setzwein-Leser schon aus der *Grünen Jungfer* kennen, fährt einfach besser mit Import-Granit aus China, und den arbeitslosen Steinbrechern bleibt dann halt nur noch ihr Austragsbier. So läuft das heute.

Dort, wo sich die Waldoriginale bei einem urigen Wirtspaar ein Stelldichein geben, ist Lober kein ganz Unbekannter. Dieses Gasthaus, dessen skurriles Innenleben der Autor ähnlich intensiv schildert wie einst die Wirtsstube in der *Grünen Jungfer*, wird für den im Grunde schon über »wings« verfügenden Protagonisten zu einer Art Sprungbrett in eine andere Welt. Denn immer mehr merkwürdige Gestalten tauchen in seiner Nähe auf, ein wie aus dem 19. Jahrhundert gefallener Herr mit Zylinder und einem Spitz beispielsweise oder ein Eremit, über dessen Geschichte ein früherer Lehrer ebenso Auskunft gibt wie über den lokalen Brauch des »Bertl-Suchens«. Bertl? Da war doch was? »Dann ging Lober los. Into the great wide open.« So endet der erste Teil der in einem angemessen wohltemperierten Erzählduktus gehaltenen und auch deshalb leserfreundlichen Geschichte.

Eine spannend erzählte Aussteigerstory hat man bis hierhin gelesen, eingebettet in eine Art Sittenbild des Bayerischen Waldes im Sinne eines glaubhaften, soziologisch grundierten Porträts einer Gesellschaft und einer Landschaft zwischen Globalisierung und heimlich-unheimlicher Stifter-Welt. Wohin aber steigt dieser Lober aus? Wo liegt sein »great wide open«? Er weiß nur, dass es so wie bisher nicht mehr weitergehen kann.

Sie aber, die geheimnisvolle, aus der Fernseh- und Plastikwelt von heute längst ausgestiegene Bildhauerin, die sich im alten Steinbruch zwischen verrosteten Maschinen und selbst gebackenem Brot mehr oder minder häuslich niedergelassen hat, weiß durchaus, wo hier das Meer liegt – ein paar Kilometer weiter natürlich. Und nach der behutsamen Annäherung dieser beiden existenziell Unbehausten ist es so weit: Der uralte Benz springt tatsächlich an, und Lober bricht mit der Bacherin, wie sie sich nennt, auf ins Land Böhmen – ohne Rückversicherung, wie sich später herausstellt. Die absolut notwendigen Relikte des scheinbar so ganz realen Lebens, Bar- oder Plastikgeld zum Beispiel, bleiben in Lobers am Ende der Welt geparktem Auto zurück, und es beginnt eine fantastische, traumdurchzogene, Raum und Zeit für gering achtende Reise, deren eigentliches Ziel das

Unterwegssein ist, in der Landschaft, im Kopf, in Gesellschaft diverser »Narrischer«, die allerdings weit weniger verrückt und ihrer Bestimmung im Dasein gewiss näher sind als manche Normalsterblichen.

Bevor hier jemand »Klischee, Klischee« rufen und von unkritischer Verklärung des ja keineswegs nur waldeinsamen und ursprünglichen Böhmen sprechen kann, sei deutlich gesagt: Setzwein, dessen ganze Sympathie dem »Entschleunigungsland« hinter Osser und Dreisessel gilt, glorifiziert oder mystifiziert Böhmen nicht. Schon die erste Station auf Lobers skurriler Reise, Adalbert Stifters Geburtsort am Moldaustausee, ist ein zwischen 19. und 21. Jahrhundert schrecklich zerrissener Ort, an dem eine Gruppe perspektivlos gewaltbereiter Jugendlicher eine Art Überfall versucht und seinen inzwischen heiß geliebten Stifter-Band beschädigt. Und in dem, plausibel und doch kaum zu glauben, Actionszenen für einen neuen James-Bond-Film gedreht werden, mit gigantischen Feuerwerken, Helikoptern und Landrovern auf Irrsinnsfahrten mitten durch das einst so stille Oberplan, dem die von Hollywood gesandten Bulldozer fast sein Stifterhaus plattgemacht hätten. Nichts wie weg in eine langsamere Welt! Fahren und schauen, »stundenlang, tagelang, wochenlang«! Und irgendwann steigt ein etwas mürrischer Mann mit Zylinderhut und Spitz ins Auto, ein ungesund aussehender Herr, ein Hofrat von nicht unerheblicher Leibesfülle, der auch bald enorme Mengen von Forellen und Enten verschlingen und sie mit Riesenschlucken aus dem Weißweinglas bekömmlicher machen wird.

Hier geht, wie der Leser unschwer feststellen kann, Setzweins schöner Roman ganz in Traumsequenzen über und wird zur Phantasmagorie – Böhmen liegt nicht nur am Meer, sondern sogar auf dessen Grund, »auf dem Meeresboden der Tethyssee«. Man gerät – Böhmen-Experten kennen wahrscheinlich die realen Örtlichkeiten – in »die Stadt mit der Knochenkapelle« und zur »Kuppe mit dem geköpften Heiligen«, ehe »die Stadt mit dem Irren« erreicht ist. Dort, in Hlavanice, haust der genial verlotterte, greise und alkoholsüchtige Fotograf Bohuš alias Bohumil Cerny, dessen Kunst, wenn es denn eine ist, inzwischen Höchstpreise auf dem Weltmarkt erzielt und der deshalb die Geier anlockt. Wie Lober und die Bacherin mit dem viel Geld witternden Manager des Alten umgehen, wie sie diese lächerliche Figur und seinen Bodyguard austricksen und den rührend hilflosen Künstler in ihr Auto verfrachten, das ist wiederum eine Episode, die allein schon die Lektüre dieses immer wieder auch sehr witzigen Werks lohnt.

Wo das alles hinführt? Nun, am Ende ist das alte Auto der Bacherin weg und der Böhmen-Traum aus. Es gibt, mehr sei nicht verraten, noch eine Menge Ärger und schließlich ein schäbiges Wirtshaus an der Grenze, und am Ende steht die Philippika eines Einheimischen – eine Schimpfrede, die zu ergründen sucht, warum die bayerisch-böhmische und überhaupt die westöstliche Wirklichkeit heute so ist, wie sie ist. Und die Menschen derart ohnmächtig zurücklässt wie am Ende auch den Lober.

Dass das alles nicht so sein müsste, zeigt unter anderem dieses bemerkenswerte Prosawerk von Bernhard Setzwein. Gerade weil das Ende seiner Geschichte eher nachdenklich als froh macht. Der Literaturenthusiast

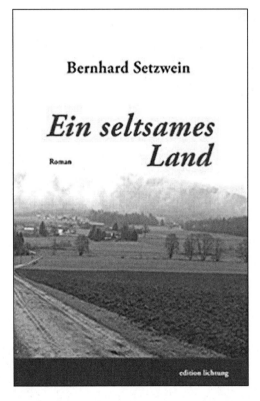

wird noch zahlreiche hier nicht genannte Zitate und Anleihen aus der Literaturgeschichte entdecken. Der Rezensent indes muss kein notorischer Lober sein, um dieses literatur-, traum- und fantasiedurchwirkte, realistische und zugleich romantische und nicht zuletzt Adalbert Stifters Geist kongenial in die Gegenwart hebende Buch wärmstens zu empfehlen.

Bernhard Setzwein: Ein seltsames Land. Viechtach 2007: lichtung verlag. 256 S.

Nach der Flut
Neue Gedichte von Friedrich Hirschl

In Passau, wo er 1956 geboren wurde, lebt, auch nach der Flut vom Juni 2013, der Philosoph, Theologe und Dichter Friedrich Hirschl. Den mit viel Lob bedachten Bänden *Herbstmusik* (2006) und *Nachthaus* (2009) hat Hirschl die Gedichtsammlung *Flussliebe* folgen lassen. Obwohl sie schon 2012 erschien, heißt eines der darin enthaltenen Gedichte bereits: *Nach der Flut*. Als romantisch und modern zugleich, nachdenklich und fragend, oft melancholisch und manchmal ein wenig düster lässt sich die vorherrschende Stimmung von Hirschls neuen Gedichten vielleicht am ehesten charakterisieren. *Das fremde Haus* heißt das erste, und es endet mit den Zeilen »Gern würde ich glauben / ich sei / willkommen«. Bringt der in *Morgenrot* angerufene junge Tag wirklich Glück? »Arglos / spielt der junge Tag / mit dem Feuer / Steckt dabei / den Himmel / in Brand.«

Naturbilder sind häufig. Wind und Fluss und Himmel und Wolken werden lyrisch umkreist, und die Jahreszeiten spielen eine nicht unwichtige Rolle: Sie gliedern diese Gedichtsammlung und geben ihren Lauf vor. Da ist der (ausbleibende) Winter, wie etwa in *Traurige Weihnachten* – »Untröstlich / der junge Herr Winter / Von seiner Schneebraut / keine Spur« –, der Frühling, ein »gar lustiger Bursche«, der »in so herrlichen Farben« über sich selbst zu lachen vermag, und dann der Sommer, oft ein die genaue Sicht auf die Welt einschränkendes *Strahlendes Ereignis*: »Stolz / holt der Himmel / sein rundes Goldstück / aus der Wolkentasche / Sein Reichtum / blendet uns.« Schließlich der farbenfrohe Herbst: »Die Straße wird / für wenige Tage / zur Fackelläuferin / Verbreitet lautstark / stille Freude«. Die Kastanienblätter allerdings waren wohl schon einmal farbiger: »Auf brüchigen / Laubsohlen / schlurft / der Sommer / davon.«

Die pure Idylle ist das alles nicht. Zumal nicht die Natur allein Hirschls Bilderwelt prägt – auch Düsenflugzeuge haben darin ihren Platz oder die Kräne, die »mit Weitblick« die Stadt regieren. Gelegentlich umspielen die Gedichte auch manche von vielen Zeitgenossen kaum noch wahrgenommene Merkwürdigkeit im Umgang miteinander, zum Beispiel das weitverbreitete Schweigen – wie in *Schön anonym*: »Im Dunkel der Nacht / sind wir / unser Gesicht los / Ein Schloss / vor dem Mund / gehen wir / aneinander vorbei.«

Man wird Friedrich Hirschls Sprach- und Stimmungsbilder nicht gerade avantgardis-

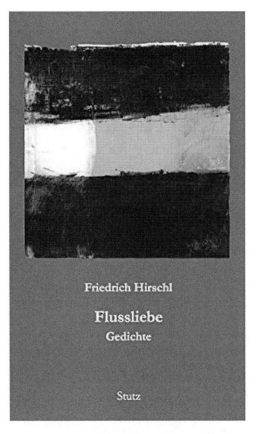

tisch oder seine Themen und Motive revolutionär nennen wollen. Eher vielleicht konservativ, und zwar im allerbesten Sinne – immun gegen Modisches, das Bewährte bewahrend. So wie es *Meine Uhr* tut: »In letzter Zeit / hat sie es satt / immer schön / mit der Zeit zu gehen / und bleibt häufig / stehen.«

Friedrich Hirschl: Flussliebe. Gedichte. Passau 2012: Verlag Karl Stutz. 109 S.

Liebe zur Schöpfung
Mehr Gedichte von Friedrich Hirschl

Seinen mit viel Lob bedachten Bänden *Herbstmusik* (2006), *Nachthaus* (2009) und *Flussliebe* (2012) hat der 1956 in Passau geborene Friedrich Hirschl, der nach dem Tod von Karl Stutz verlagsheimatlos geworden war, seine Gedichtsammlung *Stilles Theater* folgen lassen. Das »stille Theater« der Natur im Laufe der Jahreszeiten ist zweifellos das Hauptthema dieser eingängigen, leicht lesbaren Poeme – das einzige Thema indes ist es nicht. Denn manche der wie für eine Theateraufführung gemachten und oftmals durchaus dramatischen Szenen, die der 2015 mit dem Kulturpreis des Landkreises Passau ausgezeichnete Dichter in poetische Sprachbilder übersetzt, grundieren auch einen anderen, in Friedrich Hirschls Gedichten recht neuen Motivkomplex – den der Erotik.

Ein Gedicht heißt *Eine Liebe*: »Unsere Blicke / schlugen Funken // Nur kurz / stand das Herz / in Flammen // Noch schwelt / das Feuer.« Ein anderes heißt *Sie*, und man fragt sich, was darin »unbemerkt« geblieben ist: »Sie sitzt da / ihre schlanken Beine überkreuzt // Streift mich mit verstohlenen Blicken / Lockt mit langen schwarzen Wimpern // Reibt ihre prallen Lippen aneinander / Spielt unbemerkt mit dem Feuer.« Nicht nur die Natur ist ein Theater – auch die Erotik kann *Ein Spiel* sein: »Sie weiß / was sie will / Nimmt dich / ins Visier / Setzt auf / ihre Reize / Das Spiel / ist eröffnet / Du bist / am Zug // Aber du / gehst an ihr / vorbei / Brauchst / erst mal / Bedenkzeit.« Bedenkzeit, Zeit überhaupt, das mit einem Zurückblicken einhergehende Älterwerden – nicht ganz unerheblich für diesen Band, wie *Noch zeitgemäß* verdeutlicht, ohne Fragezeichen im Titel: »Ich schaue immer öfter / in verlegene Gesichter / Dabei habe ich doch nur / freundlich gegrüßt // Als Kind hat man / es mir beigebracht // Das ist freilich / schon lange her.«

Mit zart melancholischen, bisweilen nachdenklichen Anrufungen der Natur, zunächst gegliedert nach Jahreszeiten, beginnt der lyrische Reigen – so ähnlich war es schon in *Flussliebe*. Rapsfeld und Herbstlaub, Schnee und Wind, der Mond und auch die Passauer Flüsse werden lyrisch umkreist, und selbst scheinbar Unspektakuläres wie die Ackerwinde entgeht nicht der liebenden Aufmerksamkeit des Poeten: »Ihre Blüten / wie die Trichter / kleiner Grammofone // Ausnahmsweise / werden wir / nicht beschallt / Bekommen nur / Stille zu

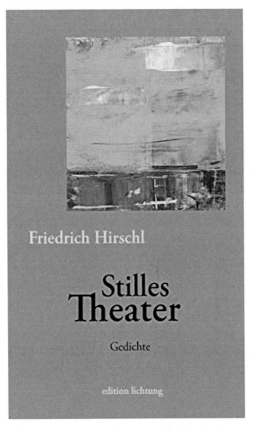

hören.« Es sind richtig schöne Naturgedichte dabei, *Oktoberlaub* zum Beispiel, aber auch einige wenige, welche die berühmte Kitschgrenze zumindest streifen, *Erneuert* etwa oder *Besorgter Winter*.

Friedrich Hirschls liebenswerte Sprach- und Stimmungsbilder sind weder avantgardistisch noch gar revolutionär. Die hundertneun in *Stilles Theater* versammelten Gedichte sind getragen von einer großen Liebe zur Schöpfung, behutsam und bewahrend im schönsten Sinne, gelegentlich mit Tendenzen zur Beschaulich- und Erbaulichkeit. Was eine vorsichtige Feststellung ist und kein abwertendes Urteil.

Friedrich Hirschl: Stilles Theater. Gedichte. Viechtach 2017: lichtung verlag. 143 S.

Kollbach ist überall

Düstere Romankunst von Ulrike Anna Bleier

Fünf Jahre hat Luise nichts mehr von »Bruderherz« gehört. Und jetzt sitzt ihr Zwillingsbruder Ludwig einfach am Wohnzimmertisch der Eltern – und spricht eine Sprache, die »Indonesisch« sein könnte. Niemand versteht ihn, nichts Genaues weiß man nicht, und trotz ihrer einst ungewöhnlich innigen Beziehung findet Luise keinen Zugang mehr zu dem von ihr stets bewunderten, klugen und extrem ordentlichen Bruder, dessen düstere Wesenszüge sie natürlich auch kennengelernt hat. Was ist mit Ludwig passiert?

Luise wohnt in Regensburg, arbeitet als Schwimmlehrerin und träumt viel in den Tag hinein. Das Rätsel um »Bruderherz« lässt sie nicht los, fast wächst es sich zu einer Obsession aus. Spuren werden gelegt, keine ist in sich schlüssig, nichts passt zusammen. Fühlt Ludwig sich lebenslang schuldig, weil er schon im Mutterleib ein Geschwisterchen getötet haben könnte? Ist er traumatisiert von den Grausamkeiten im Dorf, vom herzlosen Vernichten der kleinen Katzen? Hat er die wortkarge Lieblosigkeit im Elternhaus nicht ausgehalten?

Luise will sein Geheimnis ergründen, das auch ein Familiengeheimnis sein könnte, und als Ludwig in die Psychiatrie eingeliefert wird, kommt sie noch einmal zurück nach Kollbach. Ihr Dorf liegt zwischen Eggenfelden, Gangkofen und Reisbach, und mitten hindurch fließt die Kollbach. Im ersten Kapitel sagt Luise über das heimatliche Bacherl: »Sie ist nicht schwarz, sie heißt nur schwarz, alles ist wie immer, ich muss keine Angst haben. Ich muss weggehen von hier, denke ich, sonst gehe ich zugrunde, sonst gehe ich an meiner Angst zugrunde.«

Die Geheimnisse und Rätsel klären sich nicht auf, und dass das so ist, macht einen Großteil der Faszination aus, die von diesem kleinen Roman ausgeht. Im letzten Kapitel muss Luise traurig einsehen: »Jeden Morgen laufe ich die Donau entlang, so wie ich früher, in einem früheren Leben, an der Kollbach gelaufen bin.«

Ein leserfreundliches Buch hat die 1968 in Regensburg geborene und heute in Köln lebende Ulrike Anna Bleier geschrieben – achtundfünfzig Kurzkapitel hat dieser ganz und gar nicht chronologisch erzählte Episodenroman, mit dem man als Leser bestens zurechtkommt. Der Text hat seinen Rhythmus. Der Flow stimmt. Ob aber jeder Leser mit dem hier Erzählten zurechtkommt? Die Düsternis und unterschwellige Gewalt, die diesen spannungsgeladenen Roman prägen, könnten durchaus heftig an seiner Seele zehren. Die nicht immer greifbare und doch allgegenwärtige Angst, die die Ich-Erzählerin Luise in ihren Klauen hält, könnte verunsichern und sogar böse Beklemmungen hervorrufen.

Wie die Autorin das zuwege bringt, ist grandios und bewundernswert – unerwartete Orts- und Zeitenwechsel, fast filmische Schnitte, lakonisch-nüchterne, aber immer wahrhaftige Sprache. *Schwimmerbecken* ist mehr als ein bayerischer Dorf- oder Heimatroman und mehr als eine raffiniert gebaute psychologische Studie – *Schwimmerbecken* ist ein hellwaches, vertracktes und kunstvolles Buch über die Abgründe menschlichen Daseins überhaupt.

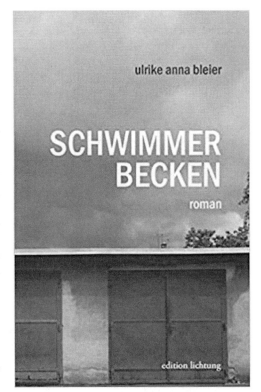

Ulrike Anna Bleier: Schwimmerbecken. Roman. Viechtach 2016: lichtung verlag. 158 S.

Wo liegt Waldesreuth?
Dreizehn krasse Provinzgeschichten

Kristina Schilke: Elefanten treffen. Erzählungen. München / Berlin / Zürich 2016: Piper Verlag. 223 S.

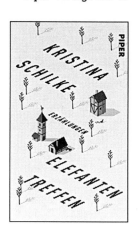

Noch ist sie relativ unbekannt. Kristina Schilke, 1986 im russischen Tscheljabinsk geboren, kam mit acht Jahren nach Grafenau im Bayerischen Wald, und als sie erwachsen wurde, ging sie nach Leipzig und studierte am Deutschen Literaturinstitut. Gerade ist ihr erstes Buch erschienen – dreizehn krasse Erzählungen aus einem fiktiven Kurort namens Waldesreuth, dreizehn perfekt gebaute Prosatexte, die auf flotte und zugleich genau kalkulierte Art und Weise davon erzählen, wie es ist, wenn man fernab der Metropolen aufwächst und mit den Absurditäten seiner Umwelt irgendwie umgehen muss. Und mit den Skurrilitäten einer Sprache, die erst entziffert und begriffen werden will – wer sie zu wörtlich nimmt, der haftet für alle Folgen.

Die Figuren, die hier erzählen oder von denen erzählt wird, machen einiges mit. Thom zum Beispiel, der sich an ein Fußballtor gehängt hat aus Freude über den Sieg, und dann ist es umgefallen: »Thoms Gesicht war nicht wirklich weg, es war aber eine rote, flache Scheibe, aus der zwei Augäpfel zum Himmel guckten. Ich schwöre es: nackte Augäpfel.«

Es gibt kein Leben ohne Grauen und Schmerz. Kristina Schilke erzählt von beschädigten Menschen und von ihrem aus Verzweiflung erwachsenden Mut, von postpubertären Träumern und von oft merkwürdigen Tieren. Ja, Tiere spielen eine ganz wichtige Rolle im Leben ihrer jungen Heldinnen und Helden, die sich hinaussehnen aus der Provinz und nur sehr vage ahnen, was sie auf dieser Welt verloren haben könnten. »Noch ist nichts entschieden.« Man nimmt am Elefantentreffen teil, das im Februar wilde Motorradfahrer in den Bayerischen Wald lockt. Zwei Freundinnen lackieren sich die Nägel, denn das Starkbierfest steht an: »Niemand fährt hier mit angezogener Handbremse, und der Kellnerin ist es genauso egal wie allen anderen, ob wir an der Wand zerschellen oder nicht.« Krankheit und Tod sitzen immer mit am Tisch.

Sprachlich genau und treffend, changierend zwischen hartem Realismus und tagträumerischer Magie, mit oft überraschenden Wendungen, die Schauplätze und Figurenkonstellationen geschickt wechselnd erzählt Kristina Schilke von den Nöten, Ängsten, Abgründen und Sehnsüchten ihrer Generation. Ein umwerfendes Debüt.

Elefanten treffen

Gespräch mit Kristina Schilke

Kristina Schilke, 1986 in Russland geboren und seit 1994 im Bayerischen Wald aufgewachsen, lebt heute in Leipzig. Vor Kurzem ist ihr erstes literarisches Buch erschienen, das dreizehn Erzählungen über junge Leute in der sogenannten Provinz versammelt: *Elefanten treffen*. Schilke umkreist darin existenzielle Fragen, Zweifel, Ängste, Nöte und manchmal auch Freuden, die einem heute so begegnen können auf der Schwelle zum Erwachsenwerden. Überall, gerade auch im Bayerischen Wald.

Sie haben am Deutschen Literaturinstitut in Leipzig studiert. Was lernt man dort? Und was haben Sie dort gelernt?

Man lernt dort vor allem, auf den eigenen Text mit fremden Augen zu sehen, ihn also verändern, kürzen, umarbeiten und umarbeiten und noch mal umarbeiten zu können. Das ist wahrscheinlich der Schritt, der einen von Hobbyautoren unterscheiden wird, dass man sich der Unfertigkeit des eigenen Textes bewusst wird. Ich bin sehr glücklich darüber, dort studiert zu haben. Es war ein künstlerisches Studium, das mich nicht den Zwängen der Schule oder der Universität unterworfen hat. Was ich dort gelernt habe? Wahrscheinlich hat sich am ehesten eine Art Charakterwandlung ereignet. Passiert ist die notwendige Verletzung des eigenen Narzissmus. Außerdem ist es ein ziemlich guter Ort, um überhaupt herauszufinden, wie man zum Schreiben steht. Will man das ein Leben lang machen, inklusive der ganzen Nachteile und, ich sag's jetzt mal melodramatisch, Opfer? Oder will man eher »was mit Schreiben« machen? Oder will man ganz aufhören?

Erzählungen, Kurzgeschichten, Storys, Novellen – ist es Ihnen egal, wie man Ihre Texte nennt?

Spontan würde ich am liebsten antworten: Es ist mir egal. Aber dann wiederum: Als die Überlegungen aufkamen, was genau auf dem Titel stehen sollte, war ich auf alle Fälle gegen die Bezeichnung »Storys«. Natürlich, wenn man ein englischsprachiges Buch schreibt, dann ist es ganz klar angebracht, »Short Stories« dazu zu sagen, aber bei deutschsprachigen Erzählbänden wird dieser Stempel meiner Meinung nach an Literatur vergeben, die »urban« oder »jung« sein will oder sein soll, und ich will keines von beidem. Deshalb ist das schöne deutsche Wort »Erzählung« doch das passendere dafür. Außerdem ist es nicht so einengend wie »Kurzgeschichten«, da man zwanzigseitige Texte ja nur schwer als »kurze Geschichten« bezeichnen kann. Das Wort »Novelle« finde ich selbst ganz großartig – schade, dass es nicht mehr so oft verwendet wird. Aber da wiederum gibt es auch eigene Gesetzmäßigkeiten, und bei einer »Novelle« habe ich ganz andere Seitenlängen im Kopf. Also ja, bleiben wir einfach bei »Erzählung«.

Gleich in Ihrem ersten Text wird vom »Elefantentreffen« gesprochen. Elefanten kommen aber sonst nicht vor. Können Sie den Titel Ihres Buchs näher erläutern?

Das Elefantentreffen ist ein jährlich stattfindendes Bikertreffen im Bayerischen Wald, das sehr viele Leute in Bayern wahrscheinlich kennen, bei dem aber jeder außerhalb Bayerns nur die Achseln zucken dürfte. Der Titel ist das geistige Kind meines Lektors. Mir ist nämlich partout kein Titel eingefallen. Wenn man sich die Titel der einzelnen Erzählungen ansieht, einfach mal der Reihe nach – *Man wüsste es sonst nicht*, *Das seltsame Tier*, *Ich bin es*, *Geringe Unterschiede*, *Zeit für Ruhe* und so weiter –, so sind das doch sehr spezifische, für Außenstehende mit den Themen der dazugehörigen Geschichten kaum in Verbindung zu setzende Titel. Sie sind aber wahnsinnig wichtig für mich. Auf sie habe ich viele Gedanken verwendet. Aber der Gesamttitel? Da war ich völlig ideenfrei. Als meinem Lektor *Elefanten treffen* einfiel, war ich sofort begeistert.

Jungsein wird gemeinhin mit Lebensfreude, Verliebtsein, Fun und Gaudi verbunden. Ihre Protagonisten sind sehr oft mit anderen Aspekten des Lebens beschäftigt: Verletzungen, Kranksein, Alter und Tod. Ist Jungsein zwangsläufig beides, düster und hell zugleich?

Ich würde gar nicht sagen, dass die meisten Protagonisten bei mir zwangsläufig jung sind. Oder vielleicht kommt es darauf an, bis zu welchem Alter man das Jungsein definiert. Es gibt da auch den Zahnarzt, der ja etwa Anfang vierzig ist. Es gibt Oma Preidl. Carli und die Leute um sie herum sind so um die dreißig. Aber es stimmt natürlich, dass viele Erzählungen aus der Perspektive vor allem von Teenagern geschrieben sind. Ich finde gar nicht, dass das Jungsein immer nur mit Lebensfreude in Verbindung zu setzen ist. Das Gehirn entwickelt sich in diesem Alter schneller, als man mitkommt. Die Knochen wachsen schneller, als es einem lieb wäre. Hormone überschwemmen einen. So gesehen ist es eine Zeit der allergrößten

Umschwünge und hat nicht ausschließlich mit Leichtigkeit zu tun.

»Meine gesamte Schulzeit verlief fad«, sagt die Ich-Erzählerin in Diejenigen, die kriechen. *Ihre auch? Muss das so sein?*

Ich würde fast sagen, es muss so sein, oder es ist unausweichlich, es ist eine Art Initiation ins Erwachsenenleben. Obwohl ich das jetzt gar nicht so schwarzmalerisch meine ... Man sollte einfach so weit wie möglich versuchen, mit dem System klarzukommen. Außerdem sehe ich keinen Sinn darin, dass die Schulzeit eine tolle Zeit sein sollte. Das wäre doch schrecklich, wenn die beste Zeit des Lebens schon in der Schule verbraten wird. Alles, was danach kommt, würde einem ja nur noch fad vorkommen.

Zweifelsohne darf man Ihr Buch – unter vielem anderen – auch zur Literatur in Bayern rechnen. Ist das literarische Thema Bayern – oder genauer: Niederbayern – mit seiner Veröffentlichung für Sie jetzt erledigt? Oder treibt es Sie weiterhin um?

Ja, ich würde sagen, es ist damit erledigt. Ich will nicht die Autorin sein, die nur ein Thema und eine geografische Gegend in petto hat. Ich will alles Mögliche und möglichst viel von allem. Ich habe jetzt genug über Bayern geschrieben, ich bin stolz auf das Ergebnis, aber irgendwann muss man vor sich selbst auch zugeben, dass man nach Jahren der Abwesenheit, die sich bis zum nächsten Buch ja noch mal in die Länge dehnen werden, nicht endlos über seine alte Heimat schreiben kann, ohne dass die Literatur, die man produziert, bis zu einem gewissen Grad unglaubwürdig wird und an Wiederholungen krankt. Das nächste Buch sollte sowohl vom Stil als auch vom Inhalt her etwas völlig Anderes sein.

Danke, Kristina Schilke – mögen viele Leser Ihre Elefanten treffen ...

Der Vorhang geht auf
Eine flotte Sommergeschichte

Sie gehen alle auf die fünfzig zu, der Hias, der Speedy, der Sepp und der Bob. Auch die Kitty, die die Band aufgebaut und zum Erfolg geführt hatte. Damals, vor sechsundzwanzig Jahren. Heute, im Sommer 2015, sind sie auf Reunion-Tour. Noch einmal geht es nach Ungarn, genauer gesagt: nach Sopronpuszta. Im August 1989 blickte die Welt auf dieses verschlafene Nest an der Grenze zum Burgenland. Die deutsche Botschaft in Budapest war voller DDR-Bürger, die nichts als in den Westen wollten. Trabbis und Wartburgs verstopften die Landstraßen in Richtung Österreich. Man hatte von einem »Paneuropäischen Picknick« gehört, bei dem der Eiserne Vorhang für drei Stunden geöffnet werden sollte. Ein Gerücht? Nein, das Picknick fand statt, die Grenzsoldaten schossen nicht, der Vorhang ging kurz auf. Es war der Anfang vom Ende des Eingesperrtseins. Nur raus! Endlich Freiheit!

Ja, 1989 wurde unweit des Neusiedler Sees Weltgeschichte geschrieben. Mittendrin im Gewühle: Kitty & The Cats, die Kultband aus Regensburg, die gerade am Auseinanderbrechen war und, voll im Chaos und ohne wirkliche Peilung, bei diesem Grenzpicknick den Auftritt ihres Lebens haben sollte. Verdammt lang her, das Ganze. Und doch unvergessen.

Die 1969 in Ingolstadt geborene Lyrikerin und Prosaschriftstellerin Angela Kreuz hat einen rasanten Roman geschrieben, der vor allem die Generation interessieren wird, die mit den Kämpfen am Wackersdorfer Bauzaun politisiert wurde. Den man aber auch allen anderen Leserinnen und Lesern empfehlen kann. Manchmal eine Art bayerisch-ungarisches Roadmovie, von zahlreichen Songzeilen durchsetzt. Die Hauptfigur ist fest verwurzelt in Ostbayern: »Kitty düste auf der B8 Richtung Passau ... Eigentlich war ihre Heimat saustark, wenn man die spießigen Häuser der Vororte an sich vorbeiziehen lassen konnte. Als sie hinter Barbing durch Wiesen und Felder fuhr, breitete sich ein Gefühl von wilder Freiheit in ihr aus.«

Kitty hat ungarische Verwandte: Onkel Jenö ist leider gestorben, Tante Ágnes aber ist da und hilft beim Picknick. Der attraktive Mike ist auch da, aber das ist eine andere Geschichte. Jedenfalls hat Kitty eine im Mai 1990 geborene Tochter, die sich in den Semesterferien beim Retten von Flüchtlingen aus dem Mittelmeer engagiert. Heute, gestern: Wunderbar, wie sich hier die Gegenwart mit früheren Zeiten verschränkt, mit dem Sommer 1989, aber auch mit dem Herbst 1956, als die Sowjets den Aufstand in Ungarn blutig niederschlugen. Erstaunlich, wie raffiniert die Autorin ihre turbulente Grenzöffnungs-Geschichte vorantreibt, wie sie die allgemeine politische Aufgeregtheit, die Verzweiflung und den Mut vieler Ostdeutscher, die Musik, die Mode und vor allem auch die Sprache der damaligen Zeit einfängt. Und dabei die Widersprüche, die sich allenthalben auftun, keineswegs verschweigt.

Eine atemlose Geschichte. Hochspannung bis zur letzten Seite. Beste Unterhaltung mit hohem Anspruch. Cool!

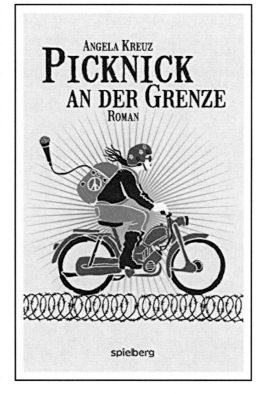

Angela Kreuz: Picknick an der Grenze. Roman. Neumarkt in der Oberpfalz 2019: Spielberg Verlag. 182 S.

Das erzähl ich jetzt keinem
Gespräch mit Maria Magdalena Rabl

In dem von Hubert Ettl gegründeten, von Eva Bauernfeind und Kristina Pöschl weitergeführten Viechtacher lichtung verlag ist kürzlich der erste Gedichtband von Maria Magdalena Rabl erschienen. Die 1976 in München geborene Dichterin, die nach dem Abitur eine Schauspielerausbildung an der London Academy of Music and Dramatic Art absolvierte und von 2006 bis 2010 zum Ensemble des Landestheaters Niederbayern gehörte, lebt in ihrer Geburtsstadt und arbeitet als Schauspielerin, Sprecherin und Sängerin.

In deinen Gedichten willst du die Liebe ergründen, schreibt dein Verlag. Vor allem die Verletzungen oder gar Wunden, die die Liebe hinterlassen kann. Weshalb Gedichte? Warum nicht Prosa, Drama, Musik oder Malerei?

Nein, die Liebe ergründen, das geht ja gar nicht. Aber ich wollte besser verstehen, was da gerade in mir passiert. Und weil ich im Außen keine Klärung fand, hab ich halt geschrieben. Dass sich das ab einem bestimmten Zeitpunkt verdichtet und auch gereimt hat, war kein bewusster Entschluss.

Wie entstehen deine Gedichte? Und warum mal auf Hochdeutsch, mal im Dialekt?

Die kommen oder sie kommen nicht. Manchmal monatelang nichts. Dann wieder drei an einem Tag. Manche fließen komplett so, wie sie dann bleiben, aufs Papier, bei manchen hab ich ein Wort, einen Satz und hangele mich dann am Reim entlang, bastle wie an einem Puzzle. Oft ist es ein Gefühl, ein Erlebnis, das in Worte verpackt werden will. Ich bin in Bayern hochdeutsch aufgezogen worden. Das erklärt vielleicht die Ambivalenz. Und wenn ich Bairisch schreibe, fühlt sich das ganz anders an als auf Hochdeutsch. Geht tiefer in den Bauch.

Dein Dreizeiler Die Essenz *erinnert an Erich Fried, der von Brecht viel gelernt hat, der wiederum … Hattest du Vorbilder für deine Poesie?*

Das ehrt mich, aber auch hier muss ich sagen, wenn, dann nicht bewusst. Ich glaube, dass einen alles, was man erlebt, liest, hört, auf die eine oder andere Weise beeinflusst, dass man sich das mitnimmt, was für einen passt. Und dann möglichst das lebt, was man selber ist, und dementsprechend auch schreibt. Ich mag berührt werden, ich mag Momente des Zaubers im Alltag, wenn z. B. rosa Blütenblätter auf einmal wie Schnee verkehrt rum in den Himmel schweben, ich reime gerne, kaue gerne

Worte, mag Musikalität in der Sprache. Das hat für mich was von dem Kitzel des Lösens einer Matheaufgabe oder der Versanalyse im Lateinunterricht. Ich mag das. Aber das bin halt ich.

Manche deiner Liebesgedichte sind eher ernst, sogar recht wütende gibt es. Aber die Grundstimmung ist doch: Lust am Leben und Lieben, Neugier auf das, was kommen könnte. Humor ist meistens mit dabei, manchmal auch ein bisschen Selbstironie. Bewahrt das vor Resignation und Verbitterung?

Ich hab grad gestern einen Spruch gelesen, indem es hieß: »You either get bitter or you get better. It's that simple.« Und genau das ist es auch. Ich will ein froher, authentischer Mensch sein. Das heißt auch, die Dinge annehmen und an sich arbeiten. Man kann doch nichts erzwingen. Gerade in der Liebe nicht. Und die großen Dinge passieren einfach. Da haben wir meiner Meinung nach nicht wirklich Einfluss. Aber wir tendieren dazu zu meinen, wenn wir nur irgendetwas anders gemacht hätten, uns mehr angestrengt hätten, dann wäre das besser gelaufen. Aber es ist doch so, dass es entweder passt oder eben nicht. Und wir halten fest, weil wir uns nicht vorstellen können, dass da noch was Besseres kommt. Das hat für mich viel mit Selbstwert zu tun. Und den kann man sich halt leider nur selber geben, wenn man ihn nicht von Anfang an mitbekommen hat. Wenn ich mich okay finde, dann kann ich ein Nein von außen viel leichter abfedern und mir und anderen vermeintliche Fehler viel schneller verzeihen. Und wie schön, wenn man dann noch über sich und den eigenen Schmarrn lachen kann. Dann ist man auf der helleren Seite angelangt. Ich lebe gern und ich lache gern und ich weiß, dass das alles nicht selbstverständlich ist, weil es nicht immer so war und weil der Tod immer mitläuft. Ich bete darum, dass ich gut durch die nächsten Schicksalsschläge komme, wenn sie dann passieren, aber jetzt gerade scheint die Sonne und es wäre sehr schade, sie nicht zu sehen.

Anderen Mut machen, speziell anderen Frauen, das kann dein Buch ganz bestimmt. Du hast dir aber auch schon Kritisches anhören müssen – vieles sei dann doch ein bisschen simpel gestrickt, hieß es ... Was sagst du dazu?

Es darf jeder seine eigene Meinung haben. Mir gefällt ja auch ganz vieles nicht, was ich lese. Ich finde es z. B. ganz furchtbar, wenn ich mich beim Lesen groß anstrengen muss, um eine hochgeistige Verschwurbelung zu verstehen. Andere finden das toll. Wäre ja auch schlimm, wenn nicht. Aber ich habe im Schreiben keinen elitären Anspruch. Was nicht heißt, dass ich nicht nach Schönheit strebe, aber für mich sind die einfachen Dinge oft die schönsten. Ich möchte einen direkten Zugang, möchte nicht groß nachdenken müssen, was das jetzt bedeutet. Die Gedichte funktionieren (wenn sie funktionieren) über das Gefühl. Im besten Falle berühren sie. Und wenn sie dann noch Mut machen – was kann ich mir denn Schöneres wünschen, als anderen Menschen ein bisschen Beistand leisten zu können? Ich will ja zu den Leuten hin, nicht über sie hinweg.

Du hast einmal gesagt, dass es dir sehr viel Freude macht, Lesern oder Zuschauern Freude zu bereiten. Sind Theaterspielen oder Verserlmachen nur Mittel zum Zweck? Ist dir

die Freude, die Lebensfreude, letztlich wichtiger als alles andere?

Ich würde sagen, sie ist das ewige Ziel. Letztendlich ist ja alles Mittel zum Zweck, um ein möglichst glückliches Leben zu führen. Und das gelingt halt mal mehr, mal weniger. Ich hab das große Glück, dass ich sehr kreativ sein darf und einen Beruf habe, in dem man sich auf die unterschiedlichsten Arten erfahren, ausdrücken und dann im besten Falle andere noch mitnehmen, bewegen und berühren kann. Für den Menschen, der ich bin, läuft das über das Herz, über die Freude am Sein und Tun.

Danke – und viel Freude mit Das erzähl ich jetzt keinem!

Maria Magdalena Rabl: Das erzähl ich jetzt keinem. Neun Kapitel Lieben Üben. Mit Illustrationen von Anja Just. Viechtach 2016: lichtung verlag. 109 S.

Wir werden sein wie Götter
Gespräch mit Margit Ruile

Margit Ruile, 1967 in Augsburg geboren, lebt mit ihrem Mann und ihren beiden Töchtern in München, wo auch ihr jüngster Roman spielt. Sich Geschichten ausdenken – damit begann sie schon als Kind. Margit Ruile studierte Regie an der Münchner Hochschule für Film und Fernsehen (HFF), wo sie später auch unterrichtete. Zugleich arbeitete sie als Drehbuchlektorin und drehte Dokumentarfilme. Den erfolgreichen Kinderbüchern *Mira und der weiße Drache*, *Mira und die verwunschenen Kugeln* sowie *Mira und das Buch der Drachen* (2012/13) folgten die Romane *Deleted* (2015) und *Dark Noise* (2017). Ihr jüngstes Buch heißt *God's Kitchen* (Bindlach 2018: Loewe Verlag. 318 S.).

Du hast mir einmal gesagt, das Schreiben sei eine Art »Rettung« für dich gewesen. Rettung wovor? Wie bist du zum Schreiben gekommen?

Ich habe erst mit Anfang vierzig professionell mit dem Schreiben begonnen, zuvor habe ich mich jahrelang davor gedrückt, obwohl ich immer das Gefühl hatte, dass das der richtige Weg für mich ist. Der Wunsch, Schriftstellerin zu werden, den ich schon als Jugendliche hatte, erschien mir nämlich immer als unvernünftig und unsolide. Also habe ich erst ein Studium absolviert und gelernt, wie man Filme dreht, und war dann über zwölf Jahre fest an der HFF angestellt. Als dort mein Vertrag auslief und ich mich mit der Frage konfrontiert sah, womit ich in Zukunft mein Geld verdienen sollte, merkte ich plötzlich, dass es außer dem Schreiben eigentlich nichts gab, was mich wirklich interessierte und wofür ich Leidenschaft empfand. Es war ein wichtiger Moment, in dem mir plötzlich klar wurde, dass es so etwas wie einen Kompromiss oder Mittelweg nicht gibt. Ich konnte nicht »nebenbei« schreiben, ich musste es zu meinem Beruf machen. Als Autorin neu anzufangen bedeutete, ein relativ sicheres Leben gegen ein unsicheres zu vertauschen und mich in ein echtes finanzielles Wagnis zu stürzen. Lange Zeit habe ich mich mit allen möglichen Nebenjobs über Wasser gehalten. Trotzdem habe ich diesen Entschluss noch nie bereut. Ich sehe im Schreiben mehr als einen Beruf. Es ist eine Lebensaufgabe, bei der ich versuche, mich mit jedem Buch weiterzuentwickeln.

Hattest und hast du Vorbilder beim Schreiben? Täusche ich mich, oder haben Lewis Carroll und J. R. R. Tolkien gewisse Spuren hinterlassen?

Alles, was ich mit Begeisterung gelesen habe, hat seine Spuren hinterlassen. Es bleibt ja im Kopf, genauso wie die Erfahrungen, die man macht. Aus beidem formt sich dann das Neue, das beim Schreiben entsteht. Und so habe ich natürlich Ideen übernommen, verwandelt und mit dem vermischt, was ich selbst erlebt und gesehen habe. Es sind viele Einflüsse, und sie kommen von überall her. Die wichtigsten stammen vielleicht von Shakespeare, Lewis Carroll, J. R. R. Tolkien, Guy de Maupassant, Stefan Zweig, Margaret Atwood, Ian McEwan und David Mitchell. Aber auch die Zeichnungen von M. C. Escher haben mich beeinflusst, genauso wie Filme oder Sachbücher.

Wie findest du deine Themen? Oder finden sie dich?

Ich habe bei *Deleted* begonnen, mich im weitesten Sinne mit der digitalen Revolution zu beschäftigen, genauer mit den technischen Möglichkeiten der Überwachung und der Frage, was mit unseren Daten geschieht. Das war der Anfang. Ich weiß noch, ich schrieb gerade am letzten Drittel des Buchs, als die Enthüllungen von Edward Snowden auftauchten. Da hatte ich plötzlich das Gefühl, ich bin ganz nahe dran an dem, was gerade passiert. Das war sehr aufregend. Seitdem hat mich das Thema nicht mehr losgelassen. *Dark Noise* führte mich dann zur Manipulierbarkeit von Videos und zu der Frage, was echt ist und was »Fake News«. In *God's Kitchen* habe ich der künstlichen Intelligenz ein Gesicht gegeben. Die technischen Möglichkeiten schreiten in so einem rasanten Tempo voran. Wo stehen wir als Menschen und wie definieren wir uns neu inmitten dieses Wandels? Das sind die Fragen, die ich mir stelle, und das ist ein unerschöpfliches Thema für meine Bücher.

Drachen, verwunschene Kugeln und andere Märchenmotive in den Mira-Bänden, dann das Eintauchen in die digitale Welt samt ihren Abgründen in Dark Noise *und jetzt, in* God's Kitchen, *die Frage nach der Büchse der Pandora, die sich durch die Entwicklung von Neuroinformatik und Robotik bald öffnen könnte – das waren große Schritte, oder? Wie siehst du selbst diese doch erstaunliche Entwicklung?*

Für mich ist sie gar nicht erstaunlich, denn die *Mira*-Bände, mit denen ich begonnen habe, verhandeln genauso wie die späteren Bücher auch die großen Fragen: Wo komme ich her? Wie finde ich den Mut, weiterzugehen? Gibt es noch eine andere Welt, neben der, die wir sehen? Was ist wahr, was ist falsch, und wie kann ich es voneinander unterscheiden? Was bedeutet Freundschaft? Jedes meiner Bücher ist aus dem jeweiligen Vorgängerbuch entstanden, das heißt, der Keim des neuen Buches war bereits in dem alten enthalten. So gab es immer eine Nebenfigur oder eine Nebenhandlung, die ich gerne weitererzählen wollte. Der größte Schritt war vielleicht der vom Kinder- zum Jugendbuch, also von den *Mira*-Büchern zu *Deleted*. Hier war meine Übergangsfigur das Silbermännchen, ein hilfreicher Geist, der in den Kinderbüchern aus Visitenkarten steigt. Nach dem Ende der *Mira*-Bücher machte dieses Geistwesen eine fantastische Transformation durch und wurde zum zwielichtigen digitalen Assistenten in *Deleted* – einem nützlichen Geist, der zugleich aber seinen Besitzer pausenlos überwacht. Das Motiv der Überwachung und der Manipulation ist wiederum der zentrale Gedanke von *Dark Noise*, in dem neuronale Netzwerke auftauchen, die einem dann wieder als Grundlagen der künstlichen Intelligenz in *God's Kitchen* begegnen.

Szenisch oder filmisch schreiben, auf Rhythmus und Tempo und Schnittwechsel achten – könnte man das als herausragendes Merkmal deiner Texte bezeichnen?

Das kann ich selbst natürlich so gar nicht beurteilen. Ich sehe jedenfalls das Buch zuerst in Bildern und Szenen vor mir. Es zieht vor meinem inneren Auge vorbei wie ein Film, den ich dann in Sprache umzusetzen versuche. *Dark Noise* ist für mich zum Beispiel ein typischer *Film Noir*. Es gibt den einsamen Helden in einer geheimnisvollen Großstadt, der ungewollt in ein Verbrechen verwickelt wird und dabei einer geheimnisvollen Fremden begegnet, in die er sich verliebt. Das ist natürlich ein Genre und damit ein Klischee, aber es macht auch Spaß, damit zu spielen. Beim Schreiben versuche ich, diese Stimmung einzufangen. Den Regen, das Licht, die Straßenlaternen, die Nacht, die Großstadt und die Töne einer Gitarre. Diese atmosphärischen Dinge sind zuerst da, und dann taucht mein Held auf. Und nun kann ich sogar über den Film hinausgehen und etwas ganz Wunderbares machen: Ich kann diesem Helden eine Stimme geben. Eine innere Stimme. Das ist neu, das geht so eigentlich nur in der Literatur. Das ist der eine Aspekt. Der andere ist, dass ich dramaturgisch genau so arbeite, wie ich es von der Drehbuchdramaturgie her gelernt habe: Ich teile die Handlung in drei Akte und überlege mir vorher die Umschwungpunkte.

Deine Bücher bieten sich auch für andere Medien an (Film, Video, Blog). Gibt's Überlegungen in diese Richtung?

Ja, *Deleted* soll verfilmt werden. Wir haben dafür sogar Drehbuchförderung des FilmFernsehFonds Bayern bekommen, und eine erste Fassung des Drehbuchs steht bereits. Anfangs habe ich noch selbst das Drehbuch geschrieben, das habe ich dann allerdings gelassen. Ich konnte nicht meinen eigenen Stoff adaptieren, das hat nicht funktioniert. Jetzt schreibt eine sehr gute junge Drehbuchautorin und Regisseurin die Geschichte noch einmal neu, und ich bin froh, den Stoff in guten Händen zu wissen.

Kennst du dein Publikum? Wer liest deine Bücher? Wahrscheinlich nicht nur Kinder und Jugendliche?

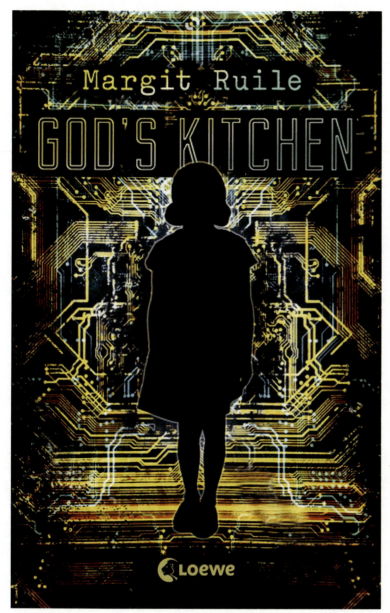

Die *Mira*-Trilogie war bei Kindern ab neun Jahren sehr beliebt, sie wurde aber auch sehr viel von Eltern vorgelesen, das habe ich durch Briefe und E-Mails erfahren. Die Kapitel mit ihren jeweils sieben bis acht Seiten sind dafür wohl ziemlich gut geeignet. *Deleted* wurde dann sehr viel von Jungs gelesen. So war es auch gedacht, es hat eine starke Betonung auf der Handlung, und ich habe den Protagonisten geradezu durch die Story gejagt, um nirgendwo Langeweile aufkommen zu lassen. Bei *Dark Noise* habe ich mir dann mehr Zeit genommen und auch erzählerisch mehr ausprobiert, das kam dann auch bei Erwachsenen gut an. Da waren es oft auch die Eltern der Jugendlichen, die sich das Buch vorgenommen haben, nachdem es ihre Kinder gelesen hatten. Wie das bei *God's Kitchen* sein wird, weiß ich noch nicht, es ist ja gerade erst erschienen.

Wie sehen deine schriftstellerischen Zukunftspläne aus? Was kommt als Nächstes?

Ich habe gerade mit einem Buch angefangen, das den Arbeitstitel *Digital Twin* trägt und fünfzehn Jahre in der Zukunft spielt. Es geht dabei um die digitalen Zwillinge eines jeden Menschen, die sich in einer simulierten Welt befinden, und um einen siebzehnjährigen Jungen, der seine Mutter, eine verschwundene Programmiererin, in dieser Parallelwelt sucht.

Danke für das Gespräch, und viel Erfolg mit God's Kitchen!

Flüsse, Bilder, Zeitläufte

Am Strom

Altes und Neues von der Donau

Das schlimme Hochwasser ist längst durch. Seine Folgen sind es natürlich nicht. Ja, sobald sie bedrohlich wird und sogar lebensgefährlich wie Anfang Juni 2013, ist die Donau sofort in den Schlagzeilen. Zu Recht! Dass sie dann wieder schnell aus den Medien verschwindet, ist wahrscheinlich ganz normal. Ob es auch gerechtfertigt ist?

Noch öfter aber, dem Herrn sei Dank, war die bayerische Donau in den letzten Jahren im Zusammenhang mit technokratischen Ausbauplänen im Gespräch: »Variante A«, »Variante C 2,80« oder gar keine Variante? So bekannt war die Mühlhamer Schleife wahrscheinlich noch nie. »Der Streit ist nun zu Ende. Nach fünfundzwanzig Jahren, zumindest vorläufig«, meldete Daniela Vates im Februar 2013 unter dem Stichwort »Donauausbau abgesagt« in der *Frankfurter Rundschau*. In der *Frankfurter Allgemeinen Zeitung* berichtete Reinhard Bingener schon Ende 2012 von einem Traum des Hans-Jürgen Buchner alias Haindling, in dem sich der bayerische Ministerpräsident für die »frei fließende Donau« entschieden habe und deshalb bei seinem Bayernvolk auf einmal so beliebt sei wie der zweite Ludwig. Hat die jüngste Landtagswahl vielleicht dem Haindling recht gegeben?

Ludwigs Königtum jedenfalls begann 1864. In dieser Zeit – »um 1865«, wie es im *Katalog der Sammlung Schack* heißt – entstand Moritz von Schwinds Gemälde *Die Donau mit ihren Nebenflüssen*. Öl auf Leinwand. Die Donau erscheint dort als junge Frau, die einen Kranz aus Eichenlaub und eine goldene Krone auf dem Kopf trägt. Ihr Harnisch ist mit den Wappen der Länder geschmückt, die der Strom durchfließt, also auch mit dem des Königreichs Bayern. Die junge Frau gleitet flussabwärts, und in ihrer Bewegung sei, wie Adolf Friedrich Graf von Schack (1815–1894) schreibt, »das unaufhaltsam Hinabflutende vortrefflich ausgedrückt«. Hinter ihr schwimmen zwei kleine Kinder, die vermutlich Isar und Inn darstellen. Und vorne wird die junge Frau, so Schack, »von einem garstigen ungarischen Knaben empfangen«, der wahrscheinlich den längsten Nebenfluss der Donau personifizieren soll, die Theiß.

Die Donau – eine liebreizende junge Frau also, mit zwei zwar den Alpen entsprungenen, aber im Grunde doch bayerischen und durchaus süßen Kindern. Welcher Maler würde diese Flüsse heute noch so ähnlich malen wie Moritz von Schwind? Keiner natürlich, das ginge auch gar nicht. Die Donau hat sich seit 1865 gründlich gewandelt, ihre Wahrnehmung ebenso, und der künstlerische Blick auf sie natürlich auch. Wie? Darum soll es hier gehen. Und um anderes rund um die Donau.

Literatur, Bayern, Donau – ein riesiges, ein oft und ständig aufgegriffenes Thema. Der Klassiker dazu heißt *Donau. Biographie eines Flusses*, verfasst von Claudio Magris, deutsch 1988. Danach unzählige andere Darstellungen, darunter und besonders bemerkenswert: *Die Donau. Eine literarische Flussreise von der Quelle bis Budapest* von Bernhard Setzwein. Kann man zu unserem Thema noch Neues sagen? Wir tun, was man in so einer Situation gerne tut: Wir grenzen das Thema erst einmal ein.

Erstens geht es hier um Bayern, demnach um die Donau zwischen Neu-Ulm und Obernzell. Die Donau aber ist, von ihren Schwarzwaldquellen bis zur Mündung ins Schwarze Meer, 2888 Kilometer lang und fließt durch zehn Staaten – »der europäische Fluss par excellence«, wie der Historiker Michael W. Weithmann schreibt. Seinem jüngsten, nicht genug zu rühmenden Donau-Buch, das endlich einmal nicht in Wien oder Budapest endet und auch dem Kenner unglaublich viel wertvolles Wissen über die Donau und ihre Geschichte in Serbien, Rumänien, Bulgarien, Moldawien und der Ukraine anschaulich und stilvoll darlegt, kann man sich getrost anvertrauen: »Die Donau repräsentiert in ihrer Widersprüchlichkeit die Seele Europas.« Folglich wird, wenn von Bayern die Rede ist, grundsätzlich mitgedacht: Bayern in Europa.

Und zweitens geht es um Literatur, worunter nicht nur die Wortkunst verstanden wird, sondern auch deren Kontext: Geschichte, Kulturgeschichte vor allem, und sämtliche Nachbarkünste von der Architektur über die bildende Kunst bis hin zu Künsten, die man gemeinhin nicht als solche ansieht, die Kunst des Töpferns zum Beispiel oder die des Brauens und Biertrinkens. Dann die Menschen an ihren bayerischen Ufern, die natürlich alle Europäer sind, egal woher sie kommen. Sogar die seit vielen Generationen dort ansässigen Urbayern kommen ja bekanntlich nicht mehr um die zuletzt von der Archäologin Brigitte Haas-Gebhard stark gemachte »Sauhaufen-Theorie« herum, nach der sich eine spätrömische Kernbevölkerung mit großen Migrantengruppen aus Zentralasien, Osteuropa und Norddeutschland seit dem mangels Zeugnissen kaum profund erforschbaren fünften Jahrhundert zum Stamm der Bajuwaren formiert hat. Womöglich erscheint manchem all das Donau-Gerede als eine Art Sauhaufen. Vielleicht aber nimmt man doch ein paar neue Akzentsetzungen wahr: Literatur, Bayern, Donau – verstanden als Literatur und ihre Kontexte, multikulturelles Bayern in Europa und europäischer Fluss par excellence.

Vates, Daniela: Der Sieg der Donaukahnschnecke. In: Frankfurter Rundschau, 20. Februar 2013, S. 20–21.

Bingener, Reinhard: Auf großer Fahrt in der »Kristallkönigin«. In: Frankfurter Allgemeine Zeitung, 11. Dezember 2012, S. 5.

Rott, Herbert W.: Sammlung Schack. Katalog der ausgestellten Gemälde. Hrsg. von

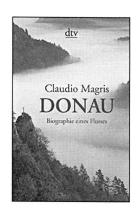

den Bayerischen Staatsgemäldesammlungen, München. Ostfildern 2009: Hatje Cranz Verlag.

Magris, Claudio: Donau. Biographie eines Flusses. Aus dem Italienischen von Heinz-Georg Held (1988). München 2007: Deutscher Taschenbuch Verlag.

Setzwein, Bernhard: Die Donau. Eine literarische Flussreise von der Quelle bis Budapest. Stuttgart 2004: Verlag Klett-Cotta.

Weithmann, Michael W.: Die Donau. Geschichte eines europäischen Flusses. Wien / Köln / Weimar 2012: Böhlau Verlag – Regensburg 2012: Verlag Friedrich Pustet.

Haas-Gebhard, Brigitte: Die Baiuvaren. Archäologie und Geschichte. Regensburg 2013: Verlag Friedrich Pustet.

Flussabwärts
Ein paar Anregungen zum Schauen und Lesen

»Dan« ist das indoeuropäische Synonym für »großer Fluss«, und folgt man dem unverzichtbaren Standardwerk von Michael W. Weithmann, dann haben die Kelten das Wort als »Danuvius« oder »Danubius« den Römern weitergegeben, woraus dann der Name »Donau« entstanden ist.

Großer Fluss? Die noch gar nicht besonders große Donau wird erst kurz vor Ulm, nach der Illermündung, zu einem einigermaßen schiffbaren Fluss.

Wo samma? In Ulm, wo Hans und Sophie Scholl aufgewachsen sind, denen Claudio Magris in seinem *Donau*-Klassiker nur eine knappe, aber tief berührenden Seite gewidmet hat? Oder gar schon hinter Neu-Ulm?

Jedenfalls war Ludwig Bechstein, der zuerst als Märchendichter bekannt ist, um 1835 herum schon hier – im Auftrag des Lexikon-Verlegers Joseph Meyer hat er den Fluss von Donaueschingen bis zum Schwarzen Meer bereist. Sein 1839 erschienenes Buch *Die Donau-Reise und ihre schönsten Ansichten*, 1990 nachgedruckt, ist nicht zuletzt deshalb spannend, weil es von Postkutschen, frühen Eisenbahnzügen und dem ersten »Donau-Dampfboot« berichtet.

Hoppla, gleich kommt das imposante Günzburg, in der Zeit der Habsburger auch »Klein-Wien« genannt, später Gundelfingen unweit der Mündung der Brenz und Faimingen mit den sehenswerten Resten eines Apollo-Grannus-Tempels, dann Lauingen mit Albertus Magnus – der 1280 in Köln gestorbene dominikanische Theologe, der für kurze Zeit auch Bischof von Regensburg war und vor allem einer der ersten auf Beobachtung und Erfahrung bauenden Naturkundler, dieser hochgelehrte und geistesgeschichtlich höchst bedeutende Albertus war, um es mit Adolf Layer und Herbert Schindler zu sagen, »ein Sohn dieser feingefügten Donaustadt«. Unweit von Lauingen liegt Höchstädt, in dessen Nähe vor gut dreihundert Jahren die berühmte Schlacht stattfand, ein grässliches Gemetzel rund um Kurfürst Max Emanuel, Prinz Eugen und den Herzog von Marlborough, und wo der Basler Professor Jakob Christoph Iselin wenig später an seinem *Historisch-geographischen Lexikon* gearbeitet hat.

Wir sind in Donauschwaben. »Beiderseits der Ufer streckt sich zwischen Ulm, Günzburg und Lauingen das Donaumoos, gefolgt zwischen Dillingen und Donauwörth vom Donauried, beides ursprünglich versumpfte Niederungen, die erst im 18. und 19. Jahr-

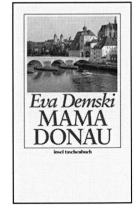

Demski, Eva: Mama Donau. Frankfurt am Main 2001: Verlag Schöffling & Co.

hundert kultiviert worden sind«, schreibt Michael W. Weithmann. Aus Donauwörth stammt Lorenz Hübner, der Ende des 18. Jahrhunderts als Redakteur der *Oberdeutschen Allgemeinen Literaturzeitung* die Stadt Salzburg zu einem Ort weltoffener und kritischer katholischer Publizistik machte. Nicht im Buchhandel erhältlich – und doch heute noch lesenswert!

Bald fließt von rechts wieder jede Menge Gebirgswasser in die Donau, und die Leute sprechen auf einmal ganz anders als westlich des Lech. Sumpfgebiete, erst ab 1790 allmählich »melioriert«, gibt es auch zwischen der imposanten Renaissancestadt Neuburg, wo René Descartes einst einen Winter verbrachte, und dem heute weit mehr von Audi und Erdöl als von den Wittelsbachern geprägten alten Ingolstadt, wo inzwischen keine Pioniere mehr herumlaufen. Dort lebte Marieluise Fleißer, eine der ganz Großen der Literatur in Bayern, und zwar nicht allein wegen ihrer Theaterstücke *Fegefeuer in Ingolstadt* und *Pioniere in Ingolstadt*, mit denen sie kurzfristig berühmt wurde, sondern auch und gerade wegen ihrer nur scheinbar einfach gebauten, immer genau hinschauenden Erzählungen. Und wegen ihres viel zu wenig bekannten Romans von 1930/31: *Mehlreisende Frieda Geier*, später *Eine Zierde für den Verein*, ein »Roman vom Rauchen, Sporteln, Lieben und Verkaufen« – das alles andere als naiv erzählte Porträt einer liebenswerten Kleinstadt, die manchmal ungeheuer brutal sein kann. Günther Rühle, der Herausgeber der *Gesammelten Werke* dieser durchaus nicht unhantigen und keinesfalls nur als Opfer der Verhältnisse zu sehenden Frau, die Martin Sperr, Rainer Werner Fassbinder und Franz Xaver Kroetz einst als ihre literarische Wunsch-Oma angehimmelt haben, schreibt darüber: »Der Roman enthält Provinz als ein Stück Welt; die bedrängenden schweren sozialen Probleme der Jahre, die er beschreibt, fallen als schwache Schatten ein, aber man nimmt sie doch wahr ... Die Idyllik der Provinz ist unheimlich.«

Bestimmt war die Fleißer – deren Werk, wie Claudio Magris schreibt, eine »Stimme der Auflehnung« grundiere, »manchmal heiser wie die der Möwen, die über den Fluss und durch die Dunkelheit dieses Abends streifen« –, bestimmt war diese eminente Dichterin irgendwann einmal nicht nur in Vohburg oder Neustadt an der Donau, sondern, genau wie viele altbayerische Schüler der Nachkriegszeit, auch in Weltenburg.

Bemelmans, Ludwig: An der schönen blauen Donau. Roman. Frankfurt am Main / Leipzig 2007: Insel Verlag.

»Ausflüge nach Weltenburg haben mir ... schon als Kind gefallen«, schreibt Eva Demski in ihrem empfehlenswerten Buch *Mama Donau*. Der Fluss und seine anmutigen Kurven, die Jurafelsen und die Donaukiesel und die Fähre, daneben das Kloster mit seiner umwerfenden Asamkirche – und natürlich das Bier! Ein Wahnsinnsort, sehr nahe am Himmel, auch wenn der Busparkplatz inzwischen größer ist als der ganze Münchner Stachus!

Durch den Durchbruch, den man nicht mehr so nennen soll, geht's nach Kelheim, wo auf dem Michelsberg die Befreiungshalle thront. Vorbei an den bayerischen Löwen an der B 16 und vorbei an Bad Abbach mit seiner Schwefelquelle, über deren Geschichte wir durch Ludwig Michael Dieterichs unterrichtet sind, »der Welt-Weißheit und Arznei-Wissenschaft Doktor, der kaiserlichen Akademie der Natur-Forscher, und der königlich großbritannischen deutschen Gesellschafft zu Göttingen Mitglied, auch Medicus zu Regensburg«. Altmühl, Naab und Regen ...

Und schon sind die Türme in Sicht! Regensburg!

»Der große Strom kam breit hergeflossen / Wie ein großer, silberner Fisch. Wälder warn seine Flossen. / Mit dem hellen Schwanz hat er am Himmel angestoßen. / So schwamm er schnaubend in die Ebene hinein. / Licht wogte um ihn, dunstiger Schein. / Dann war nur mehr er, nur mehr er, der silberne, nur mehr er allein.« Das stammt von Georg Britting, dem 1891 geborenen Regensburger Beamtensohn, einem heute kaum noch gelesenen Poeten und Prosaschriftsteller und liebenswerten, manchmal auch düsteren Donau-Bedichter, der 1921 nach München ging, wie es der Kritiker und Literat Albert von Schirnding später auch getan hat. *Vorläufige Ankunft* heißt Schirndings im Regensburg der Nachkriegszeit spielender Pubertäts- und Bildungsroman.

Beide sind Zeitgenossen von Ludwig Bemelmans, der im April 1945 im fernen New York den Regensburg-Roman *The Blue Danube* veröffentlichte, vielleicht nicht ganz große Literatur, aber ein trauriges und faszinierendes Buch, das Florian Sendtner übersetzt und erläutert hat und das erst 2007 unter dem Titel *An der schönen blauen Donau* in Deutschland erscheinen konnte. Im grundsympathischen Prosawerk von Hermann Lenz kommt Regensburg übrigens auch öfter vor.

Aber Schluss jetzt! Man könnte locker ein paar dicke Bücher schreiben, über das mehr als zweitausendjährige Regensburg und die Literatur – ein wahnsinnig weites Feld, »mehrfach codiert«, wie der Kulturwissenschaftler sagen würde. Allein zum Minithema »Regensburg im Spiegel der deutschen Literatur des 21. Jahrhunderts« findet man eine Menge anspruchsvollen Lesestoff: Eva Demski fällt einem gleich ein, Barbara Krohn, Benno Hurt, Harald Grill und Joseph Berlinger müssten dabei sein, und natürlich auch der eigenwillige Germanist und Dichter Hans Dieter Schäfer. Ein anderes Buch müsste sich damit beschäftigen, warum König Ludwig I. am linken Ufer bei Donaustauf von seinem Architekten Leo von Klenze einen teutschen Ruhmestempel errichten ließ und weshalb er »Walhalla« heißt – und natürlich mit der Frage, wer drin ist und wer nicht. Schön sind die Weinhänge abwärts des Tempels nicht nur im Spätherbst, und schön sind auch der im-

Schirnding, Albert von: *Vorläufige Ankunft. Roman.* München 2010: Verlag Langewiesche-Brandt im Verlag C. H. Beck.

mer noch reiche Gäuboden und seine Metropole, aus der angeblich auch der Gründer von Buenos Aires stammt.

Buenos Aires! »Man weiß in Straubing, was man ist, was man hat, was man war und was man will«, schreibt Josef Martin Bauer, der mit seinem Roman *So weit die Füße tragen* berühmt wurde. »Die Summe dieser vier Dinge mag man Selbstbewusstsein nennen.«

Die grausame Geschichte der am 12. Oktober 1435 in der Donau ertränkten Baderstochter, Stoff für zahlreiche Tragödien, Erzählungen und Gedichte, spielt unweit der netten Konditorei, die seit Jahren die mächtige Agnes-Bernauer-Torte anbietet. Die deutschen Bühnen haben das *Agnes-Bernauer*-Drama von Friedrich Hebbel seit Langem und sogar zu dessen zweihundertstem Geburtstag vernachlässigt – aber vielleicht gibt's ja doch irgendwann eine Neuinszenierung dieser kraftvollen Tragödie, die die Staatsraison und die Gewalt des Rechts derart betont, dass Claudio Magris aufseufzt: »Schade, dass nicht Marieluise Fleißer das Drama über Agnes Bernauer verfasst hat, denn sie hätte es aus der Sicht der Protagonistin geschrieben.« Carl Orffs Oratorium *Bernauerin* mit der hochdramatischen Hexen-Feststellung »itzt kummt's nimmer hoch« steht öfter auf den Spielplänen.

Weiter: Der Friedhof von St. Peter ist einer der eindruckvollsten im ganzen Donauraum, und der Bogenberg zieht nicht nur die Wallfahrer an. Herbert Achternbuschs Kindheit rückt näher – in seinem Theaterstück *Dulce est* spielt die Steinerne Brücke eine wichtige Rolle, und die Donau natürlich sowieso. Es folgen das Kloster Metten und die Stadt Deggendorf – in *Der letzte Schliff* hat Achternbusch die Bombardierung des Deggendorfer Donauhafens beschrieben. Nach der Isarmündung, zwischen wildestem Auwald und nervtötendem Autobahnlärm, kommt das Kloster Niederalteich in Sicht, und die berühmte Mühlhamer Schleife folgt sogleich.

»D Donau is z eng / ausbaua wolln s es. / Aus da landschaft / oda was? / I konn s ma ned vorstöilln / bei dem gwicht und der läng.« Das schrieb Albert Mühldorfer zum mittlerweile auf Eis gelegten Thema »Donauausbau«.

Osterhofen ist nicht weit und Künzing mit seinem Römermuseum auch nicht. Immer breiter wird er nun, »der mächtige Donaufluss, einem hallend atmenden Tier gleich hingelagert in seinem beständig aufgewühlten Bett«, wie der in Passau aufgewachsene Heinrich Lautensack schreibt, der im wilhelminischen Berlin zum erfolgreichen Bühnendichter wurde und mit achtunddreißig Jahren im Wahnsinn endete. Umnachtet, wie man sagt.

Nicht weit von seinem immer noch etwas düsteren Geburtsort Vilshofen aber – der Braumeister, der das weltberühmte Pilsner Bier erfand, stammt auch von hier –, nicht weit davon ist das Licht zu Hause, so betörend, dass einem schwindlig werden kann. »In der Fülle von Licht werden die Farben zu einem Akkord«, schreibt Dorothee Kiesselbach über die Kirche St. Margaretha in Altenmarkt bei Osterhofen, die mit ihrem Stuckmarmor in einem kräftigen Grün, ihren rotbraungelben Deckengemälden und den überall herunterstürzenden Engeln die – wenn man das überhaupt sagen darf – schönste Asamkirche im ganzen Land ist.

Achternbusch, Herbert: Der letzte Schliff. München 1997: Hanser Verlag.

Und die Donau? Aufgestaut ist sie jetzt, träge und auch ein wenig bedrohlich, und bald nach dem gewaltigen Kachlet-Kraftwerk sind wir endlich in der Dreiflüsse- und Bischof- und Hochwasser- und Zimmerschiedstadt, wo die ins ferne Chicago gespülte und nie mehr zurückgekommene Waldkirchner Wirtstochter Emerenz Meier von ihrem Sockel herab auf den Fluss schaut und sich womöglich eine frische Halbe wünscht. Passau. Auch hier droht: viel und gute Literatur!

»Seit dem ›Nibelungenlied‹ stehen Rhein und Donau sich voller Misstrauen gegenüber«, schreibt Bernhard Setzwein in seinem *Donau*-Buch. Über das *Nibelungenlied* wird seit zweihundert Jahren intensiv geforscht, und dass es einer aus dem Umkreis des Passauer Bischofs Wolfger um das Jahr 1200 herum aufgeschrieben hat, gilt als sicher. Na ja, als sehr wahrscheinlich. Auch wenn es gleich mehrere hervorragende Textausgaben und eine ganze Reihe von lehrreichen Kommentaren gibt – vieles liegt immer noch im Dunkel der Geschichte, und manches wird dort auch bleiben. Aber lesen kann man's!

Wie man auch über den Heiligen Severin manches lesen kann, nicht zuletzt in einem zwischen Regensburg und Wien spielenden dicken Roman mit einem wunderschönen Donau-Cover: *Das leere Land* heißt er, der 1953 in Linz geborene Walter Kohl hat ihn verfasst, und natürlich geht es darin um viel mehr als nur um den Heiligen Severin. So wichtig wie für Georg Britting, der seine Kindheit in der »kleinen Welt am Strom« zugebracht hat, ist die Donau ein Leben lang auch für Hans Carossa geblieben – ebenfalls einer, der zurzeit weniger gelesen wird, als er es verdient hätte. In Rittsteig bei Passau hat der Arzt und Dichter jahrelang gelebt, und in einer Kapitelüberschrift von *Verwandlungen einer Jugend*, dem zweiten Band seiner Lebenserinnerungen, wird die Donau der »große fließende Magnet« genannt. Das kleine Passau, das im ersten bayerischen Science-Fiction-Roman sogar im Titel vorkommt – *Der Untergang der Stadt Passau* stammt vom großen altbayerischen Literaten und Historiker Carl Amery und führt uns in das ferne Jahr 2013 –, ist so häufig Schauplatz literarischer Werke gewesen, dass man gar nicht erst anzufangen braucht mit dem Aufzählen. Adalbert Stifters vielleicht am wenigsten gelesenes Werk, der Historienroman *Witiko*, beginnt in Passau! Der unermüdliche Karl Krieg, der hier mit wenig Unterstützung unverdrossen die schöne Literaturzeitschrift *Passauer Pegasus* herausbringt, kennt sie alle, die toten und die lebendigen Passau-Dichter, und natürlich auch die berühmten und die noch weniger berühmten Kabarettisten aus dem Scharfrichterhaus. 1964 wurde der Skandinavist Klaus Böldl in Passau geboren, und unter seinen vielfach ausgezeichneten literarischen Werken ist eine wunderschöne Prosaskizze, die man am besten auf einer sonnigen Bank am Zusammenfluss von Donau, Inn und Ilz liest. Wer Böldls *Drei Flüsse* nicht kennt, kennt Passau nicht.

Flussabwärts, weiter. Die Wasserfarben vermischen sich nur langsam, rechts sieht man den oberösterreichischen Sauwald, wo einer sein Unwesen treibt, den man den Jean Paul unserer Tage genannt hat: Uwe Dick, dessen immer wieder umgeschriebene und vor allem erweiterte, grandiose *Sauwaldprosa* sprachaberwitzige Entdeckungen

Ettl, Hubert / Burger, Gerd (Hrsg.): Regensburg. Reise-Lesebuch. Viechtach 2006: lichtung verlag.

vom Allerfeinsten verheißt. »Die wenigsten kommen blöd zur Welt«, schreibt Uwe Dick in seinem Buch *Spott bewahre!* Und fährt fort: »Sie werdens dann nur. Aus Bequemlichkeit.« Natürlich hat der Jean-Paul-Preisträger von 2007 noch einiges mehr geschrieben, und ehe wir jetzt endgültig ins Österreichische kommen, gleiten wir vorbei am Wohnsitz eines ganz anderen Großen der deutschen Gegenwartsliteratur, der ebenfalls nicht gerade wenig publiziert hat.

Am Sonnenhang in Erlau, noch vor Obernzell und weit vor dem Grenzkraftwerk Jochenstein, hat Reiner Kunze seinen Frieden gefunden. *Am Sonnenhang* heißt auch ein Tagebuch von ihm, in dem die Donau eine tragende Rolle übernimmt. Man muss ihn, der 1976 durch *Die wunderbaren Jahre* und seinen entwürdigenden Rauswurf aus der DDR bekannt wurde, niemandem mehr näher vorstellen. Jeder kennt Reiner Kunze. Aber man kann diese bayerisch-literarische Donaureise mit Versen von ihm ausklingen lassen. *an der Donau im nebel* stammt aus dem Jahr 1979 und geht so: »Bis zum mittag kräht der hahn, ihm will / nicht morgen werden / Mit so dünnen stimmbändern müht er sich, / gott zu wecken, damit er / die falltür öffne über dem tal.«

Kohl, Walter: Das leere Land. Roman. Wien 2011: Picus Verlag.

Weithmann, Michael W.: Die Donau. Geschichte eines europäischen Flusses. Wien / Köln / Weimar 2012: Böhlau Verlag – Regensburg 2012: Verlag Friedrich Pustet.

Magris, Claudio: Donau. Biographie eines Flusses. Aus dem Italienischen von Heinz-Georg Held (1988). München 2007: Deutscher Taschenbuch Verlag.

Bechstein, Ludwig: Die Donau-Reise und ihre schönsten Ansichten. Hildburghausen 1839: Verlag des Bibliographischen Instituts. Nachdruck: Graz 1990.

Layer, Adolf / Schindler, Herbert: Schwäbische Donaustädte. Porträtskizzen von Gundelfingen, Lauingen, Dillingen und Höchstädt. In: Unbekanntes Bayern. Band 9: Städte am Fluss. Hrsg. von Alois Fink (1964). München 1976: Deutscher Taschenbuch Verlag. S. 201–209.

Fleißer, Marieluise: Gesammelte Werke. Hrsg. von Günther Rühle. Frankfurt am Main 1972: Suhrkamp. Drei Bände (Ein vierter Band mit Texten aus dem Nachlass erschien 1989).

Demski, Eva: Mama Donau. Frankfurt am Main 2001: Verlag Schöffling & Co.

Britting, Georg: Prosa. 1930 bis 1940. Erzählungen und kleine Prosa. Hrsg. von Wilhelm Haefs. München 1987: Süddeutscher Verlag.

Schirnding, Albert von: Vorläufige Ankunft. Roman. München 2010: Verlag Langewiesche-Brandt im Verlag C. H. Beck.

Bemelmans, Ludwig: An der schönen blauen Donau. Roman. Aus dem Englischen und mit einem Nachwort von Florian Sendtner. Mit einem Vorwort von Eva Demski. Frankfurt am Main / Leipzig 2007: Insel Verlag.

Lenz, Hermann: Der Wanderer. Roman. Frankfurt am Main 1988: Suhrkamp Verlag.

Ettl, Hubert / Burger, Gerd (Hrsg.): Regensburg. Reise-Lesebuch. Viechtach 2006: lichtung verlag.

Bauer, Josef Martin: Straubing. In: Unbekanntes Bayern. Band 9: Städte am Fluss. Hrsg. von Alois Fink (1964). München 1976: Deutscher Taschenbuch Verlag. S. 56–71.

Achternbusch, Herbert: Dulce est. Frankfurt am Main 1996: S. Fischer Verlag.

Achternbusch, Herbert: *Der letzte Schliff*. München 1997: Hanser Verlag.

Kiesselbach, Dorothee: *Osterhofen*. In: *Unbekanntes Bayern. Band 1: Entdeckungen und Wanderungen*. Hrsg. von Alois Fink (1964). München 1976: Deutscher Taschenbuch Verlag. S. 127.

Lautensack, Heinrich: *Altbayerische Bilderbogen. Prosadichtungen*. Hrsg. von Robert Baierl. Mit einem Nachwort von Petra Ernst. Passau 1994: Verlag Karl Stutz.

Setzwein, Bernhard: *Die Donau. Eine literarische Flußreise von der Quelle bis Budapest*. Stuttgart 2004: Verlag Klett-Cotta.

Kohl, Walter: *Das leere Land. Roman*. Wien 2011: Picus Verlag.

Carossa, Hans: *Verwandlungen einer Jugend*. Frankfurt am Main 1992: Insel Verlag.

Böldl, Klaus: *Drei Flüsse*. Frankfurt am Main 2006: S. Fischer Verlag.

Amery, Carl: *Der Untergang der Stadt Passau. Roman*. München 1975: Heyne Verlag.

Kiermeier-Debre, Joseph (Hrsg.): *Carl Amery – «... ahnen, wie das alles gemeint war». Ausstellung eines Werkes*. München / Leipzig 1996: Paul List Verlag.

Kunze, Reiner: *Die wunderbaren Jahre. Prosa* (1976). Frankfurt am Main 1978: Fischer Taschenbuch Verlag.

Kunze, Reiner: *Selbstgespräch für andere. Gedichte und Prosa*. Auswahl und Nachwort von Heiner Feldkamp. Stuttgart 1989: Reclam Verlag.

Kunze, Reiner: *Am Sonnenhang. Tagebuch eines Jahres*. Frankfurt am Main 1993: S. Fischer Verlag.

Männer im Kanu

Algernon Blackwood paddelt durch Bayern

Zweiunddreißig Jahre alt war der 1869 geborene Engländer Algernon Blackwood, als er in Donaueschingen ankam, zusammen mit einem Freund das aus London gelieferte Kanu bestieg und sich auf den Wasserweg nach Budapest machte. Was damals absolut ungewöhnlich war – Kanufahren war noch nicht in Mode, es gab nur erste Rudervereine. Die Donau war ein bisschen wilder als heute. Sie schlugen sich tapfer, die beiden Briten, und abends bauten sie ihr Zelt auf, machten ein Feuer und kochten sich ein Süppchen. Bald landeten sie im Kloster Weltenburg: »Alles kündete von Vernachlässigung und Zerfall … Ein weltabgeschiedener Ort, friedlicher, als man es in Worten ausdrücken könnte, weltfern und entrückt.« Heute dagegen!

In Regensburg wurden sie »ernsthaft« davor gewarnt, unter der Brücke hindurchzufahren – die Strudel seien unberechenbar. Na und! »Die Brücke vor uns war schwarz von Neugierigen, die darauf warteten, dass die verrückten Engländer vor ihren Augen kenterten.«

Sie kamen durch, und vier Tage später zelteten sie schon auf einer Insel kurz vor Passau und lernten einen Eingeborenen kennen, der einfach nicht weichen wollte.

»Seine Neugier war schier unersättlich; mit gekreuzten Armen und breit aufgepflanzten Beinen stand er da und begaffte uns in ausdruckslosem Schweigen … Unmöglich, unter diesem stieren Blick unser frugales Abendessen zuzubereiten.« Ja, so kann er auch sein, der Niederbayer!

Ganz verzaubert allerdings sind die Briten von der »außergewöhnlich malerischen alten Stadt mit ihrem Gewirr von Giebeln, Türmen und Brücken«, und mehr als angetan sind sie von der überwältigend schönen Donaulandschaft bis zur österreichischen Grenze bei Engelhartszell.

Der zuerst in *Macmillan's Magazine* publizierte brillante Reisebericht Algernon Blackwoods, der noch zahlreiche Kurzgeschichten und Romane verfasste, bei seinem Tod 1951 allerdings weitgehend vergessen war, gehört heute zu den Donau-Klassikern. Eine höchst dramatische Episode daraus, die auf einer Insel hinter Bratislava (Pressburg) spielt, verarbeitete er später zu einer packenden fantastischen Erzählung: *Die Weiden*. Die Texte finden sich in einem schönen kleinen Bändchen, das in einem erst 2015 gegründeten Verlag erschienen ist, der sich ganz der Donau-Literatur verschrieben hat. Dazu liest man noch einen kurzen wissenschaftlichen Beitrag, in dem betont wird, dass eine Fahrt über Wien hinaus damals eine Reise ins »Heart of Darkness« Europas war. Aber das betrifft eine Region, die mit Bayern selbstverständlich gar nichts zu tun hat. Oder?

Algernon Blackwood: Eine Kanufahrt auf der Donau. Reisebericht. Aus dem Englischen von Melanie Walz / Die Weiden. Fantastische Erzählung. Aus dem Englischen von Joachim A. Frank. Mit einem Vorwort von Thomas Mahr und einem wissenschaftlichen Beitrag von Ortrun Veichtlbauer. Ulm: danube books 2018. 154 S.

Politik und Marmorpflege
Hundertfünfzig Jahre Befreiungshalle Kelheim

Die Minoritenkirche in Regensburg zu besuchen und dann einen Kaffee im Kreuzgang des Klosters zu schlürfen – das garantiert eigentlich immer gute Laune. Man befindet sich im Historischen Museum der Stadt, und in dem gab es kürzlich eine besondere Ausstellung zu sehen. Thema: »Die Befreiungshalle Kelheim – Geschichte, Mythos, Gegenwart«. Keine große Ausstellung, wie *Die Zeit* schrieb, aber eine kleine, feine und gediegene.

Am 18. Oktober 1863 wurde der Ruhmestempel auf dem Michelsberg als Gedenkstätte für die siegreichen Gemetzel der Befreiungskriege gegen Napoleon eingeweiht, fünfzig Jahre nach der grausamen Völkerschlacht bei Leipzig und einundzwanzig Jahre nach Beginn der Bauarbeiten. Noch heute lockt er jährlich fast eine Viertelmillion Besucher nach Kelheim.

Schon als Kronprinz schwebte dem nachmaligen König Ludwig I. nicht nur der Bau eines Main-Donau-Kanals vor, sondern auch die Schaffung einer veritablen »Kulturlandschaft« am Donauknie: eine Befreiungshalle über der »Schleuse Eins« der bald nur noch »Ludwigskanal« genannten Schiffahrtsstraße, die Vollendung des Regensburger Doms und die Errichtung der Walhalla bei Donaustauf. Am Ausgang des Donaudurchbruchs sollte ein Kuppelbau mit achtzehn Ecken entstehen, dem monumentalen Grabmal Theoderichs des Großen in Ravenna nicht ganz unähnlich. Ludwigs Baurat Friedrich von Gärtner machte diverse Entwürfe – aufschlussreich und auch recht lustig übrigens, dass nicht wenige Gemälde aus der Mitte des 19. Jahrhunderts die schöne Donaulandschaft rund um Kelheim mit der »falschen«, weil dann doch nicht nach Gärtners Skizzen realisierten Befreiungshalle zeigen.

Friedrich von Gärtner starb 1847, und als Ludwig I. 1848 zugunsten seines Sohnes Maximilian als König abdankte, ruhte erst einmal die Arbeit. Doch zwei Jahre später ließ er, auf seine Privatschatulle angewiesen, den Bau fortsetzen. Leo von Klenze übernahm, die Ingenieure der Regensburger Eisenfabrik Maffei leisteten Beachtliches, und alles wurde gut. Fast gut. Jedenfalls stellt Gottfried Knapp in der *Süddeutschen Zeitung* fest: »Mit dieser Pionierarbeit des industriellen Bauens haben Klenze und seine Befreiungshalle zur Avantgarde des 19. Jahrhunderts aufgeschlossen.« Super, oder?

»In der bisherigen Forschung ist die Befreiungshalle Kelheim als symbolisches Monument entweder vollständig auf die Geisteswelt ihres Gründers König Ludwig I. bezogen worden, oder im unmittelbaren Vergleich mit der Walhalla als Bauwerk gleicher Gattung und Funktion abgehandelt worden«, schreibt Christoph Wagner im Vorwort zum *Kulturführer Regensburg 11*, in dem Erich Hafner alles Wissenswerte zum Thema zusammenfasst. »Kein Wort fällt über die Rezeption, Nutzung, politische Inszenierung und Instrumentalisierung, die dieses Bauwerk in den nachfolgenden Jahrzehnten bis heute erfahren hat und die von der Auseinandersetzung mit diesem Bauwerk nicht zu trennen ist.«

Genau darum ging es in der Ausstellung: Pläne und Briefe, Gemälde und Fotos, Filmsequenzen und Modelle, Bierkrüge und Briefmarken und viele andere Souvenirs machten die »Rezeptionsgeschichte« lebendig – hundertfünfzig Jahre Marmorpflege in unruhigen Zeiten. Das Jubiläumsjahr 1913 mit feierlichem Auftritt des deutschen Kaisers samt Reichshochadel, das Jahr 1933 mit der von einer riesigen Hakenkreuzfahne verunstalteten Befreiungshalle beim einzigen Kelheim-Besuch Adolf Hitlers, die dramatischen Ereignisse gegen Ende des Zweiten Weltkriegs, und später noch weitere politische Inszenierungen mit Theodor Heuss, Willy Brandt, Helmut Kohl und François Mitterand – das sind nur die Höhepunkte der hundertfünfzig Jahre des geschichtsträchtigen Ortes hoch über der Donau, in dem sich das zunächst immer »teutscher« und nach 1945 immer »unteutscher« werdende Germanien einst in einem stilistischen Durcheinander ohnegleichen als verspätete Nation in Szene gesetzt hatte. Bei den Minoriten waren mehr als hundertzwanzig Zeugnisse dieser bewegten Geschichte zu sehen, vom Erhabenen bis zum Kuriosen und Lächerlichen.

Und wer wirklich alles wissen will über den Marmorkuchen auf den Jurafelsen, der gebe 39 Euro und 95 Cent aus und studiere wochenlang den Katalog, der so monumental ausgefallen ist, dass Manfred F. Fischer von einem schlimmen Fall von »Adipositas Editorum« gesprochen hat. Hans Kratzer aber schrieb in der *Süddeutschen Zeitung* ganz zu Recht: »In neunundzwanzig Aufsätzen gehen Historiker und Wissenschaftler ungebremst, weit ausholend und so fundiert auf das Phänomen Befreiungshalle ein, dass das Werk über viele Jahrzehnte Gültigkeit behalten wird.«

Christoph Wagner (Hrsg.): Die Befreiungshalle Kelheim. Geschichte, Mythos, Gegenwart. Regensburg 2012: Schnell & Steiner. 544 S.

Christoph Wagner (Hrsg.): Die Befreiungshalle Kelheim. Geschichte, Mythos, Gegenwart (= Kulturführer Regensburg 11). Regensburg 2012: Schnell & Steiner. 96 S.

Es gilt die Ewigkeit
Straubinger Totentanz – Ein Besuch in St. Peter

Da es kaum etwas gibt, was es nicht gibt, gibt es auch eine »Europäische Totentanz-Vereinigung« (www.totentanz-online.de). Deren Präsidentin, die es nun wirklich wissen muss, schreibt in ihrem höchst interessanten, schön bebilderten und leicht lesbaren Standardwerk *Der Tanz in den Tod:* »Was ein Totentanz ist, lässt sich gar nicht so leicht beantworten.« Alfons Huber, der ein kleines Heftchen über die *Totentanz- oder Seelenkapelle im Friedhof der ehemaligen Pfarrkirche St. Peter* in Straubing verfasst hat, kennt die Antwort: »Ein Totentanz ist eine zumeist von Versen begleitete mittelalterliche Darstellung von mit der Gestalt des Todes gepaarten Ständepersonen in Tanz- oder Reigenhaltung … Seit der Renaissance kommen unter dem Einfluss von Holbein d. J. mehr und mehr auch Sterbeszenen jeder Art zur Darstellung. Der personifizierte Tod als mumifizierte Gestalt oder als Gerippe überrascht in realistischen Einzelszenen die Menschen aller Stände mitten im Leben.«

Und genau das dominiert im Straubinger Totentanz, mit dem der sonst nicht weiter bekannte Maler Felix Hölzl ab 1763 die Wände des Langhauses der Seelenkapelle ausgeschmückt hat. Unbedingt sehenswert, wie auch das mehr als einen Kilometer vom Stadtplatz entfernte Alt-Straubing, seine romanische Basilika St. Peter inmitten eines Friedhofs mit wunderbaren Grabstätten aus dem 15. bis ins 19. Jahrhundert – und seine sage und schreibe drei Kapellen: die Kapelle »Unserer Lieben Frauen« mit den drei großen rotmarmornen Grabplatten der Familie Dürnitzl an der Nordwand, die »Bernauerkapelle« mit dem imposanten Grabstein der 1435 gar nicht weit von St. Peter in der Donau ertränkten Agnes Bernauer – und eben die mit dem Totentanz.

Eindrucksvolle Bilder, sinnreiche Texte und ein existenzielles Thema: der Tod! Zur Klosterfrau sagt er: »Erschröckhet nur, ihr eitlen Docken dieser Weld, / wenn gehling unversehns der Tod euch yberfällt«. Zum Bauern mit der Sense: ›Du schneidest nicht für dich! Du liegst schon auf der Erden! / So geht es allen Fleisch, das düer wie Hei mues werden‹.« Auch der Herr Apotheker muss irgendwann »dürr wie Heu« werden, wenn's sein muss sogar mitten in seiner Apotheke: »O wie vill Kreuter säft und geister seind nicht hier: / Und dennoch ist nicht eines, das jetzt mir helffen kan? / Der Tod ruekht wyrklich schon mit großen Schritten an. / O Kunst, o eitle Kunst, wie wenig hilffst du mir!«

Ungefähr vierzig Totentanz-Bilder sind es, und auf einem davon steht der Tod, mit Pfeil und Bogen bewaffnet, als triumphierender Herrscher über die Lebenden auf einem Gottesacker – und spricht alle, heute genauso wie vor zweihundertfünfzig Jahren, so eindringlich an, dass Profanes wie zum Beispiel die Rechtschreibung völlig nebensächlich wird: »Der Köcher ist noch voll, / die Pfeile mangeln nicht, / Der Grueben gibt es vill, / sie seindt gleich zuegericht: / Vileicht bist du der erste, / der oder die diß list! / Wer gibt dier Brief dafür, / das du es nocht nicht bist? / Du kanst es sicher sein, / und wann bis du bereit? / Verweile dich doch nicht, / es gilt die Ewigkeit.«

Lange verweilen möchte man in dieser Kapelle und alles genau studieren – jedoch ... Während der Friedhof zum Glück fast immer besucht werden kann, muss man Geduld haben, will man die Basilika und die Kapellen überhaupt einmal von innen sehen. Armes Straubing! Es gibt einen Riesenandrang, aber viel zu wenige Führungen, sodass man sich ein halbes Jahr vorher anmelden muss – und dann hoffen, dass es klappt. Das wird schon seine Gründe haben – tourismusförderlich ist es nicht ...

Beten wir inständig dafür, dass das in Aldersbach, Babenhausen, Bad Wiessee, Bamberg, Bayerisch Gmain, Füssen, Garmisch-Partenkirchen, Haselbach, Ingolstadt, Lindau, Mitterteich, Roding, Schambach, Schweinfurt, Viechtach, Wondreb und Zenching anders ist. Auch in diesen bayerischen Städten, Märkten und Dörfern nämlich gibt es – ganz unterschiedliche – Totentanz-Darstellungen zu bestaunen. Wahrscheinlich auch noch anderswo im Freistaat. Faszinosum Totentanz! Nichts wie hin!

Uli Wunderlich: Der Tanz in den Tod. Totentänze vom Mittelalter bis zur Gegenwart. Freiburg 2001: Eulen Verlag. 143 S.

Alfons Huber: Totentanz- oder Seelenkapelle im Friedhof der ehemaligen Pfarrkirche St. Peter Straubing. Regensburg 2005/2009: Verlag Schnell & Steiner. 32 S.

Alfons Huber: Basilika St. Peter Straubing. Regensburg 1974/-2009: Verlag Schnell & Steiner. 24 S.

Isolde Schmidt: Ein vergessenes Stück Straubing? Der Straubinger Petersfriedhof und seine Grabdenkmäler. Straubing 1991: Ch. Attenkofer'sche Buch- und Kunstdruckerei. 138 S.

Isara rapidus

Ist die Donau ein bayerischer Fluss? Ja. Aber genauso auch ein serbischer. Oder ein rumänischer. Ist der Main bayerischer als die Donau, weil sein unterster Unterlauf nur ganz kurz ins Hessische abirrt? Eigentlich schon. Welcher Fluss ist am allerbayerischsten? Inn, Lech, Altmühl, Regnitz, Naab, Wörnitz, Rodach? Oder gar die Ilz? Schwierige Fragen! Und außerdem gibt's da noch eine zweihundertfünfundneunzig Kilometer lange Konkurrenz.

Der Mediziner und Reiseschriftsteller Johannes Wilkes beginnt sein Buch mit dem Satz: »Die Isar ist vielleicht der bayerischste aller Flüsse.« Man beachte das »vielleicht«! Der Doktor Wilkes ist von Scharnitz bis Deggendorf geradelt und hat ein humorvolles, amüsantes, witziges Büchlein geschrieben, mit trefflichen Fotos, hilfreichen Infokästen und einem nützlichen Anhang.

Noch ein Isar-Buch? Ja, unbedingt! Man schmunzelt über seine Sicht auf den berühmten »Problembär Bruno«, bewundert seine Würdigung des fast vergessenen Ernst Wiechert und lacht sich scheckig über seine Kurzversion des Nibelungenlieds. Mitten im Karwendel begegnen ihm vier Afrikaner, die zur Isarquelle hinauf radeln. Man erfährt, weshalb die »Lüftlmalerei« so heißt, wie sie heißt. Die Hohenburg in Lenggries anschauen? »Das Schloss mit schönem Barockgarten ist intakt, aber nicht zu besichtigen, die Burg ist zu besichtigen, aber nicht mehr intakt.« In der Pupplinger Au brütet die Flussseeschwalbe, an der dem Autor besonders auffällt: »Welcher andere Vogel kann schon ein dreifaches S aufweisen?«

Höchst erfreulich und auch durch die Kapiteleinteilung hervorgehoben ist, dass Johannes Wilkes, im Gegensatz zu zahlreichen anderen Isar-Schriftstellern, wirklich begriffen hat, dass die Isar nicht bei Freimann oder Garching endet. Freising, Moosburg, Landshut, Dingolfing, Landau und Plattling sind ebenso Isarstädte wie Bad Tölz oder Wolfratshausen, und hier kommen sie zu ihrem Recht.

Nicht nur die Städte. Kennen Sie das Kaffeekannenmuseum in Oberaichbach? Den wachsenden Felsen von Usterling? Das Velodrom von Niederpöring? Waren Sie schon in den weitgehend im natürlichen Zustand belassenen Auwäldern an der Isarmündung? Mit diesem Büchlein, das jede Menge Anregungen zum genüsslichen Nachradeln enthält, kommen Sie problemlos hin.

Viele historische Gestalten haben ihren Auftritt, Arbeo von Freising zum Beispiel, der Geigenbauer Matthias Klotz, Ludwig Ganghofers »Jäger von Fall«, Thomas Mann und Familie, die Heiligen Emmeram und Kastulus, der letzte Stauferspross Konradin oder der Landauer Pfarrer Johann Baptist Huber, der im Dritten Reich mutig gegen das Unrecht kämpfte und von den Nazis in den Tod getrieben wurde. »Zu jedem Kriegerdenkmal sollte man ein Denkmal der Aufrechten stellen«, meint Johannes Wilkes. »Ihre Namen erscheinen doch mindestens so wichtig.«

Wen Kulturgeschichte interessiert, der liegt hier richtig – wobei die allerjüngste Vergangenheit nicht ausgeklammert wird. Auch das Wolfratshauser Frühstück vom 11. Januar 2002 kommt vor – Karin, Edmund und Angie, Sie erinnern sich? –, die Bavaria Filmstadt, die in der Waldwirtschaft Pullach begonnene Biergartenrevolution von 1995, das Atomkraftwerk Isar II oder das legendäre Goggomobil. Und natürlich Uschi Glas, geboren 1944 in Landau an der Isar. Alles drin! Wunderbar!

Wo bleibt die Kritik? Na ja, auf den Herrn Beckenbauer aus Giesing könnte ein kleines Isar-Buch nach meinem Geschmack locker verzichten, und das schöne Landshut hat erheblich mehr zu bieten als Martinskirche und Burg Trausnitz – das Kloster Seligenthal zum Beispiel, keine zweihundert Meter vom Isarufer entfernt, wird nicht mal erwähnt. Der Sendlinger Mordweihnacht von 1705 wird angemessen gedacht – dass die gegen die Kaiserlichen aufbegehrenden Bauern und Jäger aus dem Oberland »immer die Isar aufwärts« gezogen sein sollen, ist nichts weiter als eine peinliche Unaufmerksamkeit, eigentlich nicht der Rede wert. Dieses grundsympathische kleine Isar-Buch ist äußerst lesenswert – und außerdem ein geradezu ideales Geschenk, für Zuagroaste und für Hiesige.

Johannes Wilkes: Das kleine Isar-Buch. Geschichte, Orte und Menschen von der Quelle bis zur Mündung. Regensburg: Friedrich Pustet Verlag 2018. 208 S.

Was die Isar rauscht
Eine Geschichte des achthundertjährigen Landshut

Das Jahr 1204 gilt als Gründungsjahr der Stadt Landshut, und so feierte die niederbayerische Hauptstadt 2004 mit einigem Aufwand ihren achthundertsten Geburtstag. Die Stadtarchivare Gerhard Tausche und Werner Ebermeier legten aus diesem schönen Anlass eine *Geschichte Landshuts* vor. Es ist ein Buch für Freunde und Liebhaber der bayerischen Geschichte und der alten Stadt an der Isar, ohne jeden Tourismuskitsch und ohne falsche Heimatidyllik. Dass sich die Autoren auf dem neuesten Stand der historischen Forschung bewegen und von der modernen Sozial-, Wirtschafts-, Kultur- und Alltagsgeschichtsschreibung eine Menge gelernt haben, wird bald deutlich.

Zu Beginn erfährt man das Wichtigste über die vor- und frühgeschichtliche Besiedelung des Isartals bis hin zu den bajuwarischen Urdörfern in der Landshuter Gegend, und man wird darauf hingewiesen, dass die Ereignisse von 1204 mit dem Streit zwischen dem Regensburger Bischof und den Wittelsbachern eine Vorgeschichte und einen konkreten Anlass hatten. Wer in der rasch Hauptstadt des Herzogtums Bayern werdenden Stadt eigentlich lebte, wie sie wuchs und wohin, welche Rolle die Klöster und Spitale spielten und welche die Handwerker oder die Kaufleute – es wird knapp skizziert und einleuchtend miteinander in Beziehung gesetzt. Die wirtschaftliche Blüte im 14. Jahrhundert und die Zeit der »Reichen Herzöge von Bayern-Landshut« ist im Zusammenhang mit der inzwischen weltberühmten »Landshuter Hochzeit« von 1475 oft beschrieben worden, und es ist erfreulich, dass diese Jahrhunderte hier zwar ihren Platz haben, spätere Zeiten aber dennoch nicht zu kurz kommen.

Gemeinhin spricht man ja vom raschen Niedergang Landshuts nach dem Tod Georgs des Reichen (1503) und dem darauf folgenden Landshuter Erbfolgekrieg. Dass die mittelalterliche Stadt, die plötzlich nicht mehr Hauptstadt eines eigenen Herzogtums war, im 16. Jahrhundert mit dem Bau der Stadtresidenz und den Umbauten auf der Burg Trausnitz eine Perle der süddeutschen Renaissance wurde und am »Musenhof« von Ludwig X. bedeutende Künstler und Gelehrte verkehrten, wird erfreulicherweise gebührend gewürdigt.

Drastisch schildern die Autoren die verheerende Pest und das Desaster des Dreißigjährigen Krieges, der die Stadt im wahrsten Sinne des Wortes ausbluten ließ.

Das kleine Landshut wurde eine bayerische Landstadt, in der die Kirchen und Klöster eine beherrschende Rolle spielten – zu Recht gilt dem »geistlichen Landshut« ein ungewöhnlich umfangreiches und sehr instruktives Kapitel.

Durch die Verlegung der Landesuniversität von Ingolstadt nach Landshut im Jahr 1800 kam neuer Glanz in die Stadt – bis 1826 beherbergte sie nun bedeutende Gelehrte und Künstler. Landshut wurde sogar, Alfons Beckenbauer und andere haben es geschildert, zu einem Zentrum der romantischen Bewegung. Auch hier beschränken sich die Autoren auf das Wesentliche, damit nicht zu kurz kommt, was Theo Herzog ausführlich erforscht hat: die Schul- und Verwaltungs-, die Militär- und Industriestadt der bürgerlichen Epoche mit reichem Vereinsleben und prosperierendem Gewerbe – und endlich das moderne Landshut des 20. Jahrhunderts mit Elektrizität, Trambahn und Flugplatz.

Nach dem Ersten Weltkrieg begann der Aufstieg der NSDAP, der in Landshut eng mit dem Namen Gregor Strasser verbunden war. Die Auswirkungen der Weltwirtschaftskrise brachten den Nazis Zulauf, und so war Landshut schon 1933 eine sichere Burg für den Führer. »Die NSDAP war stets im Stadtbild präsent, so auch bei der Landshuter Hochzeit in dieser Zeit.« Das Tausendjährige Reich endete am 19. März 1945, als mehr als zweihundert Menschen bei einem Bombenangriff ums Leben kamen – offiziell endete es ein paar Wochen später, als Soldaten des 395. US-Infanterie-Bataillons in Landshut einmarschierten. Flüchtlinge aus Böhmen, Schlesien, Pommern, Ostpreußen und anderen Regionen Europas ließen die Einwohnerzahl Landshuts um ein Drittel steigen. Der Stadt hat das gut getan, und die letzten siebzig Jahre kann man als scheinbar normale, aber doch auch wundersame bayerisch-bundesdeutsche Erfolgsgeschichte bezeichnen.

Was an dieser gelungenen *Geschichte Landshuts* besticht, ist der auf knappem Raum versammelte Reichtum an Details, der selbst Landshut-Kennern manch Neues bietet. Dass Archivare viel wissen, auch Kleinigkeiten, die dem Wissen Farbe geben, darf man erwarten. Gerhard Tausche und Werner Ebermeier können ihr Wissen außerdem noch brillant vermitteln, und so liest sich das hervorragend illustrierte Buch flott und flüssig. Der Leser wird auf hohem Niveau bestens unterhalten und lernt noch eine Menge dazu. Besser kann man seine Sache kaum machen.

Gerhard Tausche / Werner Ebermeier: Geschichte Landshuts. München 2003: Verlag C. H. Beck. 175 S.

Schirm und Schild

Fünfhundert Jahre Leinberger-Madonna

Zwischen 1516 und 1518 soll sie entstanden sein, sagen die Kunsthistoriker. 2017 wäre demnach das richtige Jahr gewesen, um ihren fünfhundertsten Geburtstag zu begehen. Doch eigentlich braucht es kein Jubiläum, um wieder einmal nach Landshut zu fahren, in der noch immer spätgotisch anmutenden Altstadt zu bummeln und dabei selbstverständlich auch in die dem Heiligen Martin gewidmete mächtige Hallenkirche einzutreten.

Rechts vorne hängt sie dann. Die Muttergottes des Landshuter Künstlers Hans Leinberger gilt völlig zu Recht als eine der größten Sehenswürdigkeiten der sowieso sehenswerten Stadt an der Isar. Aber war Leinberger wirklich ein Landshuter?

Ein Gebürtiger jedenfalls nicht. Vom Schöpfer dieser großartigen Madonna, dessen Werken man im Berliner Bode-Museum ebenso begegnen kann wie im Bayerischen Nationalmuseum in München, weiß man viel weniger als von berühmten Zeitgenossen wie Albrecht Dürer, Albrecht Altdorfer oder Tilman Riemenschneider. Das Dunkel um seine Person hat auch die intensive Forschung der letzten Jahrzehnte nicht wirklich aufklären können, und so gilt mehr oder weniger immer noch, was August Gebeßler und Benno Hubensteiner vor gut sechzig Jahren feststellten: »Urkunden und Rechnungsbücher bezeugen lediglich, dass Hans Leinberger von 1513 bis 1530 … in Landshut gesessen ist. Woher er kam, wohin er ging, wann und wo er starb – kein Buchstabe ist darüber zu finden.«

Man weiß, dass es keine zwanzig Kilometer isaraufwärts, in der ehemaligen Stiftskirche St. Kastulus in Moosburg, einen Hochaltar zu bestaunen gibt, der einem heute noch den Atem nehmen kann – »einer der gewaltigsten Altäre der deutschen Spätgotik«, wie die genannten Autoren schreiben. Doch sonst? Die Muttergottes von Polling bei Weilheim ist noch einigermaßen bekannt, vielleicht auch die imposante Jakobusfigur im Nationalmuseum. Es gibt noch mehr – doch was »Maister Hanns, Schnitzer« an Holzbildwerken, aber auch an Kunstwerken aus Stein oder Metall geschaffen hat, befindet sich nur noch selten an seinem ursprünglichen Platz. In Altötting oder Wasserburg kann man da fündig werden, in Erding, Ingolstadt, Straubing oder Regensburg, in Furth bei Landshut, in Geisenhausen oder in Marklkofen. Sogar in Ambras bei Innsbruck oder in Brixen.

Aber bleiben wir bei seiner ursprünglich wohl in der Dominikanerkirche frei hängenden Landshuter Madonna, die erst zu Beginn des 20. Jahrhunderts den ihr angemessenen Ort an der Stirn des rechten Seitenschiffs von St. Martin bekam und seither nicht nur die verehrte Reisejournalistin Renate Just, sondern auch zahlreiche andere Landshut-Besucher zu intimen Herzensergießungen bewogen hat. Von vornherein übrigens scheint sie nicht für ein Gegenüber, sondern für einen nach oben blickenden Betrachter gedacht gewesen zu sein.

Bleiben wir beim huldvoll ernsthaften und doch mütterlich gütigen Gesicht dieser Maria, bei ihrem gebündelten Haargeflecht, beim wirbelnd wallenden Faltenwurf ihres Gewands, unter welchem ein paar kecke Englein hervorlugen. Hoheit und Würde strahlt sie aus, und zugleich eine überzeitliche menschliche Nähe. Und in ihrem Arm das ganz und gar ungewöhnliche, bereits auf den ersten Blick irgendwie niederbayerisch anmutende Jesuskind, in dessen Antlitz und Gestalt schon der erwachsene Mann schlummert. Worin besteht er, der faszinierende Zauber dieser grandiosen Holzfiguren aus dem frühen 16. Jahrhundert?

Da kommt viel zusammen, natürlich. Was Leinbergers Figuren auf jeden Fall auszeichnet und was sie bis heute attraktiver macht als andere, ist erst einmal das, was Georg Spitzlberger so formuliert: »Seine Heiligen sind die Männer und Frauen seiner Zeit. Sie sind die blutfrische Darstellung seiner Zeitgenossen, seiner selbst, seiner Ideale.« Was auch bedeuten kann, dass das späte Mittelalter samt Gotik im Luther-Jahr 1517 eigentlich zu Ende war. Man kann, schreibt Spitzlberger mit Recht, »bei aller renaissancehaften Überform an den Köpfen Leinbergers stets die bäuerlich gehärteten, von eigener Seelenbestimmung gezeichneten Gesichter der christlichen Landbevölkerung durchscheinen sehen«.

Anders gesagt, ganz ohne Kunsthistoriker: So einen Jesusknaben hat man doch schon einmal gesehen! In der Wirklichkeit! Vielleicht an einem Sonntagnachmittag beim Skateboarden rund um den Taubenschlag auf dem elterlichen Hof? So einen gibt es heute noch!

In der bewundernswerten, mitten im Zweiten Weltkrieg ohne größere Zugeständnisse an den Zeitgeist veröffentlichten und laut Spitzlberger »grundsätzlich immer noch gültigen« Studie von Georg Lill – und in der weiteren Forschung – hat man sich diesem Buben mit stupender Gelehrsamkeit zugewandt. Man sollte das alles studiert haben, eigentlich. Aber man muss es nicht. Leinbergers Jesuskind spricht den Betrachter auch fünfhundert Jahre nach seiner Entstehung unmittelbar an, weil es als Kunstwerk glaubwürdig und authentisch erscheint. Und seine Mutter ebenso. Niemand muss hier Experte für Bildschnitzkunst sein, um über die höchst individuellen Gesichtszüge oder die Biegungen der Rockfalten hinaus die Sogkraft der Gesamtkomposition zu bemerken. Hans Leinberger hat dem toten Holz Seele und Leben eingegeben. Und man muss kein tief gläubiger Mensch sein, um zu spüren, welches Trost- und Verehrungspotenzial diese künstlerische Darstellung in sich birgt.

Schon recht, wird hier einer sagen. Aber wer will heute noch verehren? Sucht noch jemand Trost? Braucht mancher vielleicht eine Heimat für die durch die Zumutungen der Globalisierung geschundene Seele?

Schwierige Fragen. Was soll man darauf schon antworten? Nix Genaues weiß man nicht. Und auf jeden Fall kann man sich Tage und Nächte darüber streiten, was »Heimat« ist und was ein »Heimatgefühl« heute eigentlich überhaupt noch soll. Die Leinberger-Madonna würde darüber nur lächeln, ganz für sich natürlich und im Dunklen. Denn eines weiß sie genau: Heimat – das sind auch wir. Mein Sohn und ich. Für ganz viele ganz unterschiedliche Menschen. Seit einem halben Jahrtausend.

Georg Lill: Hans Leinberger – Der Bildschnitzer von Landshut. Welt und Umwelt des Künstlers. Mit 162 Abbildungen und einer Karte. München 1942: Verlag F. Bruckmann. 328 S.

Georg Spitzlberger: Hans Leinberger. Mit 25 Abbildungen. Freilassing 1982: Pannonia-Verlag. 48 S.

August Gebeßler / Benno Hubensteiner: Hans Leinberger, der Bildschnitzer von Landshut. In: Alois Fink (Hrsg.): Unbekanntes Bayern. Band 1: Entdeckungen und Wanderungen. München 1975 (1955): Süddeutscher Verlag. S. 170–177.

◀ *Foto: Ludwig Drexl, München*

Stadtbrille und Hockermühlbad
Kleine Einladung nach Amberg

Sommerferien bei Tante Maria und Onkel Richard! Anfangs wohnten sie am Schießstätteweg, wo es in den frühen 1960er-Jahren noch Gaslaternen gab. Wir streiften täglich durch die Stadt. Nabburger Tor und Vilstor, St. Martin und St. Georg, Stadtbrille und Hockermühlbad wurden mir schnell vertraut. Dass es ein Neubaugebiet gab, das allen Ernstes »D-Programm« hieß, nahm ich verwundert zur Kenntnis. Die Mariahilfkirche droben auf dem Berg besuchten wir natürlich auch, Schmidmühlen, Hirschau oder Kastl konnte man mit dem Fahrrad erreichen. Nachts sah man den Feuerschein der Hüttenwerke. Jugendzeiten an der Vils.

Eine schöne Einladung, Amberg mal wieder zu besuchen, ist das von Stadtarchivar Johannes Laschinger verfasste *Amberg-Büchlein*. Kompakt, verlässlich und übersichtlich führt es durch die Jahrhunderte. Der Aufstieg begann in der Epoche Ludwigs des Bayern. Bald wurde Amberg zur Regierungs- und Residenzstadt der Pfälzischen Wittelsbacher. Wirtschaftliche Basis war die Förderung und Verhüttung von Eisenerzen sowie der Handel mit Eisenprodukten. Im Februar 1474, ein Jahr vor der berühmten Landshuter Fürstenhochzeit, erlebte Amberg ein prächtiges Schauspiel: die Vermählung Pfalzgraf Philipps mit der aus der Vilsstadt stammenden Margarete, Tochter Herzog Ludwigs IX. von Bayern-Landshut.

Ausführlich verweilt der Autor im nicht nur konfessionell turbulenten Jahrhundert zwischen 1517 und 1618, doch kommt die spätere »Oberpfälzer Barockhauptstadt« ebenso zu ihrem Recht – Wolfgang Dientzenhofer, Johann Baptist Zimmermann oder Cosmas Damian Asam haben ihre Spuren hinterlassen. Im Königreich Bayern verlor Amberg zwar die Regierung der Oberpfalz an Regensburg, nahm aber dennoch an Bedeutung zu – als Garnisons- und Bierstadt, vor allem aber als Lieferant von Erz für den Eisenbahnbau und Standort wichtiger Industrien.

Nette Kleinigkeiten lässt Johannes Laschinger nicht aus: Wussten Sie, dass Josef Friedrich Schmidt, der in seiner Werkstatt in der Münchner Au für die drei Söhne ein Brettspiel namens »Mensch ärgere Dich nicht« entwickelte, 1871 in Amberg zur Welt kam? Oder dass ein unschuldiger Amberger Knabe, der am 2. Oktober 1929 geboren wurde, als das legendäre Luftschiff die Stadt überflog, den schönen Vornamen »Zeppelin« verpasst bekam?

Man hört ja immer wieder, Archivare könnten nicht farbig und anschaulich schrei-

ben. *Amberg* beweist das Gegenteil. Dass es Johannes Laschinger allerdings schafft, den Namen des großen Amberger Dichters Eckhard Henscheid nicht einmal zu erwähnen, geht weder in Ordnung noch sowieso noch – genau ...

Johannes Laschinger: Amberg (Reihe: Kleine Stadtgeschichte). Regensburg 2015: Verlag Friedrich Pustet. 176 S.

Lob des U

Dank an Andreas Hennemann

Domberg, Altes Rathaus, Klein-Venedig – Bamberg, so sagen sich immer mehr Zeitgenossen, Bamberg ist auf jeden Fall eine Reise wert. Stimmt natürlich! Das fränkische Rom, auf sieben Hügeln erbaut, ist das ganze Jahr über attraktiv. Sogar ohne Schäufala und Schlenkerla! Womit nichts gegen Fleischberge mit Kloß und Wirsching und schon gar nichts gegen's Rauchbier gesagt sein soll. Ob E.-T.-A.-Hoffmann-Haus, Schleuse 100 des Ludwig-Donau-Main-Kanals oder Villa Concordia, ob Michaelsberg oder Altenburg, die Gartenwirtschaft vom Ruderverein oder die legendären, besucherfreundlich in der ganzen Stadt verteilten Bierkeller – es lebt sich nicht schlecht an den Ufern der Regnitz.

Und dann der Blick von oben auf die Dächer und Türme! Man sitzt und schaut und staunt! Da kommt der Kellner und fragt unseren Bamberger Freund, was es denn sein darf. Der schaut kurz auf und sagt: »A U, bidde!«. Hä? Die Münchner schaun einander an, nicken sich kurz zu und bestellen: »Aa a U!« und »No a U!«. »Drei U!«, resümiert der Kellner, und weg ist er. Und als dann drei perfekt temperierte Seidla vor uns stehen, voll mit ungespundetem hellem Bier, ist das Paradies sehr sehr nahe. Aha! »U« bedeutet »ungespundet«! Ja, was ist jetzt das schon wieder? Egal! Prost! Aaaaah! Bamberg!

Die gezähmte Wildsau
Adorno in Amorbach

Wer kennt Amorbach, Landkreis Miltenberg, die kleine Barockstadt im westlichen Unterfranken, einst Sitz einer berühmten Benediktinerabtei und später Residenz der Fürsten von Leiningen? Wer weiß, dass die unbedingt sehenswerte Stadt unweit der Grenze zu Baden, von der aus es nur achtzig Kilometer nach Frankfurt am Main sind, seit exakt zweihundert Jahren zu Bayern gehört?

In der südlichen Hälfte des Freistaats dürfte es nicht allzu viele Zeitgenossen geben, die von sich behaupten können, Kenner des bayerischen Odenwalds zu sein oder wenigstens schon mal am Amorbacher Marktplatz einen Kaffee getrunken zu haben. Obwohl der ausnehmend schön ist.

Literatur in Amorbach? Na ja, ehrlich gesagt: Sonderlich bedeutende Poeten hat die Stadt bisher noch nicht hervorgebracht. Aber es gab einen Geistesriesen, der drei Jahre vor seinem Tod ganz ohne Zögern bekannte: »Zu Unrecht und zu Recht ist mir Amorbach das Urbild aller Städtchen geblieben, die anderen nichts als seine Imitation.«

Theodor Wiesengrund Adorno! Ich weiß noch heute, wo und wie ich mir von meinem garantiert nicht üppigen Schülertaschengeld die *Ästhetische Theorie* kaufte, den allerersten Band der bald legendär werdenden Reihe *suhrkamp taschenbuch wissenschaft* (*stw*), wie ich anfing zu lesen, im Grunde nichts verstand und dennoch nicht aufhören konnte mit der Lektüre. Dieser souveräne Überblick! Diese gedankliche Weite! Und vor allem: diese eigentümliche Sprache! Faszinierend!

In der Studentenzeit kamen dann *Noten zur Literatur*, *Minima Moralia*, *Dialektik der Aufklärung* und andere Bücher hinzu. Was ich damals nicht wusste: Im Jahr 1966, vor mehr als einem halben Jahrhundert, hatte der weltberühmte Philosoph in der *Süddeutschen Zeitung* sechzehn autobiografische Miniaturen veröffentlicht und sie mit einer schlichten Überschrift versehen: *Amorbach*.

Der 1903 in Frankfurt am Main geborene Professor, der nach seiner Rückkehr aus dem amerikanischen Exil an der Universität seiner Geburtsstadt wirkte und dort mithalf, die sogenannte »Frankfurter Schule« zum Blühen zu bringen, war damals auch für Polito- und Soziologen, für Literatur- wie Musikwissenschaftler eine Autorität, bekannt nicht nur durch seine Bücher, sondern auch durch seine Radiosendungen und

Fernsehauftritte. Ein Mann von Welt, wie man damals oft sagte, war dieser deutschjüdische Intellektuelle sowieso.

Als kleiner Hessenbub indes, den alle Welt »Teddy« nannte, verbrachte er seine Ferien, zusammen mit den Eltern und einigen anderen Verwandten, fast immer an einem einzigen Ort: Amorbach. Und dieses Amorbach, wo die im Kaiserreich recht strengen Regeln der Eltern- und Schulwelt außer Kraft gesetzt schienen, wurde für Adorno »Synonym für das Glück, die Sehnsucht und die ›Wärme der Kindheit‹«, wie Reinhard Pabst bemerkt, der kundige Herausgeber des schönen Taschenbuchs *Kindheit in Amorbach*. Und darüber hinaus, wie der große Philosoph selbst im Juni 1945 an Thomas Mann geschrieben hatte, Synonym für den »Traum einer von Zwecken nicht entstellten Welt«, einer nicht entfremdeten, friedlichen und lebenswerten Welt, die auch auf »Respektspersonen« verzichten kann, weil dort alle Menschen einander respektieren.

In Amorbach, genauer gesagt im nahen Ernsttal, wurde der junge Adorno schon mal auf eine Alternative zur herrschenden Ordnung aufmerksam: »Dort erschien eine Respektsperson, die Gattin des Eisenbahn-

präsidenten Stapf, in knallrotem Sommerkleid. Die gezähmte Wildsau von Ernsttal vergaß ihre Zahmheit, nahm die laut schreiende Dame auf den Rücken und raste davon. Hätte ich ein Leitbild, so wäre es jenes Tier.«

Theodor W. Adorno: Kindheit in Amorbach. Bilder und Erinnerungen. Mit einer biographischen Recherche herausgegeben von Reinhard Pabst. Frankfurt am Main / Leipzig 2003: Insel Taschenbuch. 228 S.

Friedberg kann Museum
Glanzvolles im Wittelsbacher Schloss

Beim Kurt-Wolff-Verlag bewarb sich Fritz Schwimbeck um die Illustrierung von Gustav Meyrinks *Golem*-Roman. Der Verlag zog den damals bekannteren Hugo Steiner-Prag vor, und dieser Kollege fertigte seine Arbeiten auf der Grundlage von Schwimbecks eingereichten Illustrationen an – zum Ärger des 1889 in München geborenen und im Friedberger Schloss aufgewachsenen Künstlers. Erst 1918 erschien dessen siebzehn Blätter umfassende Mappe beim Georg Müller Verlag, und es zeigte sich, wie sehr ihn Friedberg und sein Schloss inspiriert hatten.

Die geheimnisvolle, oft düstere Atmosphäre in seinen Werken entsteht nicht zuletzt wegen des gezielt eingesetzten Spiels von Licht und Schatten. Einige dieser Zeichnungen, aber auch Illustrationen zu Shakespeares *Macbeth* und *Hamlet*, zu Kleists *Erdbeben in Chili* oder zu Lenaus *Gedichten*, kann man im Fritz Schwimbeck gewidmeten Raum des völlig neu konzipierten Museums im Wittelsbacher Schloss erleben. Und dort man kann auch noch mehr erfahren über den mit Lion Feuchtwanger und vielen anderen Münchner Kulturgrößen bekannten Künstler, der 1977 in Friedberg starb und auf dem Münchner Waldfriedhof bestattet wurde.

Heute hat Friedberg rund dreißigtausend Einwohner, ist fast schon zusammengewachsen mit dem Augsburger Stadtteil Hochzoll und wird oft lediglich als Vorort der Schwabenmetropole wahrgenommen. Friedberg jedoch war immer schon etwas Eigenes, nämlich eine Art bayerisch-katholischer Gegenentwurf zu Augsburg. Woher kommt wohl der Name Hochzoll? Tja, Friedberg war Grenzstadt, vor 1806 natürlich, als sich die Grenze mit der Errichtung des Königreichs Bayern erledigte. Eine Burg mit weitem Ausblick Richtung Lech gab es hier schon seit dem 13. Jahrhundert, und vor dem Dreißigjährigen Krieg erlebte sie ihre erste Glanzzeit. Danach wurde das, was der Krieg übrig gelassen hatte, zum Schloss für Therese Kunigunde umgestaltet, die zweite Gemahlin von Max Emanuel. Bald aber interessierten sich die Wittelsbacher kaum noch für Friedberg – Maximilian III. Joseph richtete eine Fayencemanufaktur im Schloss ein, und als noch später die ersten Behörden einzogen, war's eigentlich vorbei mit allem Glanz.

Aber: 1886 darf das neu gegründete Stadtmuseum einige Schlossräume nutzen, und das kann man durchaus als Anfang einer neuen Glanzzeit sehen. Zwar gab es im vergangenen Jahrhundert noch einiges Hin und Her, doch 2007 war es dann soweit: Die Stadt Friedberg wurde Eigentümerin des Schlosses, eine aufwendige Sanierung und grundlegende Neugestaltung begann, und im Mai 2019 wurde es feierlich neu eröffnet. Glanzvoll! Man kann, nein: Man muss nach Friedberg fahren und sich Zeit nehmen für Schloss und Museum. Die Stadt darf wirklich stolz sein auf das hier Geleistete. Friedberg zeigt, wie's geht!

Und: Friedberg kann Museum! Sicher, mal abgesehen von der geglückten Umsetzung heutiger museumspädagogischer Standards – das Museum ist auch ein anspruchsvoller Abenteuerspielplatz für Kinder geworden – und völlig abgesehen von der schlichtweg überwältigenden innenarchitektonischen Gestaltung: Die allseits bekannten Probleme eines Stadt- oder Heimatmuseums gibt es auch in Friedberg. Nämlich: Was ausstellen? Und wie all das Heterogene, das sich im Laufe der Jahrzehnte angesammelt hat, einigermaßen plausibel verbinden? Die Friedberger Prachtuhren, denen gleich fünf Museumsräume gewidmet sind, und die wunderschönen Fayencen aus dem 18. Jahrhundert – das geht ja noch einigermaßen zusammen. Aber wie passen die in einer schlossnahen Sandgrube ausgegrabenen Unterkiefer des Urelefanten *Zygolophodon turicensis* mit den Zeugnissen sakraler Kunst und denen der Wallfahrer zusammen? Friedberg hat ja gleich drei Wallfahrtskirchen! Und wie verbindet sich das alles wiederum mit den Hinterlassenschaften dreier Friedberger Künstler des 20. Jahrhunderts, den philosophischen und mythologischen, symbolhaft überhöhten Gemälden von Karl Müller-Liedeck (1915–2009), dem vielfältigen Werk des Münzen- und Briefmarkengestalters Reinhart Heinsdorff (1923–2002), von dem die 10-DM-Münze für die 750-Jahr-Feier der Stadt Berlin stammt – und mit dem Erbe von Fritz Schwimbeck?

Was für Gegensätze! Ist das nicht das reinste Chaos? Vielleicht schon. Aber es wird auf so kluge, einleuchtende und ansprechende Art und Weise zusammengeführt und so prachtvoll präsentiert, dass der Besucher nur staunen kann. Er wird sich dann, nach einer Stärkung im originellen, mit Blumen von Susanna Taras ausgestatteten Museumscafé, den *Glanzvoll*-Katalog besorgen wollen, um sich daheim noch einmal in Ruhe zu vertiefen in die Vielfalt dessen, was er gerade gesehen und erlebt hat. Über diesen von Museumsleiterin Alice Arnold-Becker erarbeiteten, mit sensationellen Fotos von Andreas Brücklmair ausgestatteten und höchst professionell gestalteten Katalog, zu dem die Archäologen Ursula Ibler und Volker Babucke eigene Beiträge beisteuerten, ist eigentlich nur zu sagen, dass ein Buchtitel selten so gut gepasst hat wie hier: *Glanzvoll!*

Schlossstraße 21, 86316 Friedberg. Telefon: 0821-6002681. Fax: 0821-6002689. Mail: museum@friedberg.de. Web: www.museum-friedberg.de. Öffnungszeiten: Dienstag-Sonntag 10–17 Uhr. Katalog: Likias Verlag 2019. 207 S.

St. Kajetan und Adelheid
Die Münchner Theatinerkirche

Wenn ein Radler von der Münchner Residenz her in die Ludwigstraße gelangen möchte, muss er spätestens vor dem Tor zum Hofgarten energisch läuten, laut schreien oder sakrisch fluchen. Denn die Touristen scheren sich generell nicht um Fahrradwege – Fotos müssen her, unbedingt, Fotos vom Odeonsplatz und vor allem von der Fassade der Theatinerkirche. Sie zählt nun mal seit mehr als dreihundert Jahren zu den prominentesten Sehenswürdigkeiten Münchens. Von Kurfürst Ferdinand Maria (1636–1679) und seiner aus Savoyen stammenden Gemahlin Henriette Adelaide (1636–1676) aus Dankbarkeit für die Geburt ihrer Nachkommen gestiftet, gilt die 1663 begonnene Kirche als einer der Initialbauten für die nordalpine Barockarchitektur. Der Kurfürst selbst fasste den Anspruch an die Hofkirche der Wittelsbacher in einem Satz zusammen: »Man muss auch den Mut haben, prächtige Dinge zu tun.«

Alles, aber wirklich alles über die weltberühmte Kirche erfährt man aus dem jedem wissenschaftlichen Anspruch Genüge tuenden, opulent mit grandiosen Fotos ausgestatteten, knapp zwei Kilo schweren und dabei erstaunlich preiswerten Buch *Mut zu prächtigen Dingen*, das der Architektur- und Kunsthistoriker Fabian Pius Huber erarbeitet hat und – keine Selbstverständlichkeit – in bestens lesbarem Deutsch souverän präsentiert. Er beschreibt die Intentionen der kurfürstlichen Stifter, skizziert das Profil des aus Italien nach Bayern gekommenen Theatinerordens und erläutert die für die Ausgestaltung des Gotteshauses wichtige italienische Kunst und Architektur vor 1663. Im Zentrum steht die Aufarbeitung der Planungs-, Bau- und Ausstattungsgeschichte der Kirche. Durch die teilweise neue Erschließung von Quellen- und Planbeständen verschiedener Archive des In- und Auslands ergeben sich dabei völlig neue Aspekte und Gewichtungen. Besondere Beachtung finden der erste Architekt Agostino Barelli, der einflussreiche Theatinerpater Antonio Spinelli und der maßgebliche Stuckateur Carlo Brentano-Moretti. Mit aktuellen Fotografien des Prachtbaus und zahlreichen Vergleichsabbildungen italienischer und bayerischer Gebäude – darunter die Kirchen von Tegernsee, Benediktbeuern, Passau, Mallersdorf, Anzing, Traunstein, Dießen und Steingaden – lässt der Autor den komplexen Entstehungsprozess und die herausragende Bedeutung der ehemaligen Wittelsbacher Hofkirche St.

Kajetan und Adelheid zwischen fürstlicher Repräsentation, katholischer Frömmigkeit und italienischer Kunst auf betörende Weise anschaulich werden. Mehr geht nicht.

Fabian Pius Huber: »Mut zu prächtigen Dingen«. Die Theatinerkirche in München. Lindenberg im Allgäu 2019: Kunstverlag Josef Fink. 440 S.

Der Himmel über Oppolding
Rokoko im Erdinger Holzland

Vom genialen Bildschnitzer Christian Jorhan, der viele seiner Hauptwerke für Kirchen im heutigen Landkreis Erding geschaffen hat, hatte ich als Landshuter natürlich schon gehört. Und Maria Thalheim hatte ich schon mehrfach besucht, samt Hollerbusch und Gnadenbild natürlich. Auch der schöne Bildband *Im Erdinger Land* von Wolfgang Johannes Bekh steht im Bücherschrank.

Spätestens beim Bekh-Lesen hätte ich stutzig werden müssen. Wurde ich aber nicht. Oppolding? Eschlbach? Hörgersdorf? Ich gestehe: Erst die Münchner Ausstellung *Mit Leib und Seele*, vor allem ihr prächtiger und gelehrter Katalog, machte mich darauf aufmerksam, dass es im Erdinger Holzland »einen der letzten Höhepunkte des bayerischen Rokoko« zu bewundern gibt, wie Bernhard Schütz und Valentin Niedermeier ganz zu Recht festhalten. Große Kunstschätze, die, nebenbei gesagt, nicht völlig unbekannt sind. Nur ich hatte mal wieder keine Ahnung.

Oppolding ist gar nicht so einfach zu finden, und wenn man dann doch auf dem rechten Weg ist, von Bockhorn oder von Eschlbach aus, staunt man erst einmal: ein einziger Hof, ein großer immerhin, und daneben das Gotteshaus, die Filialkirche St. Johann Baptist. Sonst nichts, Felder, ein Weiher, unendlich viel Himmel. Drinnen Rokoko pur: ein prächtiger Hochalter mit dem Heiligen Martin in der Mitte, geschaffen von Mathias Fackler, 1721 in Erding geboren und 1792 in Dorfen gestorben. Vor einem der Seitenaltäre teilt Martin seinen Mantel mit dem Bettler – eine eindrucksvolle Figurengruppe aus dem 16. Jahrhundert. Bilder von Franz Xaver Zellner, Marmor, Deckenstuck. Außerdem gibt es eine Kreuzigungsgruppe, die, wenn nicht vom Meister selbst, so doch jedenfalls aus der Werkstatt von Christian Jorhan stammt.

Und dann, nach rechts geschaut, stockt mir der Atem: die Kanzel! So etwas hatte ich noch nie gesehen, und vielleicht gibt es so etwas auch nirgendwo anders. Jegliche Ordnung hat der »Meister von Oppolding«, hinter dem sich laut Josef Blatner der Dorfener Künstler Johann Anton Pader verbirgt (1711–1786), zu einem atemberaubenden Ornament aufgelöst, einem Rokokowahnsinn, der direkt in den Himmel führt, sanft und gewaltig zugleich, jedenfalls umwerfend schön. Schütz und Niedermeier beschreiben Paders »Bravourstück« so: »Der Schalldeckel ist völlig aufgelöst in eine einzige große, durchbrochene Roncailleform, die wie eine Schaumkrone in der Luft zu zerstieben scheint, und mitten darin erscheinen wieder Engelsköpfe, die Taube des Hl. Geistes und seitlich eine wie zufällig hingehängte Blütenkette.« Der Künstler entfalte »eine fantastische Spielart unklassischer, persönlich gefärbter Stuckierungskunst, die den Formenschatz seiner Zeit virtuos und leicht handhabt und bis zur Grenze der Selbstauflösung vorantreibt«. Bis zur Grenze der Selbstauflösung, genau! Bis dass die Seele schwebet hinan! Kurzum: Diese Kanzel, die alle Prinzipien des Rokoko auf geniale Art auf die Spitze treibt, muss man gesehen haben! St. Johann Baptist in Oppolding ist ein definitives »Must« auf der bayerischen Landkarte – auf Deutsch: Do muasd unbedingt hi!

Es wäre noch viel zu sagen über die Kirchen von Oppolding, Eschlbach und Hörgersdorf, und natürlich auch über das Rokoko, das ja bekanntlich nicht jeden Zeitgenossen so anspricht wie mich. Als Nicht-Kunsthistoriker sage ich hier aber nur: die Gitter! Ganz wichtig, dass der Besucher selber dafür sorgt, dass die Kirchengitter auf sind und er mitten hinein kann in die ganze Rokokopracht! Und hinauf, dem Himmel immer näher! Als ich dann endlich aus der Kirche komme und noch einmal hinaufschaue, sind da von MUC aus gleich zwei Jets in dieselbe Richtung unterwegs. Das 21. trifft das 18. Jahrhundert. Und natürlich ist er blau wie auf einer Kitschpostkarte – der Himmel über Oppolding ...

Bernhard Schütz / Valentin Niedermeier: Hörgersdorf – Eschlbach – Oppolding. Drei Rokokokirchen im Landkreis Erding. Regensburg 1970/1995: Verlag Schnell & Steiner. 16 S.

Wolfgang Johannes Bekh: Im Erdinger Land. Gesicht einer Heimat. Mit Bildern von Josef Wahl. Dachau o. J.: Verlagsanstalt Bayernland. 131 S.

Roger Diederen / Christoph Kürzeder (Hrsg.): Mit Leib und Seele. Münchner Rokoko von Asam bis Günther (Ausstellungskatalog). München 2014: Sieveking Verlag. 416 S.

Immer das Ganze im Blick

Wie die Brüder Zimmermann die Grenzen zwischen Architektur, Bild und Ornament aufhoben

Am Anfang steht oft nur ein »Glitzerwort«, der Name einer Stadt vielleicht oder der einer Person. Aber dieses Wort wirkt weiter, manchmal sogar ein ganzes Leben lang. In meiner Schulzeit hörte ich zum ersten Mal von den Zimmermann-Brüdern. Wir besuchten die nur selten geöffnete, durch ein schmiedeeisernes Gitter dann doch versperrte Dominikanerkirche am Landshuter Regierungsplatz. Ich weiß noch, dass mein kindliches Gemüt ziemlich beeindruckt war vom Licht-, Formen- und Farbenrausch, der sich da auftat. Ein ganz außergewöhnlicher Künstler sei dafür verantwortlich, hieß es: Johann Baptist Zimmermann. Kurz darauf, bei einem Rundgang durch die Klosterkirche Seligenthal, fiel der Name erneut. Und ich erfuhr, dass Johann Baptist einen Bruder hatte, der ihm an Genie nicht nachstand: Dominikus Zimmermann.

Diesen aus einer Wessobrunner Handwerker- und Künstlerfamilie stammenden Brüdern hat die Kulturjournalistin Christine Riedl-Valder einen instruktiven und reizvollen Band der Buchreihe *kleine bayerische biografien* gewidmet. Anders als die berühmten Asam-Brüder waren Johann Baptist (1680–1758) und Dominikus (1685–1766), denen der bisweilen penetrante Asamsche »Hang zur Selbstinszenierung« völlig fremd war, als Stuckateure, Freskanten und Maler überwiegend in Schwaben und Oberbayern tätig. Ihr Meisterwerk, die Wieskirche bei Steingaden, gehört bis heute zum Kanon dessen, was man in Bayern unbedingt gesehen haben muss.

Der »höfische« Johann Baptist Zimmermann arbeitete überwiegend in und um München, auch wenn sich seine frühesten bis heute erhaltenen Stuckarbeiten in der Wallfahrtskirche Maria Schnee in Rettenbach finden. Beeindruckende Zeugnisse seines Wirkens kann man vor allem im Schloss Schleißheim, in dem nach seinem Kollegen und zeitweiligen Chef François de Cuvilliés (1695–1768) benannten Theater sowie in den »Reichen Zimmern« der Münchner Residenz, in der unvergleichlichen Amalienburg im Nymphenburger Park, im Palais Holnstein (heute Erzbischöfliches Palais) oder im wunderbaren Innenraum der Kirche St. Michael in Berg am Laim betrachten. Johann Baptist und seine Werkstatt waren aber auch bei diversen Orden gefragt und bei Landadeligen, zum Beispiel beim Grafen Königsfeld in Alteglofsheim.

Die zentrale Kunstidee der Zimmermanns, »den Raum zu entgrenzen und das architektonische Strukturgerüst durch die scheinbar ungebundene Dekoration zu überspielen«, faszinierte viele Zeitgenossen. Was sich erhalten hat von der Kunst des »bürgerlichen« Dominikus, kann man sich in Landsberg, Ottobeuren oder Neresheim anschauen, auch im Steinernen Saal des Nymphenburger Schlosses oder in Klöstern wie Maria Medingen, Buxheim oder Speinshart – viel übrig geblieben ist dort allerdings nicht. Im Gegensatz zu Johann Michael Fischer (1692–1766), »dessen Stützen ganz der Funktion des Tragens verpflichtet bleiben«, teilte Dominikus Zimmermann seinen Säulen und Pilastern auch und vor allem ornamentale Aufgaben zu. »Prägend sind die mit reichem Stuckzierrat und Rocailleformen geschmückten Pfeiler.« Johann Jakob Herkomer (1652–1717) habe ihn wohl als Erster zur »Auseinandersetzung mit dem Ovalraum« angeregt – und sei damit »vielleicht der Auslöser für eine Entwicklung, die dann über die Kirchen in Steinhausen und Günzburg bis zur Wies führte«.

Da die in angenehmem und ansprechendem Tonfall gehaltene Zusammenfassung des Lebens und Wirkens der Brüder immer wieder, wie bei dieser Buchreihe üblich, durch lehrreiche Infokästen angereichert wird, kann sich der Leser ganz nebenbei auch interessantes Hintergrundwissen aneignen. Wissen Sie zum Beispiel, dass Stuckreliefs nördlich der Alpen erstmals ab 1536 beim Bau der Landshuter Residenz Verwendung fanden, weit vor der Hochblüte des edlen Stuckateur-Handwerks im Barock und Rokoko also, für deren schwungvolle und verspielte Dekorationsformen diese Technik besonders gut geeignet war? Dass man heute mehr als sechshundert Künstler zur sogenannten »Wessobrunner Schule« rechnet? Mehr als sechshundert! Wissen Sie, wie die Wies-Wallfahrt entstanden ist? Was Freskomalerei, Stuckmarmor oder Bandwerk genau bedeuten? Oder wie und weshalb das ornamentale Grundelement des Rokoko, die »Rocaille«, in den 1730er-Jahren aus Frankreich nach Süddeutschland kam und hier stilbildend weiterentwickelt wurde?

Das alles und noch viel mehr erfährt man aus diesem Büchlein, in dem die glanzvolle Spur der Brüder Zimmermann einleuchtend eingebettet wird in die bayerische Geschichte ihrer Zeit. Christine Riedl-Valders ansprechend bebilderte kleine Biografie versammelt alles Wissenswerte rund um die Künstlerbrüder und klärt auf spannende Weise darüber auf, worin das Unvergleichliche und Begeisternde des süddeutschen Rokoko besteht.

Christine Riedl-Valder: Johann Baptist & Dominikus Zimmermann. Virtuose Raumschöpfer des Rokoko (kleine bayerische biografien). Regensburg 2017: Verlag Friedrich Pustet. 160 S.

In Bayern ganz oben
Ein römischer Maler aus Hof

Den nicht mehr ganz taufrischen Slogan »Hof – in Bayern ganz oben« kennt immer noch jeder. Literaturfreunde wissen natürlich auch, dass der große Jean Paul alias Johann Paul Friedrich Richter 1763 ganz in der Nähe dieser oberfränkischen Stadt zur Welt kam – im Jubiläumsjahr 2013 erinnerte Hof mit einem reichhaltigen Festprogramm an ihn. Zwei Jahre zuvor hatte ein anderer Großer in Hof das Licht der Welt erblickt: Johann Christian Reinhart, der grandiose Maler, der sich 1789 nach Rom verabschieden sollte, dort bis zu seinem Tod im Jahr 1847 bleiben wird und gemeinhin als Meister des deutschrömischen Klassizismus der Goethezeit gilt. Ihm ist in diesem Frühjahr eine umfassende Ausstellung in der Neuen Pinakothek zu München gewidmet, die man unbedingt besuchen sollte.

Wer es kunsthistorisch ganz genau wissen will, findet im Katalog dieser Schau alles Wissenswerte über Reinharts umfangreiches Werk. Wer aber lesend seinem Lebensweg folgen möchte, der ist bestens bedient mit der aus den Quellen gearbeiteten, gründlichen, liebevollen und stilistisch exzellenten Biografie *Von Hof nach Rom. Johann Christian Reinhart – Ein deutscher Maler in Italien*, die schon seit 2010 vorliegt. Geschrieben hat sie ein lange Jahre an der Universität Bremen tätiger Literaturwissenschaftler: Dieter Richter, geboren 1938 – in Hof, natürlich. Ihm verdanken wir zahlreiche wunderbare Bücher, unter anderem eine unverzichtbare Studie mit dem ungewöhnlichen Titel *Der Süden – Geschichte einer Himmelsrichtung* (2009), eine liebenswerte Skizze über *Goethe in Neapel* (2011) und, äußerst aufschlussreich, höchst unterhaltsam und stilistisch wiederum ein Genuss, *Jean Paul. Eine Reise-Biographie* (2012).

Was Richter dort über Richter schreibt, öffnet auf ganz ungewöhnliche Weise die Augen für das Werk des fränkischen Dichters. Was er über Reinhart schreibt, schließt über die biografische Annäherung an diesen Künstler auch dessen Bilder und Zeichnungen auf. Wobei sich der Autor der Grenzen seiner Darstellung durchaus bewusst ist: »Denn dass wir Johann Christian Reinhart wirklich kennen könnten – dies zu glauben, wäre doch allzu vermessen. Es wäre schon viel, wenn wir über seine Lebensgeschichte etwas von dem erfahren könnten, was sie hat entstehen, wachsen und wirken lassen.«

Der Künstler Reinhart war Klassizist, sein Interesse galt besonders dem Alt-Römischen, und er verstand sich als Landschaftsmaler. »Spuren römischer Antike in verlassener Landschaft: das war im Grunde sein Lebensthema, immer wieder begegnet es auf seinen Bildern.« Seine in Hof verbrachten Kinder- und Jugendjahre – die Stadt zählte damals kaum mehr als viertausend Einwohner und trug noch halb ländlichen Charakter – dürften nicht nur rosig gewesen sein: »Hof war von den Wirren des Siebenjährigen Krieges nicht verschont geblieben.« In Richters Biografie abgebildet sind frühe Zeichnungen von Schloss Hofeck (1781) und Oberkotzau bei Hof (1784).

Dass die Familien Reinhart und Richter einander kannten und dass die Lebenswege von Johann Christian Reinhart und Jean Paul auch später manche Gemeinsamkeit zeigten, ist diesem Biografen naturgemäß nicht entgangen: »Beide studieren nach dem Verlassen des Gymnasiums Theologie, beide in Leipzig, beide ohne Erfolg. Und beide gehören dort zur Gruppe der bedürftigen Studenten, Friedrich Richter noch mehr als Christian Reinhart.« Jean Paul hat in seinen Werken bekanntlich immer wieder kritische Seitenhiebe auf die Spießigkeit der Hofer und die Borniertheit der dortigen Gymnasiallehrer untergebracht; Reinhart aber, der sich zeitlebens als »Reinhart Curiae Regnitianus« (»Reinhart aus Hof«) fühlte, hat dem Hofer Gymnasium zu dessen dreihundertjährigem Bestehen einen sehr herzlichen Brief geschrieben.

In Leipzig nahm der junge Mann Zeichenunterricht bei Adam Friedrich Oeser, was der Frankfurter Student Johann Wolfgang Goethe übrigens ebenfalls getan hat. Es folgten Lehrjahre in Dresden – damals das »Florenz des Nordens«, wo Italien und die Antike anschaulich werden konnten –, dann Wanderjahre durch Mitteldeutschland samt Freundschaft mit Friedrich Schiller, den Reinhart 1787 »auf einem Esel reitend« gezeichnet hat, darauf die Anstellung als Hofmaler im thüringischen Meiningen und schließlich – mit Unterstützung von Carl Alexander von Ansbach-Bayreuth, dem letzten Markgrafen der fränkischen Territorien – der Aufbruch nach Italien.

Mit größtem Vergnügen folgt man Dieter Richter auf diesem nicht ganz gewöhnlichen Lebensweg, und was der Biograf über Italien, Rom und die dortigen »teutschen Künstler« schreibt, muss hier nicht referiert werden – man lese selbst! Interessant ist, dass Reinhart bis an sein Lebensende ein vitaler Kraftkerl bleibt und sich mehrfach als rechter Grobian aufführt, und dass er als Schriftsteller die scharfe Polemik nicht scheut. »Ein Franke von Geburt will ich auch die Wahrheit frank und frei sagen«, hat er einmal von sich geschrieben, und seine Schriften zur Kunst wird man alles andere als diplomatisch nennen müssen.

Gedichte hat Reinhart auch hinterlassen, und sein Biograf fügt einige von ihnen in seine Darstellung ein. »Zum einen kann Reinharts Lyrik, sofern sie sich thematisch mit Sujets seiner Malerei berührt, zum Verständnis seiner ästhetischen Prinzipien beitragen. Reinhart war Landschaftsmaler, und die Landschaft ist gelegentlich auch Thema seiner Gedichte. Zum anderen erfahren wir über sein literarisches Werk sehr viel über seine Auffassung von Gott und der Welt, mit anderen Worten über seine geistige Orientierung, seine Weltanschauung.«

Kronprinz Ludwig I., der immer wieder nach Rom kam, scheint trotz der Bemühungen seines Malerbegleiters Johann Georg von Dillis an Reinhart und dessen Kunst zunächst kaum Gefallen gefunden zu haben. Erst 1821 erhält der Mann aus Hof eine erste finanzielle Zuwendung aus München. Vier Jahre danach hat der bereits Vierundsechzigjährige dann endlich Erfolg: Er wird von Maximilian I. zum Königlich Bayerischen Hofmaler ernannt und erhält ein Jahresgehalt von dreihundert Gulden. »Nach Ludwigs Thronbesteigung darf Reinhart dann die Gunst des Königs in besonderer Weise erfahren.« 1836 sind seine *Vier Ansichten Roms von der Villa Malta* fertig und werden nach München geschickt, wo man dieses »opus magnum« bis heute – auch ohne Sonderausstellung – in einem eigenen Raum der Neuen Pinakothek bewundern kann.

Reinharts hohe Wertschätzung im Bayernland kommt 1839 in einer Glückwunschadresse von fünfundsiebzig Münchner Künstlern zum Ausdruck, unter ihnen Peter von Cornelius, Julius Schnorr von Carolsfeld, Friedrich Gärtner, Ludwig Schwanthaler, Wilhelm Kaulbach und Carl Rottmann. Er ist eine römische Institution geworden – und doch Hofer geblieben. »Vielleicht musste Reinhart hinaus in die große Welt, musste das freie, ungebundene Leben erfahren, um gerade deshalb der kleinen Vaterstadt ein freundliches Andenken bewahren zu können.« Auf seinem Grabstein, der auf dem verwunschenen und höchst sehenswerten »Cimitero Acattolico« zu finden ist, steht jedenfalls, von König Ludwig I. höchstpersönlich formuliert: »Koenigl. Baierischer Hofmaler / Geboren / Zu Hof in Oberfranken«.

Dieter Richter: Von Hof nach Rom. Johann Christian Reinhart – Ein deutscher Maler in Italien. Eine Biographie. Berlin 2010: Transit Buchverlag. 144 S.

Ders.: Jean Paul. Eine Reise-Biographie. Berlin 2012: Transit Buchverlag. 144 S.

Ders.: Goethe in Neapel. Berlin 2011: Verlag Klaus Wagenbach. 141 S.

Ders.: Der Süden – Geschichte einer Himmelsrichtung. Berlin 2009: Verlag Klaus Wagenbach. 219 S.

Anmut und Zeitgeist

Ein prächtiger Bildband über Joseph Stieler

Nach aufwändigen Restaurierungen sei ein Besuch der Schönheitsgalerie im Schloss Nymphenburg wieder möglich, meldete die *Süddeutsche Zeitung* am 31. Mai 2020. Schönheitsgalerie? Die zwischen 1827 und 1850 im Auftrag Ludwigs I. entstandenen und nun in sechzehnmonatiger Arbeit aufgefrischten sechsunddreißig Frauen- und Mädchenporträts, die in ihrer intensiven, dem biedermeierlichen Ideal von Schönheit, Anmut und Liebreiz präzise entsprechenden Ausdruckskraft ihresgleichen suchen, zählten schon immer zu den bekanntesten Werken von Joseph Stieler (1781–1858), zusammen mit seinen inzwischen zu ikonischen Markenzeichen gewordenen Porträts von Beethoven, Humboldt, Goethe oder Schelling. Und zusammen mit dem 1814 entstandenen Bild des bescheiden am Schreibtisch für das Wohl seines Bayernlandes arbeitenden Königs Max I. Joseph sowie dem um 1817 geschaffenen Porträt des Kronprinzen Ludwig in der Tracht eines Ritters des pfälzischen Hubertusordens. Weniger bekannt ist das entzückende Bildnis des vierjährigen Prinzen Luitpold, der Jahrzehnte später als Prinzregent die Regierungsgeschäfte übernehmen wird. Alles Stieler!

Ein guter Maler zu werden, das war schon der Wunsch des in Mainz aufwachsenden Knaben gewesen. Mit zwölf Jahren hatte Stieler bereits erste Aufträge. Ein Miniaturbild der Mutter begeisterte den Freiherrn Carl von Dalberg so sehr, dass er dem Vierzehnjährigen eine professionelle Ausbildung zuteilwerden ließ. Seine Lehrer wurden zwei Klassizisten, beide Schüler des Deutschrömers Raphael Mengs: Christof Fesel in Würzburg und, ab 1800, Heinrich Füger in Wien. Und Joseph Stieler wurde ein guter Maler! In einer von ständigen Kriegen gebeutelten Zeit gelang es ihm, sein Können in Krakau und Warschau, in der Schweiz und im napoleonischen Paris, in Rom, Neapel und Mailand zu perfektionieren. Stieler bildete ab, was er sah, und überhöhte es kongenial ins Idealische – mit einem modernen Verständnis von Kunst als Selbstausdruck des Künstlers hat sein Schaffen wenig zu tun. 1812 holte ihn der König nach München, 1816 schickte er ihn noch einmal nach Wien, 1820 machte er ihn zum Hofmaler. Der Künstler blieb in der bayerischen Hauptstadt – und am Tegernsee, wo »auf der Point« bis heute sein Haus steht, das nicht nur im Werk seines Sohnes, des »Hochlanddichters« Karl Stieler (1842–1885), eine wichtige Rolle spielt. War Joseph Stieler ein herausragender Maler von europäischem Format, »aus dessen Leben man keine Intrige und keinen Machtkampf kennt, weil er es einzig seiner Kunst widmete und den Seinigen«, wie Karl Alexander von Müller einmal geschrieben hat? Im Prinzip ja, aber ...

Wer dieser Stieler wirklich war und worin die enorme Wirkung seiner Kunst besteht, erfährt man aus einem überwältigend schön gemachten Bildband, den die Journalistin und Filmemacherin Sonja Still kürzlich vorgelegt hat. Ihr Buch sei »keinesfalls eine kunsthistorische Abhandlung«, schreibt die Autorin – nein, vielmehr wolle sie Einblicke in ein erfolgreiches Künstlerleben geben und einen einstigen »Superstar« dem Vergessenwerden entreißen. »Er war der Helmut Newton seiner Zeit. Ein Starporträtist. Wer auf sich hielt, wollte ihm Modell sitzen.« Dass nicht nur das Königshaus auf sich hielt, sondern zahlreiche Angehörige der damaligen »guten Gesellschaft« sich durch Stieler verewigt sehen wollten, führt die erste Hälfte des Prachtbands eindrucksvoll vor Augen. Endlich einmal werden die nur kurz kommentierten Abbildungen der Gemälde vor und nicht hinter dem Textteil platziert! Die flotte, elegante Schreibe von Sonja Still kann nicht darüber hinwegtäuschen, dass sie durch die Bank wissenschaftlich seriös gearbeitet hat. Nicht nur eingängige Kurzessays bietet der Textteil, sondern auch mehrere Interviews, unter anderem ein Gespräch mit der Kunsthistorikerin Silke Bettermann, die die Faszination der hier präsentierten Gemälde so zusammenfasst: »... Stieler zeigt, wie der Mensch in seinem besten Wesen gemeint ist, wie er idealerweise ist. Er zeigt das Ideal, ohne kühl und distanziert zu sein ... Darum tut es dem Auge und der Seele gut, seine Bilder anzuschauen.« Trefflich gesagt! Freilich könnte man anmerken, dass es zum Ende des Buches hin vielleicht ein wenig zu viel des Guten wird mit den nicht immer wahnsinnig belangvollen Interviews – womit der Prachtband eine leichte Anmutung von Lifestyle-Coffeetable-Book bekommt. Richtig störend ist das freilich nicht. Sonja Stills *Joseph Stieler* ist ein wunderschönes und anregendes Werk – und ein glanzvolles Buchgeschenk für alle Mitmenschen, die sich von Kunst und Schönheit ansprechen lassen.

Sonja Still: Joseph Stieler. Der königlich-bayerische Hofmaler. München 2020: Allitera Verlag. 188 S.

Landschaftsmaler sind nie out
Wer noch staunen kann, wird Eduard Schleich lieben

Kennen Sie Haarbach? Nein? Liegt gleich bei Vilsbiburg, was wiederum gleich bei Landshut liegt und damit eine knappe Autostunde von München weg. Wenn man dort auf der Vilsbrücke steht und den Stadtplatz überblickt, sieht und spürt man das alte Niederbayern des 19. Jahrhunderts, auch heute noch, trotz kleinerer Bausünden. Die wunderbare Behäbigkeit eines liebenswerten Landstädtchens hat Vilsbiburg nicht verloren – die Autohäuser, Tankstellen, Erotikcenter und Möbelparadiese rund um den alten Stadtkern vergessen wir einfach mal.

Gleich neben dem wuchtigen Stadtturm steht das frühere Heilig-Geist-Spital, wo seit mehr als hundert Jahren das Heimatmuseum untergebracht ist. Nicht jeder wird sich mit der liebevoll unterm mächtigen Spitaldach präsentierten Kröninger Hafnerkeramik lange aufhalten wollen, zu Unrecht übrigens. Und die unteren Etagen? Ist es ungerecht gegenüber den engagierten Betreibern und Förderern des Museums, wenn man sich manchmal des Eindrucks einer gewissen Verschnarchtheit nicht ganz erwehren kann?

Im Spätsommer 2012 jedoch gab es eine Sonderausstellung: Siebzehn Gemälde von Eduard Schleich dem Älteren, geboren am 14. Oktober 1812 auf Schloss Haarbach, gestorben am 9. Januar 1874 in seiner Münchner Wohnung in der Blumenstraße 9, bestattet nebenan auf dem Alten Südfriedhof. Ohne Zweifel einer der bedeutendsten deutschen Landschaftsmaler des 19. Jahrhunderts. Beachtlich und lobenswert, diese Ausstellung zum zweihundertsten Geburtstag eines Mannes, auf den Vilsbiburg mit Recht stolz sein darf. Schade nur, dass der Museumsraum für eine solche Ausstellung zu klein und vor allem zu schlecht ausgeleuchtet war.

Aber dann, vor Schleichs *Blick von Almen bei der Benediktenwand auf Kochelsee* (1841) stehend, träumt man sich doch ganz spätromantisch fort ins unendliche Sehnsuchtsland, wo noch niemand jemals war. Die Gemälde dieses Eduard Schleich verzaubern, egal wo und wie sie hängen. Und für den, der mehr wissen möchte über sein Leben und Werk, haben die Vilsbiburger etwas ganz Großartiges in die Welt gesetzt, nämlich den gar nicht genug zu rühmenden Band 14 ihrer *Museumsschriften*, der unter dem Zitat-Titel *... mich adelt die Kunst* auf hundertdreiundfünfzig Seiten alles ausbreitet, was man über den Münchner aus Haarbach gerne wissen möchte.

Sein Leben, kurz skizziert: Dass Schleichs Vater der Baron ist und seine Mutter die ledige Haushälterin des Schlosses, dass Haarbach 1817 verkauft werden muss, dass die Schleichs nach München ziehen, dass er erst zehn Jahre alt ist beim Tod des Vaters und ins Katholische Seminar von Amberg geschickt wird, wo man ihn als Eduard Freiherrn von Schleich führt, muss man nicht wissen. Aber interessant ist es schon. Vor allem, dass dieser Eduard schon mit fünfzehn Jahren auf seinen Adelstitel verzichtet, der Legende nach deshalb, weil ihn hinfort die Kunst adeln wird. Er schreibt sich auch gleich in die Klasse für Historienmalerei an der Königlichen Kunstakademie zu München ein, und recht bald rät ihm deren Leiter Peter von Cornelius, das Malen ein für alle Mal sein zu lassen und doch lieber Schuster zu werden. Die Landschaftsmalerei, der sich der junge Mann immer intensiver widmet, hatte damals an der Akademie noch nichts verloren.

Wer heute vor einem Historienschinken von Cornelius steht und dann zur Erholung Schleichs *Waldlandschaft mit Rinderherde* betrachtet, dem wird schlagartig klar, warum Cornelius den meisten Münchnern nur als Namensgeber einer Isarbrücke bekannt ist, und zugleich wird ihm schmerzlich bewusst, dass Eduard Schleich es in seinem Nachleben nicht einmal zu einer Brücke gebracht hat.

Aber um die Landeshauptstadt ist es diesem Künstler von europäischem Rang, der seit 1830 im Münchner Kunstverein ausstellen darf, sowieso nicht gegangen. Auf seinen Bildern ist sie, wenn überhaupt sichtbar, höchstens Hintergrund. Ein Maler, der seine Kunst ständig weiterentwickeln will, muss raus aus der Stadt: Landschaft! Reisen!

1841 wandert er mit seinem Freund Friedrich Voltz durchs Inntal, im Jahr darauf mit dem Maler Christian Morgenstern (nicht zu verwechseln mit dem Dichter!) über Tirol und das Trentino nach Venedig, und ein Jahr später sind Eduard Schleich und Carl Spitzweg nachweislich im berühmten Hotel »Elephant« in Brixen zu Gast. Italien weitet den Blick, Bayern vertieft ihn: Partenkirchen und das Höllental am Waxenstein, der Starnberger und der Ammersee, immer wieder das geliebte und malerisch schier unerschöpfliche Dachauer Land, aber auch Pommersfelden und die Fränkische Schweiz. Und 1851, sozusagen als Konsequenz seiner intensiven, besonders den dazu gehörenden Gemälden von Peter Paul Rubens gewidmeten Studien der Landschaftsmalerei: eine Reise nach Paris. Endlich im Louvre!

Ganz wichtig für Eduard Schleich, dessen Gemälde mehr und mehr Anerkennung finden, werden sein Aufenthalt in der Malerkolonie von Barbizon, sein Besuch der Weltausstellung in London und die Bekanntschaft mit vielen niederländischen und flämischen Meistern in Brüssel, Antwerpen oder Lüttich.

Und dann, mit vierundvierzig Jahren, schlägt sie zu, die Ironie der Geschichte: Schleich wird zum Professor an der Akademie der Bildenden Künste in München ernannt, kurz darauf zum Leiter der Jury der Münchner Kunstausstellungen, und dann, ein kleiner Höhepunkt im irdischen Dasein eines bayerischen Mannes, zum Ritter des Verdienstordens vom Heiligen Michael. Der Ruhm kommt spät, aber er kommt. 1871 reist der mittlerweile berühmte Maler zusammen mit Morgenstern nach Rom – drei Jahre sind ihm dann noch bestimmt, ehe die Cholera ihn hinwegrafft. Seine Werke aber bleiben, und wenn nicht alles täuscht, werden sie von Jahr zu Jahr höher geschätzt.

Sein Werk, in Andeutungen: Große Vorbilder, zu denen man aufblicken und an deren Werken man lernen kann, spielen für Eduard Schleich eine wichtige Rolle. Peter Paul Rubens und dessen Regenbogenmotive, Claude Lorrain natürlich mit seiner in der Alten Pinakothek hängenden *Verstoßung des Hagar* (1668), Jakob van Ruijsdael, Jan van Goijen und viele andere. Dann Zeitgenossen wie die Maler von Barbizon um Théodore Rousseau und vielleicht auch Camille Corot, und schließlich Freunde wie der fünfzehn Jahre ältere Carl Rottmann oder der vier Jahre ältere Carl Spitzweg. Dessen Künstlerfreundschaft mit Schleich hatte die Dachauer Gemäldegalerie 2011 eine sehr schöne Ausstellung gewidmet, die nebenbei auch die lustige und durchaus plausible Geschichte kolportierte, dass Schleich Spitzweg bei der Gestaltung des Himmels half und Spitzweg dafür in die Landschaften seines Freundes Figuren eingefügt hat.

Vilsbiburgs Kreisheimatpfleger Peter Barteit hat in ... *mich adelt die Kunst* Auszüge aus der einundsechzig Jahre alten, immer noch äußerst instruktiven Dissertation von Siegfried Wichmann zusammengestellt, einundsechzig Seiten bestens lesbarer Kunsthistorie, auf denen alles steht, was man über Eduard Schleichs Malstil und dessen Entwicklung wissen muss. Zum Beispiel dass er auf die manchmal dramatische Schilderung der Witterungsverhältnisse und Tageszeiten größten Wert legte, schön zu sehen auf Bildern wie *Sturmbewegte Gegend, Am Ammersee, Amperlandschaft, Große Isarlandschaft mit Regenbogen, Münchner Allee (Blick auf München), Bei München* und anderen, oder dass er eine ganz besondere Manier entwickelte, wie der Lichteinfall zu gestalten sei – Paradebeispiel dafür ist sein zwischen 1855 und 1860 entstandenes, äußerst eindringliches Gemälde *Mondscheinnacht vor der holländischen Küste*. Das grelle Aufblitzen inmitten einer düster verdunkelten Szenerie ist vielleicht sogar eine Art Markenzeichen Eduard Schleichs – zunächst ausprobiert an einigen seiner das oberbayerische Herz höher schlagen lassenden Gebirgslandschaften, die der aus Aichach stammende gleichaltrige Kulturhistoriker und Schriftsteller Ludwig Steub in seinen literarischen Reiseskizzen auf andere Art und Weise erschloss.

Im 19. Jahrhundert, schreibt Wichmann, habe man Landschaftsmaler wie Schleich »ohne Weiteres neben die Niederländer des siebzehnten Jahrhunderts« gestellt, »ja man erhob sie sogar über diese«. Die Münchner Malerei seiner Zeit jedenfalls wurde von seinem Schaffen maßgeblich beeinflusst, wie man an den Werken zahlreicher Künstler der zweiten Jahrhunderthälfte unschwer feststellen kann. Auch an denen seines 1853 geborenen Sohnes Eduard, der allerdings weit weniger talentiert war als sein in der Kunstgeschichte fortan als »der Ältere« firmierender Vater, der schon als Zwanzigjähriger eine in der Neuen Pinakothek zu sehende und bereits sein ungeheures künstlerischen Potenzial ahnen lassende *Landschaft mit absterbender Eiche* gemalt hatte. Und wenn scheinbare Idyllen wie *Gehöft am Weiher* oder *Bauer mit seinem Pferdefuhrwerk*, in denen immer ihre fundamentale, ja tödliche Gefährdung mitschwingt, etwas Biedermeierliches haben sollten, dann ist man gerne Biedermeier-Fan. Aus dieser lange Zeit hindurch wenig geschätzten Kulturepoche gibt es ja immer noch eine Menge zu entdecken, manchmal auch nur wiederzuentdecken, und das Werk des im Vilstal geborenen Meisters gehört unbedingt dazu.

Übrigens, Haarbach und Vilsbiburg lohnen immer den Besuch. Sogar ohne Schleich. Geisenhausen, Velden, Aham oder Gerzen. Auf der Vils paddeln, von der Quelle bis zur Mündung: Warum eigentlich nicht? Und sollten Gewitterwolken aufziehen, ist er ja sowieso gleich wieder präsent, der Schleich. Der große Eduard Schleich.

Heimatverein Vilsbiburg (Hrsg.): ... *mich adelt die Kunst. Leben und Werk des Landschaftsmalers Eduard Schleich d.Ä. (1812–1874)*. Vilsbiburg 2012: Heimatverein. 153 S.

Gemäldegalerie Dachau (Hrsg.): *Eduard Schleich d. Ä. und Carl Spitzweg. Eine Künstlerfreundschaft*. Dachau 2012: Gemäldegalerie. 120 S.

Häuser mit Aura
Eine originelle Einladung nach Dachau

Kunststadt Dachau, Künstlerkolonie Dachau – darüber ist schon viel geschrieben worden, und die relativ spärlichen Literaturhinweise am Ende des Buchs verweisen darauf. Bildhauer, Keramiker, Kunsthistoriker. Einige bedeutende Schriftsteller, Ludwig Thoma natürlich und Heimito von Doderer. Meist aber Maler: Adolf Hölzel, Ludwig Dill, Arthur Langhammer, Otto Leopold Strützel, Hans von Hayek, Hermann Stockmann und Ignatius Taschner. Otto Fuchs, bekannter als »Aktfuchs«. Die malende Bildhauerin Clara Rilke-Westhoff. Berühmtheiten wie Carl Spitzweg, Eduard Schleich, Max Liebermann oder Lovis Corinth. Am liebsten malten sie »plein air« – Naturszenerien, Ansichten vom Bauernleben und vom Torfstechen im Moos, Bilder von den Biergärten an der Amper oder den Wirtshäusern in der Altstadt droben.

Doch im Buch des Museumsvereins Dachau geht es nicht darum, das Leben und die Werke der vielen Künstler darzustellen, die sich im späten 19. und frühen 20. Jahrhundert zeitweise oder auch dauerhaft in und um die Amperstadt ansiedelten. Es geht um ihre Häuser – und darum, was davon noch übrig geblieben ist und angeschaut werden kann. Warum und wie Dachau (und Haim- samt Ottershausen) zur Künstlerkolonie wurde, erläutert ein leider nur kurzes Vorwort, in welchem Norbert Göttler die »Erschließung der ländlichen Räume durch die Eisenbahn« als wichtigen Faktor herausstellt und den Kontext, zum Beispiel die »Wohn-Colonien« in Gauting oder in München-Gern, nicht außer Acht lässt.

Wen das weniger interessiert als die Gestaltung eines Wander- oder Radltags mit anschließender Einkehr beim Bräu, der ist hier ganz richtig. Denn *Künstlerrefugien in Dachau und Umgebung* ist zuallererst eine sehr originelle Einladung zum Herumspazieren und Genießen. Vier Rundgänge in Dachau werden vorgeschlagen und einer in Haimhausen, die entsprechenden Karten sind genau, und wer unbedingt die Kleine Moosschwaige finden will, der findet sie auch (Rundgang II, Nummer 34). Praktisch und hilfreich also, dieses schöne Buch. Das Beste daran ist aber ganz was anderes.

Das Beste sind die Radierungen von Klaus Eberlein, des bekannten Münchner Zeichners, Grafikers und Bildhauers, der, wie er hier verrät, schon als Kind mit seinen Eltern Ausflüge nach Dachau unternommen hat – und der Stadt wie ihrem Umland bis heute eng verbunden geblieben ist. Es seien wohl nicht zuerst die Bauwerke selbst, die ihn fasziniert haben, vermutet Norbert Göttler. »Es sind die Geschichten und Schicksale, die sich mit den alten Landsitzen und Künstlerhäusern verknüpfen. Fast ist man geneigt zu sagen: In den Bildern Eberleins nehmen die Häuser ein überzeitliches, märchenhaftes Eigenleben an.«

Dass diese Künstlerrefugien eine ganz eigene Aura besitzen und viele aufregende Geschichten erzählen können, machen alle neunundfünfzig äußerst ansprechend präsentierten Hausansichten deutlich. Diese Häuser leben, und um sie herum lebt es auch. Gerade im Detail zeigt sich auch hier der Meister: die Bedienung vom Hörhammerbräu, der Radler vor dem Kneuer-Haus, die bunte Menge vor der Bahnhofsgaststätte. Oder die immer wieder auftauchenden Tiere, oft an Füchse erinnernde Hunde aller Art, die Ente unter dem Brückerl vor der Ziegler-Villa, die Hühner vor dem Langer-Schöller-Haus. Oder auch nur der sicht- und fühlbar gemachte Wind. Ob man sich in Klaus Eberleins staunenswerte Kunst vertiefen oder doch lieber gleich nach Dachau aufbrechen möchte – mit diesem »Wegweiser« ist man bestens bedient.

Museumsverein Dachau (Hrsg.): Künstlerrefugien in Dachau und Umgebung. Wegweiser zu den Künstlervillen und Künstlerhäusern. Radierungen von Klaus Eberlein. Dachau 2016: Museumsverein. 172 S. Zu beziehen über Klaus Eberlein (Stockmannstr. 3, 81477 München). Siehe auch: www.klaus-eberlein.de

Poesien in Acryl
Versuch über Hellmut Eckstein

Normalerweise stehe ich an einem ganz normalen Donnerstagvormittag nicht vor einem ganz normal wirkenden Haus in Breitbrunn am Ammersee. Aber sobald mir die Haustür geöffnet wird, wird das Normale eh ganz unwichtig: Ilse Onnasch begrüßt mich, bietet Kaffee an, zeigt dabei gleich mal in Richtung Treppe – und schon weitet sich Normalität ins Wesentliche. Denn über den Treppenstufen, da und dort und da drüben auch, hängen Zeichnungen und Bilder ihres 2006 gestorbenen Mannes. *Höllensturz* heißen sie, *Übergriff*, *Spielbein* oder *Elektras Trauer*.

Hellmut Eckstein, 1929 in Brandenburg an der Havel in unruhige und wenig inspirierende Zeiten hineingeboren, 1946–1952 in Hannover und Celle zum Grafiker ausgebildet, viele Jahre hindurch im Niedersächsischen zu Hause und doch nicht daheim, mit stets unruhigem Künstlerherzen an der Nordseeküste, in der Bretagne und vor allem in mediterran-arkadischen Gefilden unterwegs (im Grunde in halb Europa), kam in den späten Sechzigerjahren nach Oberbayern, arbeitete zwanzig Jahre lang als Grafikdesigner in München und war immer und überall nichts anderes als ein Künstler – nach der Pensionierung naturgemäß noch ausschließlicher und intensiver als davor.

Wir steigen hinab in den Keller, und dort stehen, liegen und hängen sie zu Hunderten: oft großformatige Arbeiten in Acryl und Öl, sinnenfreudige Farbexplosionen zumeist, Grafikmappen und Grafitzeichnungen, auch bezaubernde Aquarelle mit See- und Felsmotiven – darunter eine ganze Reihe ungewöhnlicher Ansichten vom Ammersee und vom Karwendelgebirge. Und das noch. Und jenes. Ich bin erst einmal überwältigt, zum einen von der Fülle, zum anderen von dem, was ich da sehe. Was aber sehe ich da eigentlich? Ich sehe ... – nein, zu früh!

Wir brechen auf nach Herrsching, zum »Haus der bayerischen Landwirtschaft«, in dessen Eingangsbereich, nicht immer ganz glücklich platziert, weitere Ecksteins (Ecksteine?) hängen. Und weiter geht's zum Rathaus, wo bis Mitte Februar 2014 eine kleine Eckstein-Ausstellung zu sehen war – klein aber nur, wenn es um die Anzahl der Exponate geht. Ich spüre ziemlich schnell: Das ist eigentlich eine große Ausstellung! Aber warum? Was genau saugt einen förmlich hinein in Hellmut Ecksteins Kompositionen? Das Blau?

»Hingehaucht und hingewuchtet / Über allem leuchtend Blau / Zärtlichkeit und Riesenkraft / Tagesklar und dämmrigdun-

*Kontakt:
www.hellmut-
eckstein.de*

kel / Oszillierend, kristallin – / Alles zieht dich ins Gespräch.« So endet ein dem Maler und Freund gewidmetes Gedicht von Gernot Eschrich, das man in seinem Band *Schattenrisse Lichtblicke* nachlesen kann. Mit diesen Versen ist das Wichtigste gesagt.

Ein Laie wie ich freut sich erst einmal darüber, dass sich Hellmut Eckstein ganz offenbar von Jahr zu Jahr mehr zugetraut hat – eine Entwicklung weg vom Gegenständlichen und hin zu seinen ureigenen, kraftvoll dynamischen Elementarvisionen ist unübersehbar. Farbe und Form um ihrer selbst willen, keine Vermittlung von Botschaften oder Informationen. Licht, Körper, Wolken, Bäume, Eis, Wasser – Natur und Raum, hindurchgegangen durch ein empfindsames Temperament. *Firn* zum Beispiel, ein 140 × 160 Zentimeter großes Ölbild, in dem alle Nuancen der Farbe Blau derart meisterlich komponiert sind, dass die Bildfläche vor elementarer Bewegung und flackernder Spannung richtiggehend knistert.

In seiner Einführung zu dem im Jahr 2000 erschienenen Katalog *Hellmut Eckstein – Bilder aus 6 Jahrzehnten* schreibt Wilhelm Höck: »Landschaft muss nicht unbedingt Sujet sein; sie kann auch, ja vor allem, Ergebnis sein.« Das leuchtet mir sofort ein. Denn *Firn* und *Bergbach*, *Priel* und *Dünen*, *Katarakt*, *Lava*, *Canyon* oder *Wolken am See* hatte ich zwar irgendwann gesehen – aber, wie mir beim Betrachten von Hellmut Ecksteins so betitelten Bildern unmittelbar aufging, noch nicht wirklich begriffen. Dazu braucht es die Kunst.

Kunsthistoriker bin ich keiner. Nur staunender Betrachter. War Hellmut Eckstein eine Art expressionistischer Romantiker? Oder was? Wilhelm Höck hilft mir aus der Verlegenheit: »Eckstein steht wohl nicht so sehr in der Tradition des ›abstrakten Expressionismus‹ oder des ›Informel‹, sondern in jener Tradition, die mit der gerahmten, eingefangenen Landschaft begann, sich mit Carus, lange vor dem psychoanalytisch eingefärbten Surrealismus, des Unbewussten bewusst wurde und auch des Sachverhalts, dass Form ihren Ursprung vielleicht immer in einer dem Bewusstsein unzugänglichen Tiefe hat …«.

So wird es sein, denke ich und bin, Breitbrunn und dem Ammersee sei Dank, richtig glücklich. Aber nicht wunschlos. Eine große Eckstein-Ausstellung, vielleicht sogar mitten in München, die wünsch ich mir dann schon. Eine große? Von mir aus auch eine kleine. Groß wird sie dann von allein.

Ohne Städte kein Bayern

Ein Essay über zweihundert Jahre bayerische Stadtgeschichte

Ein Essay? Vielleicht ist es eher eine längere, mit erhellenden Fotos garnierte wissenschaftliche Abhandlung, die der Regensburger Historiker Thomas Götz vorgelegt hat. Auf immerhin zweihundert Seiten informiert er über ein höchst interessantes und sehr aktuelles Thema, das merkwürdigerweise in der bayerischen Geschichtsschreibung immer ein wenig zu kurz gekommen ist. »Ob und wie seit dem Epochenumbruch um 1800 das städtische Bürgertum zwischen Tirschenreuth und Traunstein seinen ›Weg in die Moderne‹ fand, woll(t)en hier die wenigsten genauer wissen.« Für die Selbst- und Fremdwahrnehmung Bayerns spielten die Berge, Seen und Königsschlösser stets eine größere Rolle als die in den letzten zweihundert Jahren immer wichtiger gewordenen Städte. Dabei war die Stadt im 19. und 20. Jahrhundert die Herzensheimat vieler Bayern, auch wenn der Freistaat bis in die 1960er-Jahre hinein im Kern ein Agrarland geblieben war und sich das Gesicht der Städte durch Kriegszerstörung, Wiederaufbau und Industrialisierung nachhaltig geändert hatte. Das mit der Herzensheimat ist immer noch so, auch in der spätestens mit der Jahrtausendwende beginnenden Phase globalisierungsgesteuerter Entgrenzungen und von Gewerbegebieten dominierten Erweiterungen so gut wie aller bayerischen Ortschaften. Land und Stadt, beides war und ist Bayern, und das seit über zwei Jahrhunderten.

Um es gleich zu sagen: Das Fazit von Thomas Götz klingt wenig optimistisch – überall in Mitteleuropa, auch in Bayern, brauche man einen immer schärferen Zoom, um die denkmalinselartigen Wahrzeichen alter Städte im sie umgebenden Siedlungsbrei zu erkennen. »Und wenn man noch so sehr die Einzigartigkeit des Freistaats in Sonntagsreden beschwört: Diese Wahrheit ist nüchtern zur Kenntnis zu nehmen.« Das ist wohl so, und es ist erlaubt, darüber melancholisch zu werden. Dafür liefert dieses Buch fundiertes Wissen und gute Argumente.

Götz beginnt mit Joseph Anton von Destouches und seiner Schrift *Über den Verfall der Städte und Märkte und die Mittel, ihnen wieder aufzuhelfen* (1803), die das Reformprogramm der Montgelas-Ära kommunalpolitisch konkretisiert, und zeigt die Folgen dieses Programms am Beispiel von Nürnberg, Augsburg, Nördlingen und München. Die Revolution von 1848/49, die für die ländliche Bevölkerung viel einschneidender war als für die sich zunehmend in bürgerlichen Lebensformen einrichtende städtische, verlief hier konfliktfreier als in Preußen – »der vergleichsweise zivil-ausgleichende Umgangston im täglichen Miteinander wurde von Besuchern wiederholt vermerkt«. Erst die späten 1860er-Jahre stellten in Bayern die Weichen für eine grundlegende Modernisierung.

Noch in der Mitte des 19. Jahrhunderts, schreibt Götz, steckte in jedem vorgeblich urbanen Bürgerhaus ein gutes Stück Spätmittelalter. Das änderte sich rasch. Die Knotenpunkte des immer dichter werdenden Eisenbahnnetzes boomten, Nürnberg etwa oder Plattling; Gaswerke, Schlachthöfe und Kanalisationen entstanden, parallel zu neuen Elektrotechnik-, Chemie- oder Optikfabriken. Nach 1900 sei »eine qualitative Grenze« überschritten worden, »hinter der wie überall in Deutschland recht eigentlich die Welt der Gegenwart begann«, und auf lange Sicht habe die nun einsetzende »Lebensstil-Revolution« vor keinem Dorf halt gemacht.

Wer die Werke von Lena Christ kennt, weiß, was mit »Sog der Stadt« gemeint ist. 1910 lebte schon die Hälfte der bayerischen Bevölkerung in Gemeinden mit mehr als zweitausend Einwohnern – und so eine Gemeinde galt seit 1871 offiziell als Stadt. Auch in Bayern gab es eine Klassengesellschaft mit entsprechenden Konflikten, allerdings, so Götz, »mehr als anderswo in Deutschland kanalisiert und gezähmt«. Insbesondere der peu à peu einsetzende gemeinnützige Wohnungsbau und eine immer professioneller werdende Stadt- und Raumplanung hätten viel Unmut pazifiziert, betont der Autor, der das damalige Alltagsleben in München, Augsburg oder Nürnberg präzise schildert und dabei die »vergleichsweise mildere politische Kultur im Umgang miteinander« herausstellt.

Die war in den Jahren nach Ende des Ersten Weltkriegs nicht mehr ganz so mild, und es wurde nicht leichter, eine zukunftsweisende Mischung aus Tradition und Moderne politisch umzusetzen. Die Münchner Wohnungsbauprojekte der 1920er-Jahre – Alte Heide, Borstei, Neu-Ramersdorf, Siedlung Neuhausen und andere – waren, das führt Götz plausibel vor Augen, für ihre Zeit vorbildlich. Die neue Armut und die Massenarbeitslosigkeit nach 1930 machten vieles zunichte, und dann kamen die Nazis. In vielen Stadtverwaltungen habe man zunächst angenommen, alles gehe mehr oder minder so weiter wie bisher. »Doch gerade das täuschte, denn das Verwaltungshandeln hatte sich ... am ›Gemeinnutzen‹ auszurichten, und damit an den rassistisch-utilitaristischen Implikationen der ›Volksgemeinschaft‹.« Zeugnisse dafür sind zum Beispiel die Schottenheim-Siedlung in Regensburg oder die Augsburger Siedlung Am Hochfeld.

Gleichzeitig beginnt der Autobahnbau; auch die Städte werden allmählich »autogerecht« umgestaltet. Bis die Bomben der Alliierten fast alles vernichteten und die großen alten Städte untergingen, jedenfalls beinahe. Am 16. März 1945 traf es Würzburg: »256 Stück Spreng-, 397650 Brandbomben in siebzehn Minuten reichten, um 21.45 Uhr ist Würzburg fast zur Gänze zerstört.« Thomas Götz zitiert Georg Lill, damals Direktor des bayerischen Landesamts für Denkmalpflege: »Sollte man weinen wie ein Kind oder hinausschreien voll Weh und Angst wie ein Tier?«

Der Katastrophe folgte der Wiederaufbau, ab 1949 im »Homogenisierungssog des westdeutschen Wirtschaftswunders« – wobei Götz auch festhält: »Der Schutt in den Köpfen blieb fallweise länger liegen als der auf den Straßen.« Erst in den 1970er-Jahren besann man sich auf die hohe Lebensqualität der alten Stadt. Rote wie schwarze Technokraten sahen sich zunehmend einer »Allianz aus jungen linken ›Systemveränderern‹ und aufgeschreckten Wertkonservativen« gegenüber – gerade noch rechtzeitig, bevor die Innenstädte von Passau, Bamberg oder Regensburg so ausgesehen hätten wie die von Pforzheim oder Kassel.

Mehrfach fällt der Name Dieter Wieland. Der Zeit zwischen 1945 und 1990 widmet der Autor fast ein Viertel seines »Essays«; man erfährt viel Wissenswertes, auch über kleinere Städte wie Rothenburg ob der Tauber, Neuburg an der Donau, Landshut, Fürth oder Ingolstadt.

Den oft widersprüchlichen Entwicklungen der letzten dreißig Jahre, zwischen Wohlstandsprofiteuren im »südlich von München-Milbertshofen beginnenden Latte-Macciato-Gürtel« und Globalisierungsverlierern in den »schrumpfenden Deurbanisierungsregionen« des östlichen Oberfranken, und den Konsequenzen des fast vollständigen Verschwindens des Stadt-Land-Gegensatzes gilt das vorletzte, sehr lesenswerte und nachdenkliche Kapitel. Sicher, man braucht schon einige Vorkenntnisse und zudem eine gewisse Vertrautheit mit der Terminologie moderner Soziologie und avancierter Sozial- und Wirtschaftsgeschichte, um Thomas Götz immer und überall folgen zu können. Aber es lohnt sich.

Thomas Götz: Die bayerische Stadt. Vom 19. ins 21. Jahrhundert. Ein Essay. Regensburg 2019: Verlag Friedrich Pustet. 200 S.

Eiskalt den Rücken hinunter
In Hebertshausen bleibt das Grauen spürbar

Auf den ersten Seiten von Norbert Göttlers beeindruckendem Buch *Dachau, Moabit und zurück – Eine Begegnung mit Albrecht Haushofer* ist von einem Jungen auf einem Traktor die Rede, der ein Feld bearbeitet und dabei von den Betonsäulen am Feldrand magisch angezogen wird. Nein, vielmehr von dem verwahrlosten Gelände dahinter. Und verwahrlost war er mehr als sechs Jahrzehnte, der frühere SS-Schießplatz Hebertshausen, rund zwei Kilometer von der nördlichen Grenze des Konzentrationslagers Dachau entfernt. Erst seit 2014 kann dieser Schießplatz, nun eingerichtet als Gedenkort, offiziell besucht werden. Wer das tut, wird bald feststellen, dass die Beklommenheit mit jedem Schritt ärger wird, dass womöglich sogar das unangenehme Gefühl des Gewürgtwerdens aufkommt und dass es einem eiskalt den Rücken hinunterzulaufen beginnt. Genau deshalb sollte man an diesem Gedenkort nicht achtlos vorbeifahren, sondern sich ganz bewusst der Tatsache stellen, dass die Geschichte Bayerns nicht nur in imposanten Königschlössern und atemberaubenden Barockkirchen zum Ausdruck kommt. Sondern auch dunkle Orte kennt. Grauenhaft dunkle.

Im Frühjahr 2020 ist ein instruktiver Band zur Open-Air-Ausstellung und zur Gedenkinstallation »Ort der Namen« erschienen, dessen sieben Aufsätze, umrahmt von zahlreichen meist zeitgenössischen Fotos, dieses todtraurige, unsägliche Kapitel der Geschichte des 20. Jahrhunderts erzählen. Zwischen Ende August 1941 und Sommer 1942 wurden auf dem Schießplatz Hebertshausen mehr als viertausend Rotarmisten von Angehörigen des Kommandanturstabs und der Wachmannschaften der Lager-SS erschossen. Andrea Riedle lässt in ihrem Beitrag keinen Zweifel daran, dass viele Menschen in Dachau und Umgebung trotz oft gegenteiliger Behauptungen von diesen Erschießungen wussten. Und dass die meisten von ihnen beharrlich schwiegen, nicht nur in den Kriegsjahren, sondern auch nach 1945.

Nur wenige Täter mussten sich später vor Gericht verantworten. Wie es dazu kam, erfährt man aus diesem Band. Nicht nur in nüchternen Zahlen, Daten und Fakten – bewegend, ja herzzerreißend sind die Biografien von neun Opfern und einem Überlebenden der fast täglichen Massenmorde, die von manchen Tätern makaber als »Schützenfeste« bezeichnet wurden. Es war, wie Reinhard Otto erläutert, oft außerordentlich schwierig, die Namen der Opfer dem Vergessen zu entreißen – rund tausend sind inzwischen bekannt, die Suche geht weiter. Deshalb heißt die Gedenkinstallation, deren ästhetische Gestaltung leider misslungen ist, »Ort der Namen«. Die Opfer aus der Anonymität holen und ihre Schicksale aufarbeiten – was gäbe es Wichtigeres nach so langer Zeit?

Wer weiß denn überhaupt, dass in den Jahren des NS-Terrors die sowjetischen Kriegsgefangenen nach den europäischen Juden die zweitgrößte Opfergruppe waren? Dirk Riedel zitiert aus der »Anordnung für die Behandlung sowjetischer Kriegsgefangener«, die das Oberkommando der Wehrmacht am 8. September 1941 erließ und in der klar gesagt wird, dass »der bolschewistische Soldat jeden Anspruch auf Behandlung als ehrenhafter Soldat und nach dem Genfer Abkommen verloren« habe. Das war die offizielle Grundlage für das grausame Treiben der Folterknechte und Erschießungskommandos, nicht nur in Hebertshausen. Aber dort eben auch.

Das Studium der oft ins letzte Detail gehenden und deshalb gnadenlos anschaulichen Aufsätze ist schwer erträglich. Ja, es kann einem schlecht werden, wenn man von »mit Zinkblech ausgestatteten Transportsärgen«, »Exekutionspfählen« und »Handschellen« liest, die die in der Schreinerei und der Schlosserei des Lagers beschäftigten Häftlinge herstellen mussten. Oder von ...

Nein, lassen wir das und halten lediglich fest: Diese schmerzhafte Lektüre ist notwendig, um zu verstehen, wieso dieser Schießplatz ein Gedenkort werden musste. Den langen Weg dorthin beschreiben Anja Deutsch und Kerstin Schwenke, und sie verhehlen nicht, dass sich auf diesem Weg bis ins 21. Jahrhundert hinein auch Äußerungen finden, die angesichts der bitteren Tatsachen haarsträubend ignorant erscheinen. Ignorieren? Schwamm drüber? Niemals! Aufarbeiten und gedenken sind unverzichtbar, wenn bewahrt werden soll, was oft nur noch in Sonntagsreden beschworen wird: die Würde des Menschen.

Gabriele Hammermann / Andrea Riedle (Hrsg.): Der Massenmord an den sowjetischen Kriegsgefangenen auf dem SS-Schießplatz Hebertshausen 1941–1942. Göttingen 2020: Wallstein Verlag. 208 S.

Kein Ort. Nirgends
Demokratie in Bayern? Wo?

Mit einem aus einer Tagung vom Frühjahr 2018 hervorgegangenen Sammelband möchte die Kommission für bayerische Landesgeschichte einen »Anstoß für die Erinnerungspolitik im Freistaat« geben. Das ist auch dringend nötig, denn auffällig bleibt weiterhin, »wie wenig oder wie zurückhaltend Erinnerungsorte und -kultur der Demokratie im Land präsent sind«, stellt Ferdinand Kramer in seiner Einleitung fest. Mit »Orte« sind grundsätzlich nicht nur konkrete Orte im Freistaat gemeint, sondern im Sinne des französischen Historikers Pierre Nora und seines epochemachenden Konzepts der »lieux de mémoire« auch »Orte« im übertragenen Sinne, die im Diskurs und im Gedächtnis der Menschen in Bayern mehr oder weniger präsent sind und im Sinne der Demokratie verstanden und gedeutet werden. Gibt es solche Orte überhaupt?

Es ist symptomatisch, dass man bei der Suche nach bayerischen »lieux« auch Ereignisse und Traditionen der Vormoderne berücksichtigt hat, die sich, gerade was demokratische Entwicklungen angeht, ganz grundlegend vom 19. und 20. Jahrhundert unterscheidet. Natürlich kann man die Festschreibung der Bedeutung der Landstände in Bayern – 1302 auf einem »Rittertag« in Schneitbach bei Aichach – als eine Art Vorstufe demokratischer Prozesse sehen. Ein Ort der Demokratie jedoch ist Schneitbach nicht, und die Landstände sind es auch nicht. Das gilt auch für den Ratssaal zu Nürnberg, für das »Braunauer Parlament« im Bauernaufstand von 1705/06 oder für die von Sabine Ullmann am Beispiel des Dorfes Fischach sehr anschaulich geschilderten Konflikte um die Partizipation jüdischer Gemeinden in Schwaben.

Wie man es auch dreht und wendet: Das erste Drittel der hier versammelten Erinnerungsorte hat mit Demokratie wenig zu tun. Das ändert sich – wenigstens tendenziell – mit dem Gaibacher Verfassungsfest von 1832, dessen Bedeutung Georg Seiderer eindrücklich schildert, und mit dem Hambacher Fest; und doch muss man mit Michael Kißener bezweifeln, ob dieser vielfach gewürdigte Ort »zu einem wirklichen Erinnerungsort geworden ist, aus dem eine regionale oder nationale Identität für Bayern, Rheinland-Pfälzer oder Deutsche geschöpft wird«. Auch die Kammer der Reichsräte oder den Bayerischen Senat kann man, wie Bernhard Löffler feststellt, »nur schwerlich« als Erinnerungsorte der Demokratie in Anspruch nehmen. Dass die seit 1864 aktive Lassalle-Gemeinde in Augsburg einen »wichtigen Meilenstein« für die bayerische Demokratiegeschichte gesetzt hat, wie Karl Borromäus Murr herausarbeitet, wird man nicht in Zweifel ziehen wollen – ein »lieu de mémoire« ist sie nicht. Auch die vor dem November 1918 angedachten, aber eben nicht verwirklichten staatsrechtlichen Reformversuche, die Gerhard Immler schildert, geben dafür nichts her, so wenig wie die Bamberger Verfassung von 1919 und die Bamberger Harmonie, über die Sabine Freitag unterrichtet. Der weithin bekannte Begriff »Freistaat Bayern«, den Johannes Merz näher untersucht, war seiner Einschätzung nach »womöglich nur nach 1960 für wenige Jahrzehnte ein lebendiger Erinnerungsort der bayerischen Geschichte«. Und die Große Aula der Münchner Universität, in der am 16. Dezember 1946 die konstituierende Sitzung des Bayerischen Landtags stattfand? Dass auch sie, wie Ferdinand Kramer konstatiert, den Menschen in Bayern als wichtiger Ort der Demokratie »wenig bewusst« ist, entspricht dem auch in diesem heterogenen, aber immer wieder anregenden Sammelband überdeutlich werdenden »allgemeineren Befund, dass Orte der Demokratie in Bayern bislang eher zurückhaltend erinnert und entsprechend bescheiden als Erinnerungsorte gestaltet wurden«. Auf diesem Feld bleibt noch viel zu tun.

Ferdinand Kramer: Orte der Demokratie in Bayern (= Zeitschrift für bayerische Landesgeschichte 2018, Band 81, Heft 1). München 2018: Verlag C. H. Beck. 290 S.

Große Pläne – und absurde
Wie das Automobil die Landeshauptstadt verändert hat

1886 kam es auf die Welt, 1888 sahen es die Münchner zum ersten Mal, und 1902 schrieb der Schriftsteller Otto Julius Bierbaum (1865–1910): »Ein gutes Auto ist ein Ding, dem man sich getrost anvertrauen kann.« Aber die Straßen! Bis weit ins 19. und teilweise ins 20. Jahrhundert hinein blieben sie, wie sie seit dem Mittelalter waren, nämlich schlecht. Selbst passionierte Bahn- oder Fahrradfahrer werden zugeben müssen: Die mit dem Siegeszug des neuen Verkehrsmittels einhergehenden Pläne für »autogerechte Straßen«, bald sogar für »Autobahnen«, hatten ihren Grund. Dennoch ist es aus heutiger Sicht ein wahrer Segen, dass die meisten nicht verwirklicht wurden. Die dann doch realisierten Verkehrsplanungen haben das Gesicht der Landeshauptstadt tief und nachhaltig verändert. Der Geschichte dieser Planungen, die nicht allein das Auto, sondern den gesamten Öffentlichen Personennahverkehr (ÖPNV) betrafen, widmet der Historiker und Germanist Axel Winterstein seinen instruktiven historischen Abriss.

Dass der Autor zwar nicht mit Adam und Eva, doch bereits mit den Anfängen der »Entfestigung« Münchens im kurfürstlichen 18. Jahrhundert beginnt, gibt seiner Studie die nötige historische Fundierung: Man versteht besser, warum der Altstadtring so verläuft, wie er verläuft. Die »Entfestigung« zog sich bis ins späte 19. Jahrhundert hin, und schon damals ging viel historische Bausubstanz verloren. Ab 1871 sei München »praktisch zu einer neuen Stadt« geworden, fasst Winterstein zusammen – da gab es die Eisenbahn schon und sogar, beginnend mit zwei nach festem Fahrplan auf festen Linien fahrenden Stellwagen des Lohnkutschers Michael Zechmeister, die ersten Versuche eines ÖPNV. Die ab 1876 durch die Stadt zuckelnde Pferdebahn, die maßgeblich von August Ungerer (1860–1921) geförderte »Elektrische«, die Neubauten der Eisenbahnbrücken über die Isar, die seit 1898 verkehrende Motorbuslinie der von Ludwig Petuel (1839–1911) gegründeten »Motorwagen-Gesellschaft München« (MGM) und natürlich die noch zögerlichen Anfänge von Motorrad und Auto in der Landeshauptstadt – mit erhellenden Seitenblicken auf ganz Deutschland und auf das autoverrückte Italien – ziehen auf den ersten fünfzig Buchseiten am interessierten Leser vorüber.

Dann kommt Hitler: »Das Autobahnbauprogramm galt ebenso als Arbeitsbeschaffungsmaßnahme wie die Belebung der noch rückständigen deutschen Kraftverkehrswirtschaft, die durch die neuen Straßen zum Bau von mehr Autos aktiviert werden sollte ... Das Autobahnprojekt war in die Zukunft gerichtet – der aktuelle Verkehr hätte aufwendige Straßen mit vier Fahrspuren noch keineswegs gefordert.« Mit großem Pomp wurde am 21. März 1934 die Einweihung einer Autobahnteilstrecke in Unterhaching in Szene gesetzt, ähnlich wie ein halbes Jahr zuvor der »erste Spatenstich« für die erste Reichsautobahn zwischen Frankfurt und Darmstadt. »Der Mythos Autobahn entstand.«

Das bereits im NS-Staat omnipräsente »Denken in Linien und Routen der autogerechten Stadt« hatte Folgen bis in die 1970er-Jahre hinein. Um bequem zu den Autobahnen zu gelangen, wurden Verkehrswege wie die Prinzregenten- und Von-der-Tann-Straße, die Ludwig- und Leopoldstraße, die Zweibrückenstraße mitsamt Ludwigsbrücken und Rosenheimer Straße, die Nymphenburger- und Verdistraße und viele andere erweitert. Die Donnersberger Brücke wurde neu gebaut, die Isarparallele wurde angedacht, und 1938 begann man in der Lindwurmstraße mit dem U-Bahn-Bau, was auch das Ende für die evangelische Matthäuskirche in der Sonnenstraße bedeutete.

Im Krieg hatte man dann anderes zu tun, und im Frühjahr 1945 war München durch zweiundsiebzig Luftangriffe so gut wie zerstört. Ausführlich schildert der dem Münchner Stadtarchiv besonders verpflichtete Autor die äußerst kontroversen Vorschläge zum Wiederaufbau der Stadt, speziell des Areals Marienplatz-Rindermarkt-Rosenstraße – nicht ohne zu bemerken: »Es herrschte in den 1950er-Jahren ein Tunnelblick auf das Auto, der heute bizarr bis grotesk anmutet.« Erst 1960 zum Beispiel war der Plan vom Tisch, den Alten Nördlichen Friedhof durch eine breite Straße zu zerschneiden, und noch bis weit in die 1980er-Jahre hinein hielt sich der keineswegs negativ gemeinte Spruch »Da geht's ja zua wia am Stachus.« Von heute aus betrachtet sei es »irritierend, mit welchem Gleichmut ... Abbrüche auch von tradierter Bausubstanz hingenommen wurden«.

Ein gewisses Umdenken setzte erst Mitte der 1960er-Jahre ein, und gar nicht so viele Münchner waren von der in den frühen 1970er-Jahren eingerichteten Fußgängerzone in der Stadtmitte wirklich begeistert. Vehemente Bürgerproteste konnten die »zweite Zerstörung Münchens« (Erwin Schleich) gerade noch eindämmen – den Altstadtring gibt es zwar, aber die Lindauer Autobahn endet definitiv nicht am Sendlinger Kircherl. Bis in die allerjüngste Zeit der Radl-Euphorie, der Tram-Renaissance, des umstrittenen Baus der zweite Röhre der S-Bahn-Stammstrecke und der E-Mobilität führt uns dieses spannende, gegen sein Ende zu manchmal etwas langatmige Buch. Wer es gelesen hat, hat viel gelernt und spaziert fortan mit etwas anderem Blick durch München.

Axel Winterstein: München und das Auto. Verkehrsplanung im Zeichen der Moderne (kleine münchner geschichten). Regensburg 2017: Verlag Friedrich Pustet. 167 S.

Der letzte Landesvater?
Alfons Goppel und seine Zeit

Sage und schreibe sechzehn Jahre lang, zwischen 1962 und 1978, diente Alfons Goppel dem Freistaat Bayern als Ministerpräsident. Der von vielen Bayern mit Respekt, Bewunderung oder sogar Liebe einfach »der Fonsä« genannte Politiker gestaltete den Wandel des anfangs strukturschwachen, armen Agrarstaats hin zum zukunftsfähigen Industrie-, Hightech- und Wissenschaftsstandort und schuf damit die Grundlage für den vergleichsweise hohen Lebensstandard im Lande. Der Freistaat verdankt ihm viel, und so wurde es allerhöchste Zeit, Alfons Goppel einen Band der schönen, vom Regensburger Historiker Thomas Götz herausgegebenen und rasch unverzichtbar gewordenen Buchreihe *kleine bayerische biografien* zu widmen. Stefan März, der über *Das Haus Wittelsbach im Ersten Weltkrieg* promoviert und 2014 die Biografie *Ludwig III. Bayerns letzter König* vorgelegt hat, wurde damit betraut. Schon hier sei festgehalten: Er hat, ausgestattet mit enormer Sachkenntnis und entsprechender Belesenheit, diese Aufgabe bravourös erfüllt. Und das, was nicht selbstverständlich ist, in durchgängig leserfreundlicher Diktion.

Alfons Goppel wurde 1905 im heute zu Regensburg gehörenden Reinhausen geboren. Der aus Schwaben stammende Vater war eigentlich Zimmerer, musste aber ganz andere Arbeiten annehmen, um seine rasch wachsende Sippschaft zu ernähren. Bescheidene Verhältnisse, viele Wohnungswechsel im Stadtranddorf. Im Sommer 1914 musste der Vater ins Feld. Keine heile Welt also, eher eine brüchige. Da braucht es Gottvertrauen, und das hatte er und sollte es zeitlebens behalten: »Die von der streng katholischen Großfamilie gelebten Werte sollten Alfons Goppel nachhaltig prägen.«

Mitten im Ersten Weltkrieg wechselte der begabte Schüler aufs traditionsreiche Königliche Alte Gymnasium, das ihn durch die Wirren und Unsicherheiten der Zeit hindurch nachhaltig bilden sollte und dem er, wie Alfons Goppel selber sagte, »seine eigentliche Formung« verdankt. Im Mai 1925 immatrikulierte er sich als Student der Rechts- und Staatswissenschaften an der Ludwig-Maximilians-Universität München, und bald trat Alfons Goppel der Studentenverbindung »Erwinia« bei. »Das bereits während der Studienzeit durch seine katholischen Verbindungskontakte aufgebaute Netzwerk war für den späteren Politiker nicht unerheblich.« Konrad Adenauer und Kurt Georg Kiesinger, den späteren bayerischen Ministerpräsidenten Hanns Seidel und den »Ochsensepp« genannten ersten CSU-Vorsitzenden Josef Müller kannte er bereits aus seinen Studienjahren.

Noch wichtiger: Auch die aus Westfalen stammende Gertrud Wittenbrink lernte er an seiner Alma Mater kennen. 1935 heirateten sie, bis 1952 kamen nicht weniger als sechs Söhne zur Welt, und als Gertrud Goppel 1989 starb, waren es vierundfünfzig Ehejahre geworden. Am 24. Dezember 1991 verschied auch Alfons Goppel, und unter großer öffentlicher Anteilnahme wurde er neben seiner Frau auf dem Münchner Waldfriedhof beigesetzt. »Leben und leben lassen« sei seine Devise gewesen, »für die er lebte und bis heute lebendig ist«, schreibt sein Sohn, der frühere bayerische Staatsminister Thomas Goppel, im Geleitwort zu dieser Biografie.

In der politisch aufgeheizten Stimmung um 1930 herum – Stefan März stellt das Persönliche sehr einleuchtend und übersichtlich in historische Kontexte – begann Alfons Goppels politisches Wirken im engeren Sinne. Er engagierte sich in der im November 1918 in Regensburg gegründeten, bei aller sozialen Orientierung explizit bayerisch-konservativ geprägten Bayerischen Volkspartei (BVP), die seit 1920 die größte Fraktion im Landtag bildete, von 1924 bis 1933 mit Heinrich Held den bayerischen Ministerpräsidenten stellte und in den frühen Dreißigerjahren die überall im Reich aufkommende NSDAP noch einigermaßen in Schach hielt. Bis März 1933 trat Alfons Goppel bei fast zweihundert Wahlversammlungen als Redner auf, meistens in der ländlichen Oberpfalz, und er organisierte eine Reihe von BVP-Jugendveranstaltungen.

Zugleich versuchte er, eine Karriere als Anwalt zu starten. Damit jedoch hatte er so wenig Erfolg, dass er sich um eine Beamtenstelle im bayerischen Staatsdienst zu bemühen begann. Tja, das Geld, die wachsende Familie, die wirtschaftliche Sicherheit – politische und moralische Überzeugungen mussten da zurückstehen. Meinte er damals jedenfalls, wie so viele seiner Zeitgenossen – mutige Gegenbeispiele gab es allerdings auch.

So trat Alfons Goppel, der alles andere als ein überzeugter Nationalsozialist war, am 1. November 1933 in die SA ein. Und siehe da – 1934 wurde er zum Gerichtsassessor ernannt, bald ans Landgericht Kaiserslautern in der bayerischen Pfalz versetzt, nach einigem Hin und Her 1937 auch zum Beamten auf Lebenszeit gemacht und 1938 endlich als Amtsgerichtsrat nach Aschaffenburg berufen.

Wie es genau herging mit der Vollmitgliedschaft in der NSDAP, ist nach wie vor nicht ganz klar, wie übrigens bei zahlreichen Parteigenossen seiner Generation. Stefan März kann nur lakonisch feststellen: »Die Diskrepanz zwischen seiner eigenen Wahrnehmung, dem Zustellungsvermerk in der Mitgliederkartei sowie der unterschiedlichen Betrachtung durch seine Vorgesetzten ist schwer zu erklären.« Ob man sagen kann, dass sich Alfons Goppel »notgedrungen« mit dem System arrangierte, die NS-Ideologie aber »weiterhin entschieden« ablehnte, »was nicht zuletzt religiöse Wurzeln hatte«? Sein Biograf behauptet das. »Soldat aus ideologischer Überzeugung« soll er, der sich schon im März 1937 freiwillig zum Dienst in der Wehrmacht meldete, auch nicht gewesen sein. Im Zweiten Weltkrieg jedenfalls, den er an der West- und vor allem an der Ostfront in aller Härte miterlebte, wurde er mehrfach ausgezeichnet und befördert. Bis zum 5. Mai 1945 kämpfte er für den Endsieg. Dann war Deutschland kaputt, und mit ihm die halbe Welt.

Alfons Goppel wurde als »Mitläufer« eingestuft und konnte 1946, angestellt als Rechtsrat der Stadt, wieder nach Aschaffenburg ziehen. Bayern begann sich neu zu ordnen, das politische Leben kam in Schwung. Eine neue, noch recht uneinheitliche Partei war entstanden, die für den Freistaat und auch für Alfons Goppel höchst bedeutend werden sollte: die CSU. Im Kapitel »Der steinige Weg in die Landespolitik« erinnert Stefan März an die herben Niederlagen, die der nach der Pest des Nationalsozialismus im konservativ-christlichen Sinne geläuterte Jurist bei den Oberbürgermeisterwahlen in Aschaffenburg (1952) und Würzburg (1956) einstecken musste. Dennoch wurde Alfons Goppel noch vor seinem fünfzigsten Geburtstag als Abgeordneter von Aschaffenburg-Stadt und -Land in den Landtag gewählt, und mit seiner überraschenden Berufung zum Staatssekretär im Justizministerium gelang ihm drei Jahre danach der Sprung in die Regierung. Nach der vierten Landtagswahl (1958) machte ihn Ministerpräsident Hanns Seidel zum Innenminister. Für die Familie bedeutete das vor allem: Umzug nach München – ab 1962 wurde dann das Eigenheim in der Gemeinde Krailling zum dauerhaften Zuhause.

In der CSU hatte es nach Hanns Seidels Tod (1961) heftig gekracht. Dennoch stellte die Partei nach dem 25. November 1962 zum ersten Mal seit 1946 die absolute Mehrheit der Landtagsmandate, und damit war der Weg frei für Goppels Wahl zum Ministerpräsidenten des Landes. Als »Kompromisskandidaten« sieht ihn der Biograf nur unzureichend charakterisiert: »Vielmehr war Goppel ohne eigene Hausmacht und galt als sachorientierter Mann des Ausgleichs, auf den sich alle Seiten einigen konnten.«

Die sechzehn Jahre an der Spitze des Freistaats kann man ohne Zögern als Erfolgsgeschichte bezeichnen: »Mit Goppel als Ministerpräsident setzte eine bemerkenswerte Periode politischer Stabilität ein.« In den Sechzigerjahren wurde Alfons Goppel zum Landesvater, zum respektierten und immer populärer werdenden »Fonsä«, und bei der Landtagswahl 1974 schaffte er mit seiner CSU ein bis heute nicht übertroffenes Ergebnis: 62,1 Prozent! Das Image des demokratisch gewählten, scheinbar überparteilichen Landesvaters habe er sich bewusst erarbeitet, betont Stefan März: »Bei ihm ist erstmals eine überlegt durchgeführte, auf die Person des Regierungschefs angestimmte Popularisierungsstrategie erkennbar. Durch symbolische Politik und gezielte Pressearbeit wurde der Ministerpräsident in die monarchische Tradition gestellt.«

Der stets auf Ausgleich bedachte, unaufgeregte und leutselige CSU-Mann profitierte dabei auch davon, dass ihm seit 1961 mit Franz Josef Strauß ein immer auf Hochtouren laufender, meist polarisierender, oft deftig herumpolternder Parteivorsitzender zur Seite stand – die Kombination Goppel-Strauß wird man als wahren Segen für die Partei ansehen müssen. Beim München-Besuch der britischen Queen (1965) wurde ganz deutlich: »Der großzügige Repräsentationsstil unter Goppel und die selbstbewusste Art der politischen Inszenierung der eigenen Identität traf bei der bayerischen Bevölkerung weitgehend auf Zustimmung.«

Und die Wirtschaft boomte! Modernisierung allerorten, die Landwirtschaft auf dem Rückzug, der Dienstleistungssektor auf rasantem Vormarsch! Erdölraffinerie in Ingolstadt, Atomkraftwerke in Gundremmingen, Niederaichbach und Ohu, Main-Donau-Kanal, Autobahnprojekte! Neue Landesuniversitäten in Regensburg, Augsburg, Bayreuth, Passau und Bamberg, Ausbau der Hochschule Eichstätt! Der Biograf betont zu Recht: »Goppel darf als einer der Urväter der später mit ›Laptop und Lederhose‹ umschriebenen Strategie der CSU gelten, die auf die Verbindung von Tradition und Moderne abzielt«.

Naturgemäß gab es auch Widerstand gegen diesen Kurs, von den Protesten der Studenten Ende der Sechzigerjahre zur erst viel später wirklich starken Anti-Atom-Bewegung. Das umstrittenste Projekt der »Ära Goppel« allerdings sei die von 1971 bis 1976 durchgeführte Gebietsreform gewesen, meint Stefan März – »Proteste großer Teile der Bevölkerung« und »Ablehnung quer durch alle Parteilager« begleiteten sie über Jahre hinweg.

Als der Dreiundsiebzigjährige im November 1978 den Stuhl des bayerischen Ministerpräsidenten räumte und zugleich aus dem Landtag ausschied, war auch dieser erbitterte Streit fast schon wieder vergessen. Die Politik bestimmte weiterhin sein Leben – seine Kandidatur für das erstmals direkt gewählte Europäische Parlament in Straßburg war erfolgreich, und so arbeitete der zuvor auch zum Präsidenten der Paneuropa-Union in Deutschland gewählte Politiker bis 1984 auf europäischer Ebene weiter. Ausgleichend und solide, heimatbewusst und weltoffen agierte Alfons Goppel in seinen letzten Lebensjahren, und zahlreiche Ehrenämter nahm er ebenfalls wahr.

Ein erfülltes Leben? Wohl schon. Ein Leben, das den Freistaat Bayern für den Sprung ins 21. Jahrhundert fit gemacht hat – auch wenn, wie es in einer Demokratie normal sein sollte, selbstverständlich nicht alle Bürger mit allem einverstanden sein konnten. Stefan März führt es uns eindringlich vor Augen, immer eingebettet in die historischen Kontexte des vergangenen Jahrhunderts. Seine kleine Biografie verdient viele Leser.

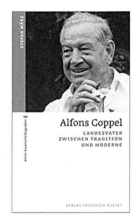

Stefan März: Alfons Goppel. Landesvater zwischen Tradition und Moderne (kleine bayerische biografien). Regensburg 2016: Verlag Friedrich Pustet. 143 S.

Kafka, Konecny und andere
Böhmische Spuren in München

Man wundert sich, dass bisher niemand den böhmischen Spuren in München nachgegangen ist, und man freut sich, dass Jozo Džambo es endlich getan hat. Wer sonst als dieser kluge und kenntnisreiche langjährige Mitarbeiter des »Adalbert Stifter Vereins« hätte diese Aufgabe auch übernehmen sollen? Džambo charakterisiert das schon durch sein schönes Umschlagbild ansprechende Buch als »eine Mischung aus Dokumentation, Kulturführer, eine Essaysammlung, gewissermaßen auch ein Nachschlagewerk, auf jeden Fall eine Orientierungshilfe bei der Suche nach böhmischen Spuren in München«, und er weist darauf hin, dass mit »Böhmen« nicht nur das ehemalige Kronland gleichen Namens gemeint ist, sondern auch Mähren und Österreichisch-Schlesien. Eine Mischung also, kein Werk aus einem Guss. Darin liegt auch ein Problem. Wer liest schon Nachschlagewerke?

Speziell im 19. und 20. Jahrhundert war die Stadt München vielen Böhmen eine Reise wert, erfährt man von Jozo Džambo. Der Sprachwissenschaftler Ján Kollár, der Dichter Jan Erazim Vocel, der Historiker František Palacký und andere Böhmen besuchten den berühmten Johann Andreas Schmeller, den Verfasser des legendären *Bayerischen Wörterbuchs*. Dem großen Jan Neruda, dessen *Kleinseitner Geschichten* man immer wieder gerne liest, kam München 1863 »wie eine Kleinstadt« vor, bewohnt von Menschen, denen Bier und Wirtshaus das Familienleben ersetzen.

Thomas Raff bringt uns Künstler und Kunststudenten aus Böhmen näher, die Bleibendes in München hinterlassen haben, Gabriel (von) Max etwa, Joseph (von) Führich, Adolf Hölzel, Alfred Kubin oder Anton Pruska, dem wir die St. Anna-Kirche im Lehel verdanken. Dieter Klein sichtet weitere kunsthistorische Spuren. Auch die »kulinarischen Brücken« tragen – Ulrike Zischka nimmt sich, engagiert und amüsant, der »Böhmischen Küche in München« an. Wobei den Lesenden nicht nur Olmützer Quargeln, Karlsbader Oblaten, Böhmische Knödel oder Budweiser Bier gehörig Appetit machen werden, sondern auch die zahlreichen interessanten Fotos, die den ganzen Band wunderbar illustrieren.

Peter Becher stellt deutschböhmische Literaten vor – wer weiß schon, dass Gustav Meyrinks Prag-Roman *Der Golem* in München entstand, dass der Verlag von Kurt Wolff, ein wichtiger Partner der Prager Literaten, fast zehn Jahre in München residierte, dass Autorinnen wie Barbara König, Barbara von Wulffen oder Ursula Haas ihre Kinderjahre in Böhmen verbrachten, dass Manfred Bieler und viele andere Dichter ohne ihre böhmischen Prägungen kaum vorstellbar sind? Den ganz Berühmten, Rilke und Kafka, sind jeweils eigene Kapitel gewidmet, und wer Rilkes 1898 entstandene Novelle *Ewald Tragy* nicht kennt, der wird von Jozo Džambo neugierig gemacht und in Zukunft das Hotel Marienbad in der Barerstraße mit anderen Augen betrachten.

Nicht nur deutschböhmische, auch tschechische Schriftsteller haben breite Spuren in der Landeshauptstadt hinterlassen, vor allem nach dem Zweiten Weltkrieg – Zuzana Jürgens macht sie sichtbar und würdigt das Wirken von Ivan Binar, Ota Filip, Ludvík Aškenazy, Karel Kryl und einigen anderen, auch das des stadtbekannten Poetry-Slamers Jaromír Konecny. Zahlreiche böhmische Regisseure, Filmproduzenten und Schauspieler gab und gibt es auch in München, und Zuzana Jürgens stellt sie vor – Haro Senft etwa, Rolf Wanka und seine Tochter Irina oder Friedrich von Thun und seinen Sohn Max. Musikalischen Fährten geht Franz Adam nach, von den böhmischen Hofmusikern der klassischen Mannheimer Schule um Johann Stamitz bis zu Fritz Rieger und Rafael Kubelík.

Außerordentlich interessant ist Ortfried Kotzians Beitrag über die Vertreibung der Sudetendeutschen in den Jahren nach 1945 und deren Ankunft in Bayern, oft am offiziellen Zielbahnhof München-Allach – und über die vielen kleinen Schritte zur Integration. »Nicht überall waren die Vertriebenen gern gesehene Neubürger, auch in München nicht.« Wolfgang Schwarz informiert über die vielen Tschechen in München – wer kennt die Skulptur von Zdeněk Němeček im Olympiapark, wer die Website www.mnichov.de? Einschneidende böhmische Spuren findet man unweit des Chinesischen Turms, von wo aus von 1950 bis 1995 Radio Free Europe Sendungen ausstrahlte, denen heute, wie Anna Bischof schreibt, »ein bedeutender Beitrag zur politischen Wende« von 1989/90 zugeschrieben wird. Ingrid Sauer stellt das Sudetendeutsche Archiv vor, und was die Münchner Straßennamen von Böhmen und Mähren erzählen, erfährt man von Jozo Džambo, der sich unter anderem die Siedlung Am Hart genauer angesehen hat und nicht nur die Schwabinger darüber aufklärt, was es mit dem Namen Soxhlet auf sich hat.

Jozo Džambo (Hrsg.): *Böhmische Spuren in München. Geschichte, Kunst und Kultur. Eine Publikation des Adalbert Stifter Vereins e.V. München 2020: Volk Verlag. 280 S.*

Das letzte Drittel des Buchs ist ein akribisch die einschlägigen Institutionen und Vereine auflistendes sowie siebzig verdiente Münchner Persönlichkeiten mit böhmischem Hintergrund würdigendes Nachschlagewerk, dem die Sorge anzumerken ist, um Himmels willen nichts und niemanden zu übergehen. Was im Großen und Ganzen gelungen zu sein scheint. Hier wird klar, was Jozo Džambo eingangs betont hatte – dieses Buch ist eine »Mischung«, eine »Orientierungshilfe«. So weit, so gut.

Dazu wünschte man sich, sozusagen als Folgeprojekt, einen Band voller spannender Biografien. Über Leben und Werk von Historikern wie Friedrich Prinz und Ferdinand Seibt, Germanisten wie Herbert Cysarz und Antonín Kratochvil, Politikern wie Volkmar Gabert und Peter Glotz oder Künstlern wie Leo Greiner, Julius Fučík, Alfons Mucha und vielen anderen ist noch lange nicht alles gesagt. Der Projektleiter steht bereits fest – wer, wenn nicht Jozo Džambo?

Sprachglossen

In keinster Weise besser als suboptimal

Dass jemand »in keinster Weise« mit uns übereinstimmt, kennen wir seit Langem. Und seit Langem wissen wir, dass »kein« kein Adjektiv ist und demnach auch nicht gesteigert werden kann. Man hört es trotzdem nicht gerade selten. Was keinen Superlativ braucht, bekommt dennoch einen, und wem das Beste nicht gut genug ist, steigert es eben noch einmal. Dann läuft die Sache »optimalst«. Das ist so falsch wie höchst beeindruckend – gleichsam »superst« also, jedenfalls viel besser als nur »super«. Wenn es allerdings mal ganz hart kommt und etwas nicht so richtig läuft, womöglich sogar schlecht bis megaschlecht – dann läuft es eben »suboptimal«. Das ist ein neues Modewort und bedeutet: ein bisschen weniger gut als »am besten«. Klingt jedenfalls gut und passt optimal zum neudeutschen Sprachschatz unserer halb- bis viertelgebildeten Zeitgenossen, die immer mal wieder »weitgehendst« schöne, wenn nicht gar »optimalst« verlaufende Kurzurlaube verbringen. Dass derart konstruierte Ausdrücke im Deutschen im Basisadjektiv gesteigert werden und es deshalb »weitestgehend« heißen muss – ach Gottchen! Muss man ja nicht gleich ultrakritisch sehen, oder? Den Rechtschreibprogrammen sei Dank – noch liest man solche Sprachschnitzer selten. Im gesprochenen Deutsch unserer Tage aber wird man »hundertfünfzigprozentig« auf falsche Komparative und Superlative stoßen. Dass ein Ganzes auch heute nicht aus mehr als hundert Prozenten besteht – na und? Wir bestreiten das in keinster Weise, finden unsere Formulierung selber suboptimal und arbeiten daran, solche Fehler weitgehendst zu vermeiden. Unsinn! Weitestgehend natürlich!

Füllsel sind cool

Funktions-, Flick-, Form- oder Füllwort kann man die Wortart »Partikel« auch nennen, sagt das Sprachlexikon. Partikel? Hä? Keine Angst, niemand will hier Linguistik treiben. Hier geht es einfach um »Füllsel«, nur mal eben so natürlich. Im gesprochenen Alltagsdeutsch, zu dem halt auch das Fernsehdeutsch gehört, flicken und füllen sie Risse und Lücken. Im Wahlkampf 2002 wurde das »äh« des Kandidaten »Ähdmund« bekannt – aber das ist echt Schnee von gestern, ja doch, eigentlich. Sein damaliger Gegenkandidat ist für sein flottes »sach ich ma« berühmt, das auch als »ich sach ma« auftaucht. Mal eben so wird dann halt manches gesagt, das mindestens bis morgen dann eigentlich auch gilt. Und das Volk? Macht halt so nach, was die im Fernsehen eben so von sich geben. Und nicht nur Politiker oder Moderatoren, auch ganz gewöhnliche Mitmenschen kommen offenbar immer öfter mit immer denselben Füllseln aus. Zum Beispiel »halt«, ein Füllsel, das früher typisch süddeutsch war. Das Wörterbuch nennt »einfach«, »eben« und »nun einmal« als Entsprechungen dazu, aber die sind mehrsilbig und damit uncool. Dass einst eine Vielzahl von Füllseln der oft feinsinnigen Nuancierung einer Aussage diente, oder auch ihrer Dialogbereitschaft signalisierenden Relativierung – was soll's! War früher halt mal so. »So« übrigens kann Adverb, Pronomen, Konjunktion oder Partikel sein, und als letzteres signalisiert es, folgt man dem Wörterbuch, etwas Ungefähres oder Annäherndes. Bei Jugendlichen hört man es oft, und es klingt meistens fürchterlich ungefähr. »Ich les grad so, kommt sie so rüber und macht mich halt so an« ist ein echt korrekter Schülersatz, umgangssprachlich eben und also voller Füllsel. Ob sein Sprecher auch noch andere Stilvarianten drauf hat, weiß man halt nicht. Jedenfalls geht der Satz so weiter: »Dann ich so: Was solln das? Und sie so: Ich mag dich eben, so halt.« Kann man sich ein ergreifenderes Liebesgeständnis vorstellen? Na ja, eigentlich halt irgendwie doch.

Mehr Sprachpedanten, bitte!

Die Klage darüber, dass der korrekte Gebrauch des deutschen Konjunktivs immer seltener werde, ist nicht neu. Seltener werde? Seltener wird? Es gibt eine nette Karikatur von Bernd Zeller: Zwei Männer stehen vor einer Plakatwand, auf der man »Hier wäre Ihre Werbung stehen gekonnt!« lesen kann, und als der eine diesen Nicht-Satz mit »Der richtige Konjunktiv wird völlig verschwunden« kommentiert, entgegnet der zweite Mann »Aber alle wissen, was damit meint«. Das illustriert ganz treffend, was man auf deutschen Straßen, in U-Bahnen oder Geschäften, aber auch in Rundfunk und Fernsehen tagtäglich hören muss. Leider sind die falschen Konjunktive auch in den Zeitungen und Zeitschriften nicht selten, am häufigsten wohl bei der indirekten Rede. »Er sagt, er wäre optimistisch« stört nicht mehr viele Zeitgenossen, auch wenn natürlich »Er sagt, er sei optimistisch« richtig wäre. Ganz kompliziert scheint es zu werden, wenn zu der für viele offenbar schwierigen Konjunktivbildung ein Hilfsverb hinzutritt. »Sie sagt, sie habe nicht kommen können, weil sie habe arbeiten müssen« wird man noch hören, doch werden auch falsche Varianten wie »Sie sagt, sie ist nicht gekommen, weil sie hat arbeiten müssen« oder gar »Sie sagt, sie wäre nicht gekommen, weil sie hätte arbeiten gemusst« weithin akzeptiert. Wer kundtut, dass falsche Konjunktive sein auf Schönheit und Wohllaut ausgerichtetes Sprachempfinden verletzen, der muss sich immer öfter als »Pedant« oder »Ästhet« bezeichnen lassen, schlimmstenfalls sogar als »Germanist« – und bestimmt wird er auch gefragt, was denn eigentlich »Wohllaut« sei. Oder wäre? Ach egal, wir können eben nur einfach, und alle wissen, was meinen. Ist da noch jemand, den ein falscher Konjunktiv stört? Könnte durchaus sein! Mehr noch: Es wäre sogar möglich, dass es viele heimliche Sprachpedanten gibt, denen der korrekte Gebrauch der variantenreichen Möglichkeitsformen des Deutschen wichtig ist.

Kurz, aber stets …

Wer kennt das nicht? Man denkt an nichts, jedenfalls an nichts Böses – da kommt der Kollege näher, und schon füllt ein fröhliches »Wie geht's, wie steht's?« den Raum. Mit dieser meist nicht gerade leise vorgebrachten Begrüßungsfloskel gehen permanent gut gelaunte Menschen schon seit Jahrzehnten ihren sensibleren Zeitgenossen auf die Nerven. Permanent gut gelaunt? Wirklich immer gut gelaunt? Ständig? Jederzeit? Stets? Das letzte dieser Synonyme, »stets« also, hat übrigens mit »Wie steht's?« etymologisch zu tun und wird, wenn auch ohne Dehnungs-h geschrieben, genauso ausgesprochen. Um dieses kleine Adverb tobt in Deutschland seit zweieinhalb Jahren ein Rechtsstreit, den das Bundesarbeitsgericht in Erfurt kürzlich an die Vorinstanz zurückverwiesen hat (Az.: 9 AZR 12/03). Dem Kläger war von seinem Arbeitgeber bescheinigt worden: »Herr D. hat alle ihm übertragenen Arbeiten zu unserer vollen Zufriedenheit ausgeführt.« Übersetzt in Schulzensuren bedeutet das Note drei, »befriedigend« also. Herr D. aber verlangt den Zusatz »stets zu unserer vollen Zufriedenheit«, denn »stets« sei das Codewort für die Note »gut«. Naturgemäß weiß man nicht, was Herr D. in seiner Arbeit wirklich geleistet hat, aber dass ein unscheinbares »stets« so wichtig sein kann, gibt einem doch zu denken. Zumal es genau das Wort ist, das vor einiger Zeit einen sprachsensiblen Mitmenschen dazu brachte, seinen Kampf gegen die Apostrophitis endgültig aufzugeben. Apostrophitis? Na, Sie wissen schon: »Gabi's Haarstudio«, »Tina's Pilspub« und so was. Statt den Genitiv durch Anhängen eines »s« an den Namen oder an das Substantiv zu bilden, kursieren im Deutschen bekanntlich seit Jahren falsche Apostrophe. Dagegen anzukämpfen ist mühsam, auch wenn es die Sache, die deutsche Sprache nämlich, allemal wert ist. Aufgegeben hat unser Sprachbeobachter, als er vor einem Zigarettenautomaten stand und dort »Stet's zu Diensten!« lesen musste. Vollkommen klar: Solange es so etwas gibt, muss es auch weiterhin Sprachglossen geben.

Leckereien allerorten

Vom raschen Vordringen mancher norddeutscher Ausdrücke bis vor die Tore Wiens berichtete kürzlich eine große deutsche Tageszeitung. Dazu gehört auf jeden Fall das Pseudoadjektiv »lecker«, dem man nicht nur alle zehn Minuten auf irgendeinem Fernsehkanal begegnet, sondern auch im ganz normalen gesprochenen Alltagsdeutsch. Das mag einem Niederländer gar nicht auffallen – für ihn ist »lekker« seit jeher das Universalwort für alles, was gut und schön ist. Als »lecker« zog das Wörtchen einst nach Osten und Norden, auch ein bisschen den Rhein hinauf – doch südlich von Koblenz traf man es eher selten. Vor einigen Jahren aber begann sein unaufhaltsamer Siegeszug, und heute liegt »lecker« sogar manchem Südtiroler auf der Zunge. Wo auch sonst? Etymologisch stammt »lecker« ja vom Verbum »lecken«, und in der Jägersprache ersetzt »der Lecker« sogar »die Zunge«. Geht es also eigentlich um den Geschmackssinn, wenn alles Mögliche immer mehr Süddeutschen, Österreichern oder Deutschschweizern »lecker« schmeckt? Ist Sprachfaulheit im Spiel, weil man »lecker« nicht deklinieren muss? Ein »lecker« Braten, dazu »lecker« Kartoffeln, »lecker« Gemüse und ein »lecker« Pils – klingt das lockerer als ein knuspriger Braten mit zarten Kartoffeln, frischem Gemüse und einem herben Pils? Oft wird Ess- und Trinkbares sogar als »voll lecker« oder »total lecker« bezeichnet, und man hört auch mal den Ausdruck »schweinelecker«, der besonders passend erscheint, wenn es um eine in Plastik verpackte fette Pizza geht. Inzwischen haben sich die Anwendungsmöglichkeiten des »lecker« denen des »lekker« angeglichen. Wer »lecker« sagte, musste zwar auch früher nicht unbedingt vom Essen und Trinken reden – er konnte auch ein »lecker« Mädchen oder Kerlchen meinen. Heute jedoch kann das Wetter »lecker« sein, eine Aktie, ein Wäschestück, ein Gesichtsausdruck oder ein Konzert. Das universell einsetzbare Wort steht einfach für »gut« – im Sinne von »toll«, »super« oder »krass«.

Locker bleiben!

Man müsse einfach zur Kenntnis nehmen, dass das Standarddeutsche »eine größere Bandbreite bekommt«, sagte unlängst Professor Ludwig M. Eichinger, der Direktor des Instituts für Deutsche Sprache in Mannheim. »Zusätzlich zu dem, was wir für grammatisch richtig halten, gibt es eben stilistische Abweichungen.« Die führten zu einer gewissen »Lockerung« der Sprachsitten – ein Prozess, den man mit Begeisterung begrüßen, mit Empörung kritisieren oder mit wurstiger Gleichgültigkeit ignorieren könne. Aber nicht aufhalten. »Lockerungen« fallen seit ewigen Zeiten vor allem beim Sprachgebrauch von Kindern und Jugendlichen auf. Ganze Lexika leben von deren Sprachmoden, die meistens »out« sind, wenn das Nachschlagewerk endlich erscheint. Ein Beispiel? »Ich werde die Schule end vermissen«, sagte eine Abiturientin kürzlich der *Süddeutschen Zeitung*. Dieses momentan modische »end«, das man in keinem Lexikon findet, bedeutet nichts anderes als »sehr«. So redet man eben heute nach acht Jahren »Gymmi« – was wiederum eine lockere Abkürzung von »Gymnasium« ist. Oh, teutsche Maid! Die Knaben sind nicht besser, und zum Entsetzen mancher älterer Herren haben sie zudem oft »null Ahnung«, was altehrwürdige Ausdrücke bedeuten könnten. In der Kneipe »mal tüchtig einen zur Brust nehmen«? Keinen Schimmer! Einen Säugling stillen vielleicht? Ein Fernsehsender soll festgestellt haben, dass auch eine der Folgen nachhaltigen Alkoholika-zur-Brust-Nehmens, der Gang auf den »Locus« oder »Lokus«, vielen Jüngeren unbekannt ist. Sprachlich natürlich. Aber Altdeutsche und Jungdeutsche verstehen einander meistens doch noch. Sogar im Extremfall. Der Sinn der Frühstücks-Kinderfrage »Kann ich Frosties?« erklärt sich aus der Situation – die Schriftstellerin Anke Stelling greift sie in ihrer Erzählung *Frosties* auf. Das bei solchen Fragen inzwischen durchaus übliche Weglassen des Verbums gefährdet den Kommunikationserfolg keineswegs. Ist das Sprachinfantilisierung? Nicht hinnehmbarer Verfall der Sprache Herders und Goethes? Ach was! »Lockerung« ist das! Hä? Muss ich jetzt Schluss?

Ist Denglisch nicht mehr in?

»Gestern nachmittag war ich im Park«, erzähle ich der Nachbarin. »Okay«, antwortet sie. Komisch, oder? Man trifft immer mehr Leute, die auf einen einfachen Aussagesatz mit »okay« antworten. Wo immer diese Sprachmode herkommen mag – sie zeigt wohl in erster Linie, dass sich »okay« als deutsches Wort eingebürgert hat. Denn der Einfluss des Englischen auf das Deutsche, das man dann wegen der vielen kuriosen Mischformen oft als »Denglisch« kritisiert und verspottet hat, scheint geringer zu werden. Nicht in der Fachsprache der Medizin oder der Biochemie, auch nicht in der Computerbranche oder bei den Finanzdienstleistern. Wohl aber in der Werbung, und vor allem in der Umgangssprache. Sogar dem »Verein Deutsche Sprache«, dem sein Kampf gegen überflüssige Anglizismen viel Zulauf beschert hat, ist das schon aufgefallen. Warum? Nun, die Werbeleute haben mit zu viel oder gar falschem Englisch schon einige Flops produziert. Das bekannteste Beispiel dafür ist die Firma Douglas mit ihrem »Come in and find out«. Kaum jemand reagierte darauf, weil viele Leute offenbar annahmen, es sei schwierig, aus dem Laden wieder rauszufinden. Die *Frankfurter Allgemeine Zeitung* nannte diesen Spruch den »Klassiker aller Missverständnisse«. Dem Mitsubishi-Konzern hat »Drive alive« in Deutschland kaum geholfen – die meisten Autofahrer wollten wohl nicht ständig darauf achten, ob sie die nächste Fahrt lebend überstehen. Viele Unternehmen haben wieder auf deutsche Slogans umgestellt. Das zeigt auch im Alltagsdeutsch Wirkung. Dazu kommt ein gewisser Überdruss am »denglischen« Protzvokabular, der vielleicht sogar mit einer neuen Wertschätzung des Reichtums der eigenen Sprache einhergeht – die ewige Debatte über die Rechtschreibreform mag inzwischen auch diesen Effekt haben. Außerdem hat alles, was aus den USA kommt, auch in Deutschland seit einiger Zeit schlechtere Karten als früher – sorry, die Amerika-Verachtung hat im gesamten alten Europa Hochkonjunktur. Es gibt bestimmt noch mehr Gründe dafür, dass »Denglisch« immer »outer« wird. Glaube, meine und vermute (nicht aber: denke) ich.

Schönste Wörter – und weniger schöne

Wenn das Jahr zu Ende geht, wird in Deutschland das »Wort des Jahres« verkündet. Bricht das neue Jahr an, folgt das »Unwort des Jahres«. Dazu kam 2004 die Suche nach dem »schönsten deutschen Wort«. 22838 Menschen aus einhundertelf Ländern machten Vorschläge – die meisten waren für »Liebe«, doch nur das Verbum »lieben« schaffte es auf einen der ersten Plätze, und zum allerschönsten deutschen Wort wurden bekanntlich die »Habseligkeiten« erklärt. Das »Wort des Jahres 2004« heißt »Hartz IV«, und hier kann man sich wie bei der »Agenda 2010« gleich mal fragen, ob das überhaupt ein Wort ist. »Hartz« ist ja zunächst der Nachname des »Erfinders« umfassender Reformen des deutschen Arbeitslebens. Dieser Eigenname ist angeblich, was selten vorkommt, zu einem Hauptwort geworden (der Hartzer), dem man dann noch das Zeitwort für die vierte Fassung des Maßnahmenpakets angehängt hat (hartzen) – und fertig ist ein Ausdruck, der die öffentliche Debatte über die Reformen ein ganzes Jahr lang bestimmt hat. Da staunt das »Humankapital«, nach Meinung der Jury ein Begriff, der Menschen zu nur noch ökonomisch interessanten Größen degradiert – und deswegen »Unwort des Jahres 2004« wurde. Die Wirtschaftswissenschaftler jaulten auf: Die Jury habe nicht kapiert, was dieser niemanden degradierende Fachterminus eigentlich bedeute. Dass das im Menschen schlummernde Vermögen an Fähigkeiten, Fertigkeiten und Wissen etwas Wertvolles ist, seine Bezeichnung als »Humankapital« aber doch an hässliche Wörter wie »Menschenmaterial« erinnern kann, ist wiederum den Ökonomen entgangen. Aber brauchen wir überhaupt ein Wort des Jahres, und ein Unwort dazu? Auf jeden Fall! Ist das mit dem schönsten deutschen Wort nicht Quatsch? Nein! Durch diesen eher spielerisch gemeinten Wettbewerb sollte Sprachsensibilität geweckt oder geschärft, sogar Liebe zur Sprache geweckt werden. Das dürfte gelungen sein. Denn plötzlich diskutieren viele Zeitgenossen im In- und Ausland über den angemessenen Gebrauch der deutschen Sprache.

Heuschrecken und andere Tierchen

Die Tiere und ihre wirklichen oder vermeintlichen Eigenschaften haben die Menschen schon immer beschäftigt. Keine Sprache kommt ohne Tiermotivik aus. Die deutsche Sprache wäre ohne Redewendungen wie »seinem Affen Zucker geben« oder »sich benehmen wie der Elefant im Porzellanladen« mausetot. Löwenmähnen, Bärenkräfte, Hasenfüße und Brillenschlangen geben ihr Farbe, von den zahllosen Tier-Adjektiven ganz zu schweigen. Und das auf allen Stilebenen – wenngleich es natürlich einen Unterschied macht, ob man eine Operninszenierung als nicht ganz geglückt bezeichnet oder als sauschlecht, ob man einen Mitmenschen attraktiv oder rattenscharf findet und ob man einen beamteten Freund auf einer Party als Oberregierungsrat oder als Bürohengst vorstellt. Im privaten Gespräch geht das gerade noch. In der öffentlichen Rede aber fällt ein Tiervergleich auf wie ein bunter Vogel. Ein deutscher Politiker, der SPD-Vorsitzende Franz Müntefering, ein listiger Fuchs eigentlich, hat kürzlich einiges Aufsehen erregt, weil er den globalisierten Turbokapitalismus attackiert und dabei gewissenlose Nutznießer des heutigen Wirtschafts- und Finanzlebens »Heuschrecken« genannt hat. Man soll an skrupellose Wesen denken, die das Land kahl fressen und verwüstete Landschaften zurücklassen. Solche letztlich die Tiere beleidigende Vergleiche aus Politikermund haben durchaus Tradition – als der frühere Bundeskanzler Ludwig Erhard sich im Parlament über einen »Pinscher« erregte, meinte er damit den Schriftsteller Rolf Hochhuth (und nicht Günter Grass, wie man oft lesen kann). Nicht wenige Intellektuelle ärgerten sich sogar über den Tod des bayerischen Politikers Franz Josef Strauß hinaus, weil der sie einmal als »Ratten und Schmeißfliegen« abgekanzelt hatte. Aber die wenigsten Politiker sind fromme Lämmer oder friedliebende Tauben. Bienenfleißig sind sie oft und ackern wie die Stiere. Jeder kennt aber auch einen, der störrisch ist wie ein Esel oder eitel wie ein Pfau. Und, vor allem im Bundestag, oft hundemüde. Die deutsche Sprache aber, tierisch geduldig, wie sie nun mal ist, kann das alles gut verkraften.

Deutsche Sprache – wunderbar!

Entstanden sind sie wohl in Berlin oder in München, irgendwann in den Neunzigerjahren: die ersten »Wunderbars«. Heute trinkt man auch in kleineren Städten wie Landsberg am Lech seinen Gin-Tonic in der »Wunderbar«. Sie kennen Landsberg? Wunderbar! Das ist jetzt das Adjektiv, das seit Kurzem noch weit mehr in Mode ist als der Substantivkalauer. Überall kann man heute wunderbares Deutsch hören: »Das Wetter – wunderbar ... Ja, einen gaaanz wunderbaren Ausflug an den See. Essen auf der Sonnenterrasse. Schmeckte wunderbar!« Und so weiter, in austauschbaren Versionen, gesprochen von Deutschen aus allen Berufen und Regionen. Das einst so wunderbar romantisch-verträumt klingende Adjektiv verändert seine Bedeutung immer mehr in Richtung »gut«, »toll« oder »super« – oder man meint damit gleich »okay«. Ironisch kann man es auch verwenden: »Motorschaden? Na wunderbar!«. Erinnert sich noch jemand an das schöne Lied mit der Schlusszeile »... und aus den Wiesen steiget / der weiße Nebel wunderbar«? Ziemlich weit scheint der Weg von Matthias Claudius zur Nachbarin, die auf die Ankündigung, man gehe ein Hemd kaufen, mit »wunderbar« antwortet. Was, wie das Wörterbuch sagt, zunächst »wie ein Wunder erscheinend« bedeutet. Dass man sich ein neues Hemd leisten kann, erscheint seiner Nachbarin also wie ein Wunder! So weit ist es gekommen! Außerdem bedeutet es »(emotional) überaus schön, gut u. deshalb Bewunderung, Entzücken o. Ä. hervorrufend« oder »(ugs.) (intensivierend bei Adjektiven) in beeindruckender, Entzücken o. Ä. hervorrufender Weise«. Zum Beispiel in dem Satz »Dieser Sessel ist wunderbar bequem«. Viele Leute von heute würden »bequem« einfach weglassen – was man sagen will, sagt »wunderbar« doch von ganz allein! Beim Substantiv »Wunder« übrigens vermerkt das etymologische Wörterbuch: »Herkunft unklar.« Das gilt auch für die wunderbare Sprachmode, fast alles, was nicht direkt »schrecklich« ist, »wunderbar« zu finden. »Schade, es regnet«, sagt ein Kumpel am Telefon. Wieso schade? »Ist doch wunderbar! Um neun dann in der Wunderbar!«, entgegne ich.

Deutschland ohne Dialekte?

Da hat man nun mühsam Deutsch gelernt, mit Hörverstehensübungen, Unterrichtsdialogen und Prüfungen – und dann kommt man nach Wismar, Berlin, Dortmund, Saarbrücken, Zittau oder Tübingen und die Leute reden ganz anders. Eine Erfahrung, die schon viele Menschen gemacht haben. Selbst Muttersprachler kennen das. So schön Dialekte auch sein mögen – manchmal stören sie auch. Denn es strengt doch mächtig an, Konversationen auf Plattdeutsch, Kölsch, Sächsisch oder Badisch zu folgen und sich womöglich auch noch an ihnen beteiligen zu müssen. Entwarnung meldet jetzt ausgerechnet der Freistaat Bayern: Schwäbisch, Fränkisch und Altbairisch (mit »i«!) sterben aus, nicht allmählich und irgendwann, sondern schnell und wahrscheinlich für immer. Ob das Fernsehen daran schuld ist? Das Internet? Die Globalisierung? Die Migration? Oder etwa alles zusammen? Ganz schlimm und hoffnungslos sei es im Raum München, wo nur noch zwei Prozent der Schüler den lokalen Dialekt beherrschten. »Na und«, wird da sicherlich mancher denken, »dann versteht man also endlich auch die Bayern!« Und schließlich ist es ja nichts Neues, dass Dialekte oder sogar ganze Sprachen sich abschleifen, sich vermischen und eines Tages eben verschwinden. Allerdings war gerade die allgemeine Wertschätzung des noch eine Generation zuvor verpönten Dialektsprechens deutlich gestiegen – auch weil fleißige Forscher herausgefunden haben, dass das Beherrschen von Hochsprache plus Mundart das Fremdsprachenlernen kolossal erleichtern kann. Auf das »plus« kommt es natürlich an, und auf das »kann« ebenfalls. Sonst wären Württemberger, die bekanntlich »elles kennet außr Hochdeidsch«, grotten- oder sogar sauschlechte Englisch- oder Spanischsprecher. Das sind die Deutschschweizer, die fast nur noch Mundart sprechen und den Kindern am liebsten *De chly Prinz* von Saint-Exupéry schenken, doch auch nicht. Moment, bitte! »Wat sachste? Det is doch Keese!« – »Geese isses ni, nur Kwadsch!« – »Des is koa Kaas! Des bassd scho!«. Entschuldigung, das waren jetzt die Kollegen. Die reden immer so. Klingt ja eigentlich auch ganz schön.

Deutsch unterwegs

Ungefähr drei Minuten nach dem Anpfiff des Endspiels der Fußball-Weltmeisterschaft war noch »viel Nervosität unterwegs«. Das jedenfalls teilte uns der Fernsehkommentator mit. Wir hatten das auch schon bemerkt, aber hätten es nie so auszudrücken gewagt. Nach Zidanes Elfmetertor war dann Italien häufig »auf der linken Seite unterwegs« und schaffte den Ausgleich. Was machten die Franzosen in der zweiten Hälfte, pardon: in »Durchgang zwo«? Sie waren schwer unterwegs – und kriegten den Ball einfach nicht rein. »Da ist natürlich auch viel Taktik unterwegs«, erläuterte der Reporter. Dann waren alle in Richtung Verlängerung unterwegs, Zidanes Kopf war auch unterwegs, in die falsche Richtung allerdings, und der Rest ist weltweit bekannt. Ja, Deutschland war mächtig unterwegs in diesen heißen Sommerwochen, und die deutsche Umgangssprache war es auch. Das Adverb »unterwegs« bedeutet eigentlich, so sagt es jedenfalls das Wörterbuch, »sich auf dem Weg irgendwohin befindend«. Zum Beispiel: Jemand ist den ganzen Tag unterwegs, also selten zu Hause. Bei seiner Frau ist ein Kind unterwegs. Während der Fußball-Weltmeisterschaft war die halbe Stadt unterwegs. Aber: Wir leben im durchglobalisierten 21. Jahrhundert. Wir sind eigentlich permanent unterwegs. Und nicht nur wir. Kein Wunder, dass sich, schon lange vor diesem Sommer, auch die alte Wörterbuchbedeutung erweitert hat. »Unterwegs« kann heute nicht mehr nur ein Lebewesen sein, das sich bewegt – wo Leben ist, ist auch Immaterielles »unterwegs«: Stimmungen, Gefühle, Meinungen, sogar Visionen. »Wenn jemand Visionen hat, sollte er zum Arzt gehen«, sagte der frühere Bundeskanzler Helmut Schmidt vor vielen Jahren. Das würde heute wenig bringen, denn die Visionen sind meistens bereits irgendwo »unterwegs«. Sie werden aufgegriffen, befühlt, verwandelt und erneut auf die Reise geschickt. Was Visionen einst begleitete, was mitschwang, mit im Spiel war oder »beiher spielte« (um Adorno zu bemühen), all das ist nun »unterwegs«: Hoffnung natürlich, Zärtlichkeit, Melancholie und Freude, auch Neid oder Argwohn. Schwer was los also in Deutschland! Und noch mehr »unterwegs«!

Hervorragend!

»Exzellenz« sei eine Anrede im diplomatischen Verkehr (»Euer Exzellenz«) oder auch ein heute nicht mehr gebräuchlicher Titel für Generäle und höchste Beamte, heißt es im *Deutschen Universal Wörterbuch A–Z*. Ein Blick in die deutsche Presse der letzten Wochen macht klar, dass dieser Eintrag schleunigst überarbeitet werden muss: »Exzellenz« allerorten – nein, nicht allerorten, aber mindestens an zwei Hochschulorten. Dass die beiden Münchner Universitäten sowie die Technische Hochschule in Karlsruhe sich nun »Exzellenzuniversitäten« nennen dürfen, steht nach der ersten Runde der »Exzellenzinitiative« zur Förderung von Wissenschaft und Forschung an den deutschen Hochschulen fest. Die Finanzierung ihrer »Exzellenzcluster« ist erst einmal gesichert. Sind alle anderen deutschen Universitäten folglich weniger »exzellent«? Das Adjektiv dürfe man mit »hervorragend« übersetzen, heißt es im Wörterbuch, oder eben auch mit »ausgezeichnet«. Und genau das, vor allen anderen ausgezeichnet, wurden die genannten drei Universitäten. Sie dürfen sich also zu Recht als »exzellent« betrachten. Oder? Natürlich ist die »Exzellenzinitiative« gleich nach der Entscheidung in die Kritik geraten. Wenn auch kaum aus sprachlichen Gründen. Aber man darf auch einmal fragen, ob »Exzellenz« der passende Begriff zur Initiative ist. Denn das Substantiv enthält ja zweifellos ein Versprechen von höchster Qualität. Worin aber akademische Qualität besteht und ob es dafür einen allen Disziplinen gleichermaßen gerecht werdenden Maßstab gibt, ist naturgemäß höchst umstritten. Aber egal – alles strebt nach »Exzellenz«. Durch ihre »exzellente Arbeit« habe die International University Bremen die besten Studenten aus aller Welt an die Weser gelockt, heißt es in einer Pressemeldung, und eine Stiftung werde in den nächsten Jahren dafür sorgen, dass dort weiterhin »exzellente Forschung und Lehre« stattfinden kann. Hervorragend! Aber was ist eigentlich gemeint? Darüber müsste man sehr ausführlich diskutieren. Denn nur im Umgang mit Diplomaten ist die Bedeutung von »Exzellenz« sonnenklar.

Satzzeichen?

Es fängt damit an, dass am Ende der Punkt fehlt lautete der Titel einer mit Beispielen fahrlässigen Satzzeichengebrauchs gefüllten Anthologie aus den Siebzigerjahren des 20. Jahrhunderts. Fehlende Punkte oder Fragezeichen, falsch gesetzte Kommata oder missverständliche Semikolons gab es demnach schon immer. Wie wichtig die Satzzeichen zum Verständnis der deutschen Sprache sein können, illustriert ein nicht mehr ganz frisches Beispiel: Der Satz »Der brave Mann denkt an sich selbst zuletzt« aus Friedrich Schillers *Wilhelm Tell* verkehrt sich durch ein falsch gesetztes Komma ins Gegenteil des Gemeinten: »Der brave Mann denkt an sich, selbst zuletzt.« Generationen von Schülern haben selten so gelacht – und hoffentlich gemerkt, was so ein kleiner Beistrich im schlimmsten Falle anrichten kann ... Andererseits: Wer darf von sich behaupten, die Regeln zur richtigen Anwendung deutscher Satzzeichen zur Gänze zu beherrschen? Die amtliche Regelung der Rechtschreibung in der für deutsche Schulen und Behörden verbindlichen Fassung von 2006 braucht nicht weniger als einhundertsechs Paragrafen, um die Zeichensetzung im Deutschen festzulegen. Bei aller Liebe: ein bisschen arg viel, oder? Also: Die Sache locker sehen! Die meisten Zeitgenossen verwenden die Satzzeichen seit jeher sowieso nach Lust und Laune. Sprachbewusste berufen sich auf ihr »Sprachgefühl«, das, wenn es denn jemals wirklich ausgebildet wurde, selten trügt – auch wenn es den Regeln nicht immer entspricht. »Ich ging aus dem Haus, nahm den Bus und fuhr zur Arbeit.« Richtig? »Er ging; aber sein Geld hatte er vergessen.« Falsch? Muss da nicht ein Komma ...? Ist doch egal, werden viele sagen. Und das ganz zu Recht. Theodor W. Adorno ist ja auch fast vergessen. Er hat den Satzzeichen einst einen ganzen Essay gewidmet, in dem sich so bittere Einsichten finden wie: »Mit dem Verlust des Semikolons fängt es an, mit der Ratifizierung des Schwachsinns durch die von aller Zutat gereinigte Vernünftigkeit hört es auf.« Wie bitte? Man muss es im Sprachalltag wirklich nicht so eng sehen wie der große Adorno. Was ja nicht völlig ausschließt, dass an seinem Diktum was dran sein könnte.

Kannste knicken!

In grauer Vorzeit – genauer: bis in die Sechzigerjahre des 20. Jahrhunderts hinein – war es gar keine Frage: Zur Begrüßung machte der deutsche Junge artig seinen »Diener«, und das deutsche Mädchen machte einen »Knicks«. Dann wurde der Besucher ins Wohnzimmer gebeten und sah dort die Sofakissen, mit einem von der deutschen Hausfrau mittels Handkantenschlag erzeugten »Knick« – ordentlich in der Mitte, natürlich. Tempi passati! Auch wenn manche Straßen heute noch manchmal einen »Knick« machen: Akkurat geknickte Sofakissen sieht man kaum noch, der »Knicks« existiert höchstens noch als »Hofknicks«, und die einst nicht unüblichen »Knickerbocker« heißen heute, wenn man sie überhaupt noch sieht, mit Sicherheit ganz anders. Das zum »Knicks« oder »Knick« gehörende Verbum aber ist seltsamerweise in aller Munde. Zwar ist das Wort »knicken« nie ganz ausgestorben, nicht im Wald, wo Orkane die Bäume wie Streichhölzer knicken, nicht im Büro und schon gar nicht in Anleitungen zum Basteln von Papierfliegern. Doch der meist im übertragenen Sinn gebrauchte Ausdruck »kannst du knicken« – umgangssprachlich: »kannste knicken« – ist relativ neu. Und sehr erfolgreich, jedenfalls im heute gesprochenen Deutsch. »Kannste knicken«, sagt man oft dort, wo man vor einigen Jahren noch »kannste vergessen« oder »kannste dir abschminken« gesagt hätte. Was, Karrieresprung? In dieser Firma? Kannste knicken! Vier Wochen Südsee? Kannste für die nächste Zeit knicken! Die neue Inszenierung im Stadttheater? Kannste voll knicken – es sei denn, du hast einen Knick in der Optik! Selbst das »Knickrig«-Sein kann man in unseren »Geiz-ist-geil«-Zeiten problemlos knicken. Zumindest sprachlich. Lächerlich machte man sich, forderte man ein Girlie von heute zu einem Knicks auf: Würde die junge Dame – unwahrscheinlicher Fall – überhaupt verstehen, was gemeint ist, gäbe sie gewiss zurück: »Knicks? Kannste knicken!« Macht nichts. »The times they are a-«, pardon: So ändern sich die Zeiten. Manieren? Doch, ja, schon! Aber Umgangsformen wie vor fünfzig Jahren? Kannste echt knicken! Na und? Allein deshalb muss wirklich niemand geknickt durch die Gegend laufen.

Erinnern Sie sich?

Natürlich gab es sie immer schon – aber so richtig angefangen mit den Gedenktagen hat es eigentlich erst vor ungefähr zwanzig Jahren. Seitdem erinnert man sich auf allen Kanälen und in allen Magazinen gerne an bedeutende Persönlichkeiten der Geschichte, bevorzugt an »runden« Geburts- oder Todestagen. Manchmal aber auch gleich ein ganzes Jahr lang: Goethe war 1999 dran, Nietzsche im Jahr 2000, Schiller dann 2005. Oder man gedenkt bedeutender historischer Ereignisse. Man erinnert sich an sie oder man gedenkt ihrer – so jedenfalls sollte es sein. Leider aber werden die schönen Verben »erinnern« und »gedenken« im alltäglichen Umgangsdeutsch immer wieder arg strapaziert, und leider fällt das inzwischen nur noch wenigen Deutschen unangenehm auf. Man »erinnert einen Film«, heißt es dann, oder man »gedenkt dem Ende des Krieges«. Beides ist falsch, und trotzdem hört man es nicht gerade selten. Eine beliebte Politikerfloskel lautet »Ich erinnere das«. Oder noch öfter: »Das erinnere ich so nicht.« Wer entschuldigend darauf verweist, dass hier womöglich der Satzbau des Englischen ins Deutsche übernommen wurde (»I don't remember that«), darf ruhig auch noch daran erinnern, dass man im Deutschen durchaus jemanden an etwas erinnern kann (»Darf ich dich daran erinnern, endlich deine Schulden zu begleichen?«). Man kann aber nie und nimmer »etwas erinnern« – zu einem reflexiven Verb wie »erinnern« gehört ein Reflexivpronomen, das sich auf das Subjekt des Satzes bezieht. Erinnern Sie sich? Und wer sich nicht nur erinnert, sondern sogar gedenkt – der braucht, man höre und staune, den angeblich im Aussterben begriffenen Genitiv. Den zweiten Fall also, um den viele Zeitgenossen einen großen Bogen machen, weil sie sich seines nicht (mehr) sicher sind. »Heute gedenken wir eines bedeutenden Staatsmanns« klingt aber einfach besser und würdiger als der ebenfalls korrekte, jedoch ein bisschen banale Satz »Heute denken wir an einen bedeutenden Staatsmann.« Vielleicht denken Sie daran, wenn jemand mal wieder »etwas erinnert« oder »dem Waldsterben gedenkt«?

Nussschokolade im Betttuch?

War es früher wirklich einfacher mit der deutschen Rechtschreibung? In den längst vergangenen Zeiten vor ihrer Reform, als mancher »Ballettänzer« noch ohne »Sauerstoffflasche« eine »Schiffahrt« wagte, gab es zum Beispiel folgende Regel: Treffen drei gleiche Konsonanten zusammen, so werden nur zwei von ihnen geschrieben, wenn auf sie ein Vokal folgt (»Ballettänzer« oder »Schiffahrt«) – folgt ihnen aber ein Konsonant, werden alle drei geschrieben (»Sauerstoffflasche«). Ganz einleuchtend war diese Regel nicht, und so fiel sie wohl zu Recht der Reform zum Opfer. Heute folgt man auch bei den von den Fachleuten so genannten »Tripelkonsonanten« dem Prinzip der Stammschreibung, das dafür sorgt, dass der Stamm eines Wortes auch in seinen Ableitungen erkennbar bleibt (»der Rat«, »die Räte«, »raten«, »er/sie/es rät«, »ratsam« usw.). Nach der jetzt gültigen Rechtschreibung schreibt man grundsätzlich alle Buchstaben hin, die zum Wortstamm gehören – auch wenn »Flusssand«, »Rollladen« oder »Brennnessel« manche Zeitgenossen immer noch ein wenig befremden mögen. Die »Gesellschaft für deutsche Sprache« hat kürzlich einen Wettbewerb veranstaltet, bei dem es um die jetzt logischerweise immer öfter vorkommenden Wörter mit drei aufeinanderfolgenden gleichen Lauten ging. Es zeigte sich, dass das Deutsche hier fast unerschöpfliche Kombinationsmöglichkeiten bietet – und dass drei gleiche Buchstaben hintereinander nicht sonderlich stören. Die neue Rechtschreibung erlaubt aber auch den relativ großzügigen Gebrauch des Bindestrichs – es ist durchaus korrekt, dem »Zoo-Orchester« nach seinem Auftritt »Nuss-Schokolade« anzubieten. Wenn man auf sinnvolle Trennungen achtet und nicht die falschen Wörter miteinander in Beziehung setzt, vermeidet man mit einem solchen Bindestrich auf elegante Art Wortungetüme wie »Flussschifffahrt« oder »Teeeieinhängehaken«. Ist die Sache also einfacher geworden als früher? Ja. Und nein. Denn »Mittag« bleibt »Mittag«, obwohl natürlich die Mitte des Tages gemeint ist, und der dritte Teil eines Ganzen ist immer noch ein »Drittel«. Konsequenz sieht wohl anders aus. »Dennoch« (auch so ein Wort!): Deutsch bleibt eine wunderschöne Sprache.

Dududu!

Sie oder Du? Das Standardwerk *Duzen, Siezen, Titulieren* hat Werner Besch geschrieben. Untertitel: *Zur Anrede im Deutschen heute und gestern.* Jeder kann es studieren und weiß dann auf jeden Fall mehr als zuvor. Aber hilft das viele Wissen auch in möglichst allen Situationen des Lebens? Nach wie vor ist die Unsicherheit groß. »Sie« klingt eher förmlich, distanziert und zurückhaltend. »Du« klingt locker und vertraut, hat jedoch auch den Beigeschmack von »anbiedernd«. Besonders wenn es öffentlich auftritt. Deswegen, so liest man gerade in den Zeitungen, sollen deutsche Fernsehreporter in Zukunft bitte vermeiden, Fußballstars beim Interview mit einem kumpelhaften »Du« anzusprechen. Das »Du« soll weiterhin dem intimeren Gebrauch unter Freunden oder nahen Bekannten vorbehalten bleiben. Der Älteste in einer Gesprächsrunde kann, wenn die gefühlte Situation danach verlangt, den Übergang vom »Sie« zum »Du« anbieten – der Jüngere darf das nicht, selbst wenn er der Chef des Älteren ist. Oder? Wie alt ist mein Gegenüber eigentlich? Darf ein Mann einer Frau das »Du« anbieten, oder ist das unhöflich? Sind solche Benimmregeln überhaupt noch aktuell? Fragen über Fragen.

Wer beim »Sie« bleibt und dennoch nicht steif wirken will, hat die Möglichkeit, diese Anrede mit einem Vornamen zu kombinieren. Das hört man gar nicht selten. »Sascha, Sie sind in Bosnien geboren«, beginnt die Moderatorin auf dem Podium ihr Gespräch mit dem jüngsten Chamisso-Preisträger – und zahlreiche Zuhörer finden das völlig in Ordnung. Ist es ja auch. Denn die Anrede »Sie + Vorname«, wahrscheinlich aus dem Englischen ins Deutsche eingewandert, klingt höflich, distanziert und vertraulich zugleich. Ein »Sie« verlangt heute nicht mehr zwingend, mit »Frau X« oder »Herr Y« weiterzumachen. Und ist auf jeden Fall der sogenannten »Aldi-Anrede« vorzuziehen, die höchstwahrscheinlich von einer Supermarktkassiererin erfunden wurde. Die Frage »Du, Frau Ivanisević, was kostet heute Butter?« mag in gewissen Kontexten ja durchaus üblich sein. Dennoch sollte man auf »Du + Nachname« in der Regel verzichten. Ein bisschen sprachlicher Benimm, im Sinne des alten Knigge, hat noch niemandem geschadet.

Das ist der Hammer!

Ein Hammer ist zunächst einmal ein Werkzeug zum Schlagen oder Klopfen, ein Gerät also, mit dem man nach Herzenslust hämmern kann. In jedem deutschen Haushalt liegt oder hängt mindestens einer. Wer allerdings jemandem zeigen möchte, »wo der Hammer hängt«, der denkt in den seltensten Fällen an Werkzeug. Er will womöglich seinem Nachbarn gehörig die Meinung sagen, und um das auszudrücken, verwendet er diese schöne Redensart. Er könnte sogar noch weiter gehen und behaupten, der Nachbar sei »behämmert«, habe also irgendwann einen Hammer auf den Kopf bekommen und sei folglich nicht ganz richtig in diesem. Was übrigens die Franzosen auch gerne sagen: »Il est complètement marteau.« Näher am Werkzeug sind wir wiederum auf einer Versteigerung, bei der irgendetwas »unter den Hammer« kommt: Hier wird das Höchstgebot durch einen Hammerschlag des Auktionärs bestätigt und verbindlich gemacht. Auch dieses »Unter-den-Hammer-kommen« ist eine alte deutsche Redensart, die man einfach kennt, ohne sie unbedingt täglich zu gebrauchen. Ausgedient hat der Hammer aber lange noch nicht – dass irgendwas »ein Hammer« sei, hört man im heutigen Alltagsdeutsch sogar sehr oft. Gemeint ist: Es ist super, es ist unglaublich, es übertrifft alle Erwartungen, die positiven wie die negativen. Das Freistoßtor von Michael Ballack im Europameisterschaftsspiel Deutschland gegen Österreich war jedenfalls »ein Hammer« – und zwar, sprachlich gesehen, in doppeltem Sinne: ein scharf geschossener, hammerharter Ball, gegen den der gegnerische Torwart nichts ausrichten konnte, und ein alle Erwartungen übertreffendes, großartiges Tor. Auf die unerhörtesten Sachverhalte und sensationellsten Neuigkeiten kann man, zumindest tun das viele Jugendliche, mit der Bemerkung »Hammer, oder?« reagieren. Und Sensationen gibt es heute am laufenden Band: Mein Bäcker um die Ecke wirbt seit Wochen mit unglaublich niedrigen »Hammerpreisen« für seine Brötchen und Brezeln, und das Fahrradgeschäft daneben hämmert den Passanten ein: »Der Hammer! Reparaturen sofort! Keine Wartezeiten!« Von den Preisen für diese Reparaturen ist dort nicht die Rede – hoffentlich sind sie nicht allzu hoch. Denn meine letzte Stromrechnung war, na was denn wohl: echt der Hammer!

Bänker auf Bänken?

Die meisten Sprachen kennen gleichlautende und auch noch gleich geschriebene Wörter, die mehrere Bedeutungen haben. Das ist selten einmal ein wirkliches Problem. Beim deutschen »Pass« zum Beispiel wird normalerweise sofort aus dem Kontext klar, ob von einem Reisepass, einem Gebirgspass oder einem gelungenen Zuspiel beim Fußball die Rede ist. Dass das Wort »Bank« ein Kreditinstitut bezeichnen kann, aber auch eine Sitzgelegenheit (und noch einiges mehr), das weiß man einfach, oder man schlägt es im Wörterbuch nach. Der Chef einer Bank war früher der »Bankier«. Dieses aus dem Französischen stammende Substantiv klingt heute ein wenig vornehm und erinnert an Zeiten, als man mit »Bank« scheinbar wie von selbst Eigenschaften wie »seriös« und »vertrauenswürdig« assoziierte. Der »Bankier« wurde in den vergangenen Jahren weitgehend vom »Banker« abgelöst, wobei dieser aus dem Englischen eingewanderte und demnach »Bänker« ausgesprochene Begriff nicht unbedingt auf den Leiter einer Bank beschränkt ist. Umgangssprachlich versteht man unter »Banker« heute alle gelernten Bankkaufmänner und -frauen, ja sogar so gut wie alle Bank- und Finanzfachleute.

Es gibt wohl keinen Berufsstand, der in den letzten Monaten einen derart immensen Schwund an Ansehen und Vertrauen hinnehmen musste wie der des »Bankers«. Kein seriöser Mensch will derzeit mit einem »Banker« verwechselt werden. Überliefert ist sogar folgender Dialog zweier junger Frauen, die sich über die in nicht mal einem Jahrzehnt in Deutschland recht populär gewordenen Halloween-Feten unterhielten: »Als was gehst du denn an Halloween?« »Wie meinst du als was?« »Na, als Gespenst, Hexe, Banker oder was?« So weit ist es also schon gekommen mit dem altehrwürdigen Berufsstand der Finanzexperten oder Bankchefs. Die Banker haben offenbar einfach zu viel Geld verzockt und dadurch eine Menge Vertrauen verspielt. Das könnte in manchem Fall auch den eigenen Arbeitsplatz gefährden, und dann sähe man beim Spaziergang im Park wirklich einige beschäftigungslose Banker auf Bänken. So übel aber, dass wirkliches Mitleid aufkommen könnte, wird es ihnen denn doch nicht gehen, den armen Bankern.

Da bist du platt, was?

Die deutschen Adjektive »platt« und »flach« sind fast Synonyme. Mit – selbstverständlich flachen – »Platten« kann man einen Weg pflastern und bequem darauf radeln, solange das Fahrrad keinen »Platten« hat. Männer mit »Platte« – also mit wenigen bis gar keinen Haaren auf dem Kopf – besitzen oft noch einen »Plattenspieler« und können ihre »Lieblingsplatte« auflegen, und in manchen deutschen Städten werden nicht mehr benötigte »Plattenbauten« einfach »platt gemacht«. Völlig »platt« – also völlig überrascht – ist man, wenn heute noch jemand vom »Plätteisen« spricht. Wer, angetan mit einem frisch »geplätteten« Hemd, den berühmten Rheinfall bei Schaffhausen besucht, sollte unbedingt hinuntersteigen zur »Plattform« ganz knapp über dem tobenden Wasser. Solche »Plattformen« gibt es auch hoch oben im Gebirge, und normalerweise hat man von ihnen aus die beste Aussicht. Und früher hatten auch Straßen- und Eisenbahnwaggons zum besseren Ein- und Aussteigen eine »Plattform«. Schnee von gestern! Heute ist man umgeben von allerlei digitalen »Plattformen«, und es werden immer mehr. Dazu kommen »Plattformen«, die mit dem Internet nichts zu tun haben. Ein Modebegriff? Der »Plattform« jedenfalls kann man kaum mehr entkommen. Ein bekannter deutscher Politiker verließ einst seine Partei, konnte aber mit der Politik nicht aufhören und »zimmerte sich«, wie es ein noch bekannteres Hamburger Nachrichtenmagazin formulierte, »eine neue Plattform«. Gemeint ist hier wohl eine neue gemeinsame politische Grundlage, eine Basis, die natürlich flach sein sollte, ohne Stolpersteine also. Gleichzeitig stoßen die »Plattformen für antiquarische und gebrauchte Bücher im Internet« an ihre Grenzen, liest man. Die Beispiele ließen sich beliebig vermehren. Überall Plattformen! Ein Wunder, dass sich noch kein Lebensmittelgeschäft als »Ernährungs-Plattform« bezeichnet! Hier um die Ecke gibt es ein »Fuß-Forum« für orthopädische Schuhe oder Einlagen. Wahrscheinlich heißt es nur deshalb noch so, weil »Fuß-Plattform« geschäftsschädigende Assoziationen hervorriefe. An »Plattfüße« nämlich.

Kiezdeutsch?

»Die sind alle Schule«, »Hast gesehen Fußball?« oder »Morgen geh ich Oma« – drei deutsche Sätze, die man auf Anhieb versteht. Oder? Die deutsche Sprache bietet durchaus die Möglichkeit, Ortsangaben ohne Präpositionen wie »in«, »zu« oder »nach« zu bilden, ohne dass die Verständlichkeit groß darunter leidet. Solche Sätze, so hat es die Potsdamer Sprachwissenschaftlerin Heike Wiese kürzlich in ihrem Vortrag auf dem Berliner »Akademientag 2009« gesagt, seien typisch für »Kiezdeutsch«. Was das nun wieder ist? Jedenfalls etwas anderes als die seit den Neunzigerjahren durch den Kieler Schriftsteller Feridun Zaimoglu und andere Autoren geadelte »Kanaksprak«. Dieses »Kiezdeutsch« entwickle sich, so Wiese, im Kontakt von großstädtischen Jugendlichen aus verschiedenen Herkunftsländern und Muttersprachen, unter denen – bin isch sicher – in der Regel auch Deutschland und die deutsche Sprache sind. Man möchte sich um jeden Preis abgrenzen vom Gerede der Erwachsenen, und manchmal kann jemand, der auch im Kiez auf elaboriertem Hochdeutsch besteht, schon zu hören bekommen: »Disch mach isch Klinik!« Kommt aber selten vor. Streiten kann man sich selbstverständlich über die Frage, ob dieser Slang einfach als neue Varietät des Deutschen zu akzeptieren ist oder ob man sich gegen einen derart unkorrekten Sprachgebrauch wehren muss – Stichworte: Kasusverfall, Verschleiß der Endungen, lexikalische Reduktion, Umbau der Wortstellung und manches mehr. Dass das Abendland oder zumindest die schöne deutsche Sprache durch das keineswegs nur in Berlin gesprochene »Kiezdeutsch« nicht wirklich in Gefahr sind, scheint klar. Laut Heike Wiese wissen das sogar die Kieztypen selbst: »Wer nur Kiezdeutsch kann, der kommt nicht weit.« Manche Jugendliche wechselten zwischen Standarddeutsch, »Kiezdeutsch« und ihrer womöglich ganz anderen Muttersprache blitzschnell hin und her. Wer sich von seinen Kumpels mit »Isch geh Vorstellungsgespräch« verabschiedet, kommt dort oft mit einem »Schönen guten Morgen! Mein Name ist ...« an. Beruhigend? Eigentlich schon. Kann ich bedenkenlos gehen Kneipe.

Zeitenfolge?

»Waren Sie zufrieden gewesen?«, fragte der livrierte Kellner den Gast eines besseren Berliner Restaurants, der gerade sein Menu beendet hatte. Was soll man darauf antworten? Nimmt der Gast die Kellnerfrage wörtlich, könnte sie ihn doch erheblich irritieren und zum Nachdenken bringen. Dass sich das Restaurant in Berlin befindet und die Berliner seit jeher Zielscheibe des Spotts über ihren ungewöhnlichen Gebrauch der Vorvergangenheit gewesen sind, macht die Sache nur scheinbar besser. Denn mit dem Plusquamperfekt haben viele Sprecher des Deutschen ihre Probleme. Auch wenn manche das gar nicht wahrhaben wollen – und vielleicht mürrisch zurückfragen: »Plusquamperfekt? Was war das noch mal gewesen?«

Da kann der Absolvent eines humanistischen Gymnasiums noch so sehr auf der »consecutio temporum« bestehen – Sätze mit falscher Zeitenfolge wie »Nachdem er ging, war ich sauer« muss er sich heute überall anhören. Wer seine Äußerung mit »nachdem« beginnt, ist aber ans Plusquamperfekt gebunden, weil »nachdem« zu den temporalen Bindewörtchen zählt und nicht, wie viele Zeitgenossen zu glauben scheinen, zu den kausalen wie »da« oder »weil«. Wer »Nachdem ich Platz genommen hatte, brachte der Ober die Speisekarte« sagt, erzählt von einer zeitlichen Abfolge, und da kommt die Vorvergangenheit, wie schon ihr Name sagt, grundsätzlich vor der Vergangenheit. Plusquamperfekt vor Imperfekt! Oder Perfekt vor Präsens: »Nachdem ich Platz genommen habe, bringt der Ober die Karte« ist ein Satz mit völlig korrekter Zeitenfolge.

Aber zurück nach Berlin. Wollte der aufmerksame Kellner vielleicht wissen: »Waren Sie zufrieden gewesen, bevor Sie in unser Restaurant kamen und gegessen haben? Und sind Sie es jetzt womöglich nicht mehr?« Wohl kaum! Er wollte wohl eher wissen, ob das Menü gemundet hat – dann aber wäre es bestimmt besser gewesen, er hätte seine Frage etwas anders formuliert. »Waren Sie zufrieden?« hätte durchaus genügt. Nebenbei gesagt: Nicht nur im Deutschen ist die korrekte Zeitenfolge einzuhalten. Und eigentlich, bei einem Minimum an Aufmerksamkeit für Klarheit und Wohlklang einer Sprache, ist das auch nicht besonders schwierig.

Schneekönig und Bohnenstroh

Obwohl der ungewöhnlich lange und strenge Winter den Deutschen viel Eis und noch mehr Schnee gebracht hat, scheint der Schneekönig auszusterben. Nicht in der Natur, hoffentlich, wohl aber in der Umgangssprache. Wann haben Sie zuletzt gehört, dass sich jemand »wie ein Schneekönig« freut? Diese Redewendung bedeutet »sich lebhaft, von ganzem Herzen freuen« und bezieht sich, wie man in Lutz Röhrichs *Lexikon der sprichwörtlichen Redensarten* nachlesen kann, auf »unseren kleinsten Singvogel, den Zaun- oder Schneekönig, der auch im strengsten Winter bei uns bleibt und trotz Kälte und Schnee munter pfeift und singt«. Man kann sich also, vor allem in Mitteldeutschland, wie ein Schneekönig freuen, in Norddeutschland auch wie ein Stint – so heißt ein kleiner Weißfisch –, und selbstverständlich kann man sich in ganz Deutschland freuen wie ein Kind. Neuerdings freut man sich meistens wie ein Schnitzel. Dass sich das Mädchen über ihre guten Schulnoten »wie ein Schnitzel« freue, sagte die Lehrerin an dem Tag, an dem in den Zeitungen stand, dass sich die Vorsitzende der Grünen in Bayern über die neuesten Umfrageergebnisse für ihre Partei »wie ein Schnitzel« gefreut habe. Nun kennt jeder, der auch nur für kurze Zeit einmal in Deutschland war, jene mehr oder weniger dünne Fleischscheibe von der Keule oder der Schulter, die man klopfen, panieren und braten kann und die manchmal aussieht wie Österreich auf der Landkarte. Doch selbst wenn man niemandem seine Freude verderben möchte: Seit wann können sich Schnitzel freuen? Sehr lange kann das noch nicht her sein. Womöglich erst, seitdem ein Stück Brot dumm sein kann. »Der ist doch dumm wie Brot«, hört man in jüngster Zeit auch öfter mal – und nicht mehr, wie man früher sagte, »dumm wie Bohnenstroh« oder gar »dümmer als die Polizei erlaubt«. Was kann das gute alte Brot für diese neue Redewendung, nachdem es vor nicht allzu langer Zeit geradezu euphorisch verehrt wurde, wie jeder Böll-Leser weiß? »Die Wertschätzung des Brotes gehört zu den am tiefsten verwurzelten Volksanschauungen«, schreibt Lutz Röhrich. Muss es heute, im multioptionalen Schlaraffenland der Gegenwart, nicht eher »gehörte« heißen? Frage ich mich, ein wenig besorgt.

Mal wieder ausgehen ...

Die meisten Leute gehen davon aus, dass ich gerne ausgehe. Also meine Wohnung verlasse und dorthin gehe, wo unbestätigten Gerüchten zufolge das Leben tobt. Sie gehen einfach davon aus. Obwohl ich gar nicht so gern ausgehe, zumindest nicht in Restaurants oder in Bars. Außerdem habe ich gar nicht so oft Ausgang – nein, keine Sorge, ich bin nicht im Gefängnis, dessen Insassen bekanntlich geregelten Ausgang haben. Auch bin ich weder Dienstmädchen noch Soldat, denen normalerweise ein freier Tag oder wenigstens ein Nachmittag zum Ausgehen zusteht. Ich habe nur diverse Verpflichtungen, und deshalb ist davon auszugehen, dass mir nicht viel Zeit zum Ausgehen bleibt. Oder, wie man in Österreich sagt, oft geht es sich nicht aus mit dem Ausgehen. Was in Wien heißt: Es passt eben nicht, die Zeit reicht einfach nicht. Verwirrend? Eigentlich nicht. Dieses »ausgehen« ist ein ganz normales zusammengesetztes deutsches Verbum, und als solches hat es eben mehrere Bedeutungen. Absolut in Mode, nicht nur bei deutschen Politikern, ist das »davon ausgehen«. Pausenlos wird im heutigen Alltagsdeutsch von irgendetwas ausgegangen. Wer etwa schönes Wetter zur Grundlage seiner Ausgehpläne machen möchte, wer also bei etwas scheinbar Sicherem beginnen will, der geht heute davon aus, dass auch morgen die Sonne vom Himmel lacht. Man könnte auch sagen: »Er setzt voraus, dass ...«, »Er nimmt fest an, dass ...« oder »Er ist überzeugt davon, dass ...« Eine Modefloskel, an die man sich gewöhnt hat, dieses »davon ausgehen«, eine Redewendung, die immer öfter auch »glauben«, »erwarten« oder »vermuten« ersetzt. Was natürlich ein wenig fragwürdig ist, im Alltag aber kaum noch auffällt. Die Floskel wirkt nur dann absurd, wenn sie zu oft hintereinander verwendet wird. Wenn also jemand davon ausgeht, dass man auch im nächsten Jahr davon ausgehen kann, dass ..., dann geht dem Zuhörer bald das Interesse an seinen Äußerungen aus – was bedeutet, dass sein Interesse erlahmt, sich erschöpft oder zur Neige geht. In diesem Sinne kann einem zum Beispiel die Puste ausgehen, ebenso wie die Geduld. Manchen Zeitgenossen geht allmählich das Geld aus – besonders solchen, die viel zu oft auf Abenteuer oder auch nur auf Schnäppchen ausgehen. Und mir gehen jetzt langsam die Zeilen aus. Nicht aber die Ideen.

Ganz tief drin

Gibt es die einst weltberühmte deutsche Innerlichkeit noch? Ja, jedenfalls in der Sprache! Zum Beispiel »Im tiefsten Grunde meines Herzens ...«, eine Redewendung, die heute noch recht gebräuchlich ist, im Alltag wie auch in der Literatur – man lese nur einmal die Bücher von Christa Wolf. Das Innerste, der tiefste Grund, ganz tief drinnen: Wenn ein gründlicher Deutscher einen Satz so beginnt, ist Vorsicht geboten, kommt es dann doch oft zu womöglich peinlichen Geständnissen, die eigentlich keiner hören will. Unverfänglicher als der »Grund« und deshalb sprachlich auf dem Vormarsch ist der »Kern«, laut Wörterbuch der »innere, mittlere Teil« von irgendetwas oder irgendjemandem. Der kerngesunde Deutsche kommt auch im Ausland gern schnell zum Kern der Sache. Nachdem er sich auf seine Kernkompetenzen besonnen hat, natürlich. Seine Firma mag nach etlichen Ausflügen in andere Branchen nun wieder zum Kerngeschäft zurückgekehrt sein. Die Kernenergie feiert in Deutschland gerade fröhliche Urständ, wozu manches kernige Managergesicht begeistert strahlt. Ob Kernkraftwerke dem Kernobst schaden oder dem Kernbeißer im deutschen Wald, ist im Kern noch nicht geklärt.

Relativ neu ist der »Glutkern«, das Innerste einer glühenden Masse also. Im Ofen sucht man ihn selten, in der Sonne sucht man ihn kaum. Eher vielleicht bei einer glutäugigen Schönen? Nein, die modische Rede vom »Glutkern« verzichtet von vornherein auf jede konkrete Bedeutung. Heiß sollte er schon sein, der Kern, aber bitte nur metaphorisch gesprochen. Ein Journalist, der wissen möchte, was einen Zeitgenossen leidenschaftlich begeistert und was ihn eigentlich antreibt, fragt heute nach dem »Glutkern«, beim Fußballtrainer, beim Politiker oder beim Popstar. Wofür glühen sie, jedenfalls im Kern? Der »Glutkern« verspricht Elementares, Authentizität, Magma des Lebens – Leben pur sozusagen. »Wir sind immer auf der Suche nach den Glutkernen der gesellschaftlichen Entwicklungen«, skizziert ein Verleger die Kernaufgabe seines Hauses. »Verbrennt euch bloß nicht die Finger dabei!«, möchte man da rufen. Geht es auch eine Nummer kühler? Sachlicher, konkreter, weniger innerlich? Der harte Kern der unverbesserlichen Raucher wusste auf die Frage nach dem Zustand seiner innersten Organe schon immer die rechte Antwort: »Wie es drinnen aussieht, geht keinen etwas an«! Ob da vielleicht doch was dran ist?

Rätselhafte Floskeln

Wer heutzutage zwischen Flensburg und Garmisch unterwegs ist und sich dabei notgedrungen in Hotels, Gaststätten und Geschäften herumtreibt, wird von der einst vielbeklagten »Servicewüste Deutschland« nicht mehr allzu viel spüren. Vor allem sprachlich nicht. Bis zum Abwinken wird dem Reisenden ein freundliches »Kein Problem!« oder »Sehr gerne!« entgegenschallen – selbst bei Bitten oder Fragen, die solche Antworten ein wenig seltsam, vielleicht sogar übertrieben erscheinen lassen: »Ich hätte gerne noch ein Bier!« »Kein Problem!« Merkwürdig, nicht wahr? Und manchmal ein bisschen nervig. Gerade im weltweit bekannten Kernland des Gerstensafts sollte es eigentlich nirgendwo ein Problem sein, einen simplen Zapfhahn ein Stück weit herumzudrehen und das frische Bier dem Gast dann mit einem schlichten »Bitte sehr!« zu servieren. »Sehr gerne!« übrigens hat bereits vielfach das alte »bitte!« ersetzt – jemand hält einem die Tür auf, man sagt »danke!« und bekommt zur Antwort: »sehr gern!« Oder nur »gerne!« Ob die oft wie angelernt wirkenden Sprachfertigteilchen womöglich nur bedeuten: »Lass mich in Ruhe!«? Man sollte solche Verbalversatzstücke natürlich nicht nur mit Argwohn betrachten und darf durchaus annehmen, dass sie oft guten Willen transportieren. Auch wenn sie selten einmal wirklich angemessen sind – und die Angemessenheit der Rede gilt doch seit je als ein wichtiges Element konstruktiver Rhetorik. Floskeln zu gebrauchen, die alle pausenlos im Munde führen, ist das Gegenteil von originell und damit auch von persönlich. Aber es sind eben Floskeln, mehr nicht. »Wie geht's?« ist ja auch keine Frage nach dem persönlichen Wohlergehen, sondern eine unverbindliche Gesprächseinleitung. Doch anders als beispielsweise in den USA werden solche sprachlichen Versatzstücke in Deutschland nicht unbedingt als entlastend und hilfreich angesehen. Es kann ein sensibles Gemüt durchaus stören, wenn es vor sieben Uhr morgens mit der Floskel »Schönen Tag noch!« aus der Bäckerei entlassen wird. Besonders das »noch«! Der Tag hat doch noch nicht einmal richtig angefangen! Oder will die Bäckersfrau sagen, dass noch viel Zeit bleibt, um den Tag zu einem schönen zu machen? Da lobt man sich denn doch ganz altmodische Verabschiedungen wie »Einen guten Morgen!« Oder einfach: »Auf Wiedersehen!«

Übermorgen schlägt sie auf!

Zum Urlaubsquartier, das wir in diesem Sommer aufgeschlagen haben, gehört auch ein Tennisplatz. Mal ausprobieren, ob man es noch kann! Aber Vorsicht: Selbst Tennisspieler, die Hosen mit Aufschlag tragen, haben manchmal einen derart harten Aufschlag, dass man als Hobbyspieler nur hoffen kann, beim Return nicht zu stürzen. Und wenn doch, dann bitte nicht mit den Knien auf dem Platz aufschlagen – und sich selbige womöglich auch noch aufschlagen! Wäre es nicht überhaupt besser, gemütlich am See zu sitzen, wo wir gestern auch noch ein Zelt für die Kinder aufgeschlagen haben, und in aller Ruhe ein geistreiches Buch aufzuschlagen? Oder, falls man schon wieder hungrig ist, ein weich gekochtes Ei, obwohl der Biobauer, verglichen mit letztem Jahr, seine Eierpreise ganz schön aufgeschlagen hat? Und danach ganz entspannt einzudösen und erst eine halbe Stunde später wieder die Augen aufzuschlagen? Im Urlaub hat man bekanntlich mehr Zeit als sonst, und da kann man sich schon mal seine Gedanken machen über die Vielfalt von Bedeutungen, die das Substantiv »Aufschlag« und das Verbum »aufschlagen« so mit sich führen. Vor allem wenn sich dann auch noch eine gute Freundin ankündigt, und zwar mit dem Satz: »Übermorgen schlage ich am Spätnachmittag bei euch auf.« Das ist eine relativ neue Verwendung dieses Verbums, die man allerdings immer häufiger hört. Besonders schön ist sie ja nicht. Aber was hilft's? Hatte nicht kürzlich sogar die Direktorin höchstpersönlich der Schulklasse unseres Jüngsten angekündet: »Ende September werden die französischen Austauschschüler bei uns aufschlagen«? In den aufschlägigen, pardon: einschlägigen Wörterbüchern ist die neue Bedeutung von »aufschlagen« noch nicht aufgeschlagen – Unsinn, »angekommen« ist sie dort noch nicht. Noch nicht! Denn dass man statt »ankommen« oder »eintreffen« neuerdings gerne auch »aufschlagen« sagt, wird den Sprachwächtern nicht entgangen sein. Mal sehen, was so alles zu diesem Wort zu finden ist, wenn wir in der sicherlich bald einmal wieder aktualisierten Neuausgabe unseres Wörterbuchs die Seite aufschlagen, auf der der Eintrag »aufschlagen« steht. Aber erst einmal einen schönen Urlaub! Auf geht's zum Tennis! Aufschlag!

Schirm und Schild

Wolkenlose Hitze? In Deutschland? Sehr selten! Sonnenschirme braucht man hier kaum, Regenschirme schon eher. Auch im Winter. Zum Fallschirmspringen ist es jetzt zu kalt, Schirmpilze findet man auch nicht mehr – muss man deshalb ständig vor dem häuslichen Bildschirm sitzen? Nein! Obwohl im Fernsehen permanent von einem neuen, offenbar riesigen, sündteuren, auf jeden Fall hochmodischen Schirm die Rede ist: dem Rettungsschirm. Neuerdings wird er sogar mit Hebel angeboten. Mit Hebel! Gut und schön, nur: Was ist das eigentlich genau? Auf alle Fälle nichts Konkretes, sondern ein Modewort aus dem Bereich der politischen Metaphorik. Jedenfalls dann, wenn Staatspleiten abgewendet und Banken vor dem Zusammenbruch bewahrt werden müssen. Den Euro retten, das geht, wie inzwischen alle wissen, nur mit Schirm. Wie bitte? Ob die besten Wirtschaftswissenschaftler der Welt da wohl wirklich durchblicken? Oder die Politiker, die pausenlos darüber reden? Der Normalbürger jedenfalls tut sich schwer damit, und Böswillige versteigen sich zu der Behauptung, genau das sei politisch gewollt. Tatsache ist: Kein Tag ohne Rettungsschirm.

Ein Schirm, sofern er nicht unbenutzt im Schirmständer steht, hält Sonne oder Regen ab und schützt überhaupt vor mancherlei Unbill. Ein Schirm beschirmt. Und wer kann schon dauerhaft ohne Schirm den Widrigkeiten des Lebens trotzen? »Maria breit den Mantel aus / Mach Schirm und Schild für uns daraus / Lass uns darunter sicher stehn / Bis alle Stürm vorüber gehen« heißt es seit Mitte des 17. Jahrhunderts in einem schönen Kirchenlied. Das versteht jeder. Aber was bedeutet es, ganz konkret für unsere Zukunft, wenn ein hochabstrakter EU-Rettungsschirm über Griechenland aufgespannt wird? Tja. Und während man sich von Tag zu Tag verzweifelter um konkrete Information bemüht, beschränkt sich die Verwendung des ominösen Begriffs schon lange nicht mehr auf die Politik. »Ein Rettungsschirm für den Schreiadler« lautete kürzlich die Überschrift einer Pressemitteilung der »Deutschen Wildtier Stiftung« – was einen Journalisten der Berliner *tageszeitung* zu der Frage veranlasste: »Ja, sind denn Vögel jetzt auch schon Griechen?«. Es schwant einem jedenfalls nicht viel Gutes, wenn man vom Rettungsschirm hört. Also, mal rein sprachlich betrachtet: Lieber beim Konkreten bleiben! Zumal es draußen schon wieder regnet.

Bibliografie

Heimelig, rebellisch, bayerisch

In Bayern lief manches anders. Literaturgeschichte – mit viel Tassilo und wenig Polt. *Zuerst in:* literaturkritik.de, 2018.

Literatur und Landschaft. Eine voluminöse Literaturgeschichte Frankens. *Zuerst in:* Literatur in Bayern 4/2015.

Sapienti sunt Paioari. Der erste Band des neuen Spindler. *Zuerst in:* Literatur in Bayern 4/2017.

Statt einer Literaturgeschichte. Eine durchwachsene Aufsatzsammlung zur Literatur in Bayern. *Zuerst in:* lichtung – ostbayerisches magazin 3/2016.

Männer des Wortes. In Bayern lief die Aufklärung anders. *Zuerst in:* Literatur in Bayern 1/2016.

Die Stadt lesen. Eine kleine Regensburger Literaturgeschichte. *Zuerst in:* Literatur in Bayern 1/2015.

Aventinus, Schmeller und Britting. Vor drei Jahren ist Eberhard Dünninger gestorben. *Zuerst in:* Literatur in Bayern 1/2018.

Heavy Southbound Traffic. Auf den Spuren von Johann Andreas Schmeller. *Zuerst in:* Literatur in Bayern 1/2017.

Wer liest Steub? Eine Ausstellung in Aichach. *Zuerst in:* Literatur in Bayern 1/2013.

Vergessenes Bayern. *Zuerst in:* Bayernspiegel 06/2018.

Lustig ist das alles nicht. Über Anna Croissant-Rust. *Zuerst in:* Literatur in Bayern 3/2014.

Von wegen gute alte Zeit. Vor hundert Jahren ging Lena Christ in den Tod. *Zuerst in:* Münchner Feuilleton, Juni 2020.

Eine Liebeserklärung von gestern. Josef Ruederer – zu Recht in Thomas Schatten. *Zuerst in:* Literatur in Bayern 2/2013.

Wenig Ludwig, noch weniger Adolf. Michael Appel über Revolution und Räterepublik. *Zuerst in:* Literatur in Bayern 2/2018.

Clemensstraße 84. Als B. Traven noch Ret Marut war. *Zuerst in:* literaturkritik.de, 2018.

Arbeiter und Soldaten! Männer und Frauen! Laura Mokrohs würdigt die Dichtung der Revolution. *Zuerst in:* literaturkritik.de, 2018.

Heimelig und wundersam. Die Landshuter Poetin Berta Huber. *Zuerst in:* lichtung – ostbayerisches magazin 2/2004.

Das fressende Haus. Literarisches aus dem Wald – Weißensteiner Miniaturen. *Zuerst in:* Bayernspiegel 03–04/2020.

Weltliteratur aus Niederbayern. Günter Eich in Geisenhausen 1944–1954. *Zuerst in:* Literatur in Bayern 1/2014.

Als der Krieg zu Ende ging. Ein Roman von Josef Ebner. *Zuerst in:* Literatur in Bayern 3/2015.

Unruhige Suche. Marianne Ach schickt Hannah nach Paris. *Zuerst in:* Literatur in Bayern 2/2020.

Faadfood ist das nicht. Kauzigsein als Widerstand – Uwe Dick. *Zuerst in:* Literaturblatt für Baden-Württemberg, Mai/Juni 2013.

Bierkampf reloaded. Ein Geschenk zum fünfundsiebzigsten Geburtstag von Herbert Achternbusch. *Zuerst in:* Literatur in Bayern 1/2014.

Der späte Rebell. Friedl Brehm und sein Kreis. *Zuerst in:* Literatur in Bayern 2/2017.

Feasal und Sonx. Gespräch mit Carl-Ludwig Reichert. *Zuerst in:* Literatur in Bayern 2/2020.

Zornig wie eh und je. Gespräch mit Albert Sigl. *Zuerst in:* Literatur in Bayern 4/2015.

Mitteleuropäischer geht's kaum. Nymburk und Cham – Hrabal und Setzwein. *Zuerst in:* Stifter Jahrbuch, N. F. 30 (2016).

Sieben Sommer in Sils-Maria. Bernhard Setzwein wagt sich an Nietzsche – und gewinnt. *Zuerst in:* Schweizer Monatshefte 7–8/2000.

Seltsames aus dem Stifterland. Bayern und Böhmen – wie es ist und wie es sein könnte. *Zuerst in:* Stifter Jahrbuch, N. F. 21 (2007).

Nach der Flut. Neue Gedichte von Friedrich Hirschl. *Zuerst in:* Literatur in Bayern 2/2014.

Liebe zur Schöpfung. Mehr Gedichte von Friedrich Hirschl. *Zuerst in:* Literatur in Bayern 4/2017.

Kollbach ist überall. Düstere Romankunst von Ulrike Anna Bleier. *Zuerst in:* Literaturblatt für Baden-Württemberg, März/April 2017.

Wo liegt Waldesreuth? Dreizehn krasse Provinzgeschichten. *Zuerst in:* Literaturblatt für Baden-Württemberg, Mai/Juni 2016.

Elefanten treffen. Gespräch mit Kristina Schilke. *Zuerst in:* Literatur in Bayern 2/2016.

Der Vorhang geht auf. Eine flotte Sommergeschichte. *Zuerst in:* lichtung – ostbayerisches magazin 1/2020.

Das erzähl ich jetzt keinem. Gespräch mit Maria Magdalena Rabl. *Zuerst in:* Literatur in Bayern 2/2016.

Wir werden sein wie Götter. Gespräch mit Margit Ruile. *Zuerst in:* Literatur in Bayern 2/2018.

Flüsse, Bilder, Zeitläufte

Am Strom. Altes und Neues von der Donau. *Zuerst in:* Literatur in Bayern 4/2013.

Flussabwärts. Ein paar Anregungen zum Schauen und Lesen. *Zuerst in:* Literatur in Bayern 4/2013.

Männer im Kanu. Algernon Blackwood paddelt durch Bayern. *Zuerst in:* Literatur in Bayern 2/2019.

Politik und Marmorpflege. Hundertfünfzig Jahre Befreiungshalle Kelheim. *Zuerst in:* Literatur in Bayern 4/2013.

Es gilt die Ewigkeit. Straubinger Totentanz – Ein Besuch in St. Peter. *Zuerst in:* Literatur in Bayern 4/2014.

Isara rapidus. *Zuerst in:* Literatur in Bayern 2/2019.

Was die Isar rauscht. Eine Geschichte des achthundertjährigen Landshut. *Zuerst in:* lichtung – ostbayerisches magazin 1/2004.

Schirm und Schild. Fünfhundert Jahre Leinberger-Madonna. *Zuerst in:* Literatur in Bayern 2/2017.

Stadtbrille und Hockermühlbad. Kleine Einladung nach Amberg. *Zuerst in:* Literatur in Bayern 1/2018.

Lob des U. *Zuerst in:* Literatur in Bayern 4/2018.

Die gezähmte Wildsau. Adorno in Amorbach. *Zuerst in:* Literatur in Bayern 1/2016.

Friedberg kann Museum. Glanzvolles im Wittelsbacher Schloss. *Zuerst in:* Literatur in Bayern 2/2020.

St. Kajetan und Adelheid. Die Münchner Theatinerkirche. *Zuerst in:* Literatur in Bayern 4/2019.

Der Himmel über Oppolding. Rokoko im Erdinger Holzland. *Zuerst in:* Literatur in Bayern 4/2015.

Immer das Ganze im Blick. Wie die Brüder Zimmermann die Grenzen zwischen Architektur, Bild und Ornament aufhoben. *Zuerst in:* lichtung – ostbayerisches magazin 2/2018.

In Bayern ganz oben. Ein römischer Maler aus Hof. *Zuerst in:* Literatur in Bayern 1/2013.

Anmut und Zeitgeist. Ein prächtiger Bildband über Joseph Stieler. *Zuerst in:* Literatur in Bayern 3/2020.

Landschaftsmaler sind nie out. Wer noch staunen kann, wird Eduard Schleich lieben. *Zuerst in:* Literatur in Bayern 1/2013.

Häuser mit Aura. Eine originelle Einladung nach Dachau. *Zuerst in:* Literatur in Bayern 3/2016.

Poesien in Acryl. Versuch über Hellmut Eckstein. *Zuerst in:* Literatur in Bayern 1/2014.

Ohne Städte kein Bayern. Ein Essay über zweihundert Jahre bayerische Stadtgeschichte. *Zuerst in:* Bayernspiegel 01–02/2020.

Eiskalt den Rücken hinunter. In Hebertshausen bleibt das Grauen spürbar. *Zuerst in:* Literatur in Bayern 3/2020.

Kein Ort. Nirgends. Demokratie in Bayern? Wo?: *Zuerst in:* Bayernspiegel 03-04/2019.

Große Pläne – und absurde. Wie das Automobil die Landeshauptstadt verändert hat. *Zuerst in:* Bayernspiegel 03/2018.

Der letzte Landesvater? Alfons Goppel und seine Zeit. *Zuerst in:* Bayernspiegel 03-04/2017.

Kafka, Konecny und andere. Böhmische Spuren in München. *Zuerst in:* Bayernspiegel 01-02/2020.

Sprachglossen

Die Sprachglossen erschienen zuerst in der Zeitschrift *DAAD-Letter* (2002–2011).

Über den Autor. Klaus Hübner, Publizist, Literaturkritiker und Redakteur. Geboren 1953 in Landshut. Lebt in München. Studium der Germanistik, Geschichte und Kommunikationswissenschaft in Erlangen und München. 1980 Promotion zum Dr. phil., 1981–1983 DAAD-Lektor in Bilbao (Spanien). 1984–2016 Redakteur der monatlich erscheinenden Zeitschrift *Fachdienst Germanistik*. Lektorats- und PR-Tätigkeit beim iudicium verlag, Lehrbeauftragter für Neuere Deutsche Literatur und Deutsch als Fremdsprache an der Universität München, Dozent für Colleges und Sprachschulen, Schriftsteller-Seminare mit dem Goethe-Institut, Mitarbeit an Literaturlexika und literaturwissenschaftlichen Publikationen, Publizist und Literaturkritiker mit regelmäßiger Mitarbeit an zahlreichen Zeitungen, Zeitschriften und Online-Publikationen. Sekretariat des Adelbert-von-Chamisso-Preises der Robert Bosch Stiftung (2003–2017). Redaktionsmitglied der Zeitschrift *Literatur in Bayern* (seit 2012). Arbeitet seit 2017 am Institut für deutsche Kultur und Geschichte Südosteuropas (IKGS) an der Universität München in der Redaktion der Zeitschrift *Spiegelungen*; Koordinator des *Spiegelungen*-Preises 2017, Jurymitglied beim *Spiegelungen*-Preis 2020.

Klaus Hübner
HIPPIES, PRINZEN UND ANDERE KÜNSTLER
Kein Twitter, kein Facebook
Von Menschen, Büchern und Bildern
Band 1
Außer der Reihe 41
p.machinery, Winnert, März 2020, 264 S.

Paperback: ISBN 978 3 95765 189 1
EUR 18,90 (DE)
Hardcover: ISBN 978 3 95765 190 7
EUR 27,90 (DE)
E-Book: ISBN 978 3 95765 897 5
EUR 9,49 (DE)

Klaus Hübner
KAISERSCHMARRN, RÖSCHTI UND ANDERE SCHMANKERL
Kein Twitter, kein Facebook
Von Menschen, Büchern und Bildern
Band 2, Außer der Reihe 42
p.machinery, Winnert, April 2020, 244 S.

Paperback: ISBN 978 3 95765 191 4
EUR 18,90 (DE)
Hardcover: ISBN 978 3 95765 192 1
EUR 27,90 (DE)
E-Book: ISBN 978 3 95765 895 1
EUR 9,49 (DE)